U0930270

区域轨道交通协同运输与服务应用体系及实践

仲建华　官　波◎主编

中国铁道出版社有限公司

2022年·北　京

内 容 简 介

本书面对我国城市群、都市圈的快速发展，针对多制式轨道交通复合网络在协同运输组织、综合安全保障、智能信息服务等方面的迫切需求，重点从应用和实践角度开展研究分析，建立区域轨道交通多制式协同运输与服务应用体系，研究应用技术，开展同制式跨线和跨制式应用实践探索，归纳提炼应用实践导则，以期对各地区开展区域轨道交通协同运输与服务建设提供有益借鉴和指导。

本书可供轨道交通领域相关人员学习参考。

图书在版编目（CIP）数据

区域轨道交通协同运输与服务应用体系及实践 / 仲建华，官波主编．— 北京：中国铁道出版社有限公司，2022.3

ISBN 978-7-113-28353-7

Ⅰ．①区…　Ⅱ．①仲…　②官…　Ⅲ．①城市铁路 – 轨道交通 – 研究 – 中国　Ⅳ．① U239.5

中国版本图书馆 CIP 数据核字 (2021) 第 180798 号

书　　名：区域轨道交通协同运输与服务应用体系及实践
作　　者：仲建华　官　波

责任编辑：朱敏洁　　**编辑部电话：**（010）51873134　　**电子邮箱：**zhuminjie1105@163.com
封面设计：曾　程
责任校对：孙　玫
责任印制：高春晓

出版发行：中国铁道出版社有限公司（100054，北京市西城区右安门西街 8 号）
网　　址：http：//www.tdpress.com
印　　刷：北京建宏印刷有限公司
版　　次：2022 年 3 月第 1 版　2022 年 3 月第 1 次印刷
开　　本：787 mm × 1 092 mm　1/16　**印张：**12.25　**插页：**1　**字数：**229 千
书　　号：ISBN 978-7-113-28353-7
定　　价：70.00 元

编委会

前言

近年来，我国轨道交通迅猛发展，高速铁路与城市轨道交通运营里程均居世界第一，交通运输规模总量进入世界前列。2019年《交通强国建设纲要》提出了“建设城市群一体化交通网，推进干线铁路、城际铁路、市域(郊)铁路、城市轨道交通融合发展”要求。2020年中国城市轨道交通协会在《中国城市轨道交通智慧城轨发展纲要》中提出了推进城轨信息化、发展智能系统、建设智慧城轨，明确了智慧城轨建设的指导思想，阐述了智慧城轨的标志和内涵，描绘了智慧城轨建设的蓝图，指明了智慧城轨实施路径和方向，对中国城市轨道交通未来发展具有重大意义。

“区域轨道交通协同运输与服务体系应用研究”是中国城市轨道交通协会2019年重点科研专项研究项目，由中国城市轨道交通协会专家和学术委员会组织，重庆市铁路（集团）有限公司牵头负责，联合区域轨道交通有关业主单位、研究机构、院校、设计院和系统制造商共同参与，同时得到中国城市轨道交通协会、重庆市住房和城乡建设委员会、重庆城市交通开发投资（集团）有限公司等单位的大力支持。项目针对区域轨道交通协同运输与服务应用问题，从需求、服务理论、应用系统、实践方案、技术导则等方面展开研究，重点扶持重庆、广州、成都、西安、温州5个轨道交通典型区域进行同制式跨线及跨制式工程示范。

项目研究成果形成了《区域轨道交通协同运输与服务应用体系及实践》一书，由中国城市轨道交通协会和重庆市铁路（集团）有限公司组织编写，北京全路通信信号研究设计院集团有限公司资助为“学术研究成果”出版。

本书包含5章和1个附录。其中第1章、第2章由重庆市铁路（集团）有限公司编写；第3章由西南交通大学编写；第4章由北京全路通信信号研究设计院集团有限公司编写；第5章由重庆市铁路（集团）有限公司组织，成都轨道交通集团有限公司、广州地铁集团有限公司、陕西城际铁路有限公司、温州市铁路与轨道交通投资集团有限公司参与编写；附录由北京全路通信信号研究设计院集团有限公司编写。

本书在编写过程中参阅了部分相关著作、教材和学术论文等，在此谨向这些文献的作者表示深深的谢意。

由于本书涵盖内容较多，加之我国区域轨道交通协同运输与服务正处于快速发展时期，同时限于作者的水平，在全书内容的组织与撰写方面，难免存在诸多不当和疏漏之处，诚请各位读者批评指正。

编　者

2021年9月

目　录

第1章 引　言

1.1 研究背景、目的及意义

近年来，我国轨道交通发展取得了举世瞩目的成就，高速铁路与城市轨道交通运营里程均居世界第一，一大批技术装备达到世界先进水平，交通运输规模总量进入世界前列。随着我国经济社会的快速发展和技术水平的提升，轨道交通呈多制式、网络化发展趋势，逐步形成干线铁路、城际铁路、市域(郊)铁路、城市轨道交通等多层次、多主体共同存在的轨道交通网络。面对区域轨道交通协同发展的需要和国家建设交通强国的要求，构建区域内覆盖多种轨道交通制式的综合立体交通网络、充分发挥轨道交通总体运输能力并提高服务质量、满足区域经济发展和人民出行需要成为亟需解决的问题。

全球范围内，发达的大型城市或城市群体内均已建立起多制式的轨道交通体系，实现了一定程度的交通协同和综合信息服务，效益显著。“十九大报告”及《交通强国建设纲要》中提出“区域交通运输一体化发展”和“构建便捷顺畅的城市（群）交通网”要求。在国家发展改革委《关于培育发展现代化都市圈的指导意见》中指出以增强都市圈基础设施连接性、贯通性为重点，推动一体化规划建设管护为抓手，织密网络、优化方式、畅通机制，加快构建都市圈公路和轨道交通网；打造轨道上的都市圈，统筹考虑都市圈轨道交通网络布局，构建以轨道交通为骨干的通勤圈；在有条件地区编制都市圈轨道交通规划，推动干线铁路、城际铁路、市域（郊）铁路、城市轨道交通“四网融合”;探索都市圈轨道交通运营管理“一张网”，推动中心城市、周边城市（镇）、新城新区等轨道交通有效衔接，加快实现便捷换乘，更好适应通勤需求。

我国轨道交通受管理模式及技术发展限制，区域内各制式间没有形成联动，各自为政、信息割裂的现状制约着运输效率和服务质量提升。区域内轨道交通网络化资源未能得到有效、充分和最大化的发挥和利用。

因此，在轨道交通网络达到一定规模、多制式轨道交通并存的发展态势下，如何在更大范围内整合资源、充分发挥轨道交通的优势，提升轨道交通网络化水平和运输服务质量，促进与沿线城镇、产业、经济的深度融合，成为了轨道交通未来发展的重要战略级问题,也是我国由“交通大国”向“交通强国”迈进需要解决的重要课题之一。

1.2 研究问题的界定

本书研究的区域轨道交通系统指的是在1小时交通圈范围内，由多种制式轨道交通组合而成的复合网络系统。1小时交通圈内出行涉及的轨道交通层次通常有：干线铁路、城际铁路、市域（郊）铁路、城市轨道交通。根据线路制式和技术标准，又可细分为高速铁路、普速铁路、磁悬浮、地铁、轻轨、单轨、自动旅客捷运系统（APM）、有轨电车等。

这里所指区域，是由1个及以上中心城市与周边城市（镇）组成的地理范围，其内部存在频繁、密切的经济社会联系。这种内部联系通常表现为大规模、高频次的出行活动，通常形成1小时交通圈。城市群、都市圈等都是典型的区域，存在干线铁路、城际铁路、市域（郊）铁路和城市轨道交通等多种轨道交通制式将不同的地点连接起来，支撑区域范围内人员的时空移动。考虑到轨道交通中因为运营主体不同带来运输组织差异、或者由于信号控制等采用不同技术标准带来管控方式不同，将这些差异统称为多制式，不同制式间需要通过协同提高总体运输能力和服务水平。

1.3 技术路线

本书以需求为先导，在需求分析基础上进行区域轨道交通协同运输与综合服务理论及区域轨道交通多制式协同机理与典型应用方案、指标体系及仿真系统研究，提出区域轨道交通多制式协同机理与区域轨道交通总体运能评估与提升方法，就研究结果进行示范应用，并编制区域轨道交通协同运输与服务技术规范。纵向分5个维度，建立从需求到技术导则的逐级递进；横向分2个层次，明确研究方法和研究内容的分层推进，如图1-1所示。

1.4 研究内容

本书的研究从国家交通发展战略考虑，体现可持续发展理念，以乘客服务便利安全、运营生产平稳高效、运输资源充分共享，促进城轨行业各企业高质量发展为主要目标，研究聚焦应用，突出以应用为主导的思想，在突破体制和机制方面提出总体理念要求，从区域轨道交通协同运输与服务需求、综合服务理论、应用技术、应用实践、技术导则等五个方面开展研究。

（1）明确区域轨道交通协同运输与服务需求的内容、范围，构建区域轨道交通乘客出行链，分析区域轨道交通协同运输下的乘客综合服务需求、运营单位协同运输需求和政府部门合作协调需求。

（2）分析协同运输与综合服务的应用需求，提出区域轨道交通协同运输与综合服务的成套应用体系。促进一系列关键技术在实际应用中的有效落地，提高区域轨道交

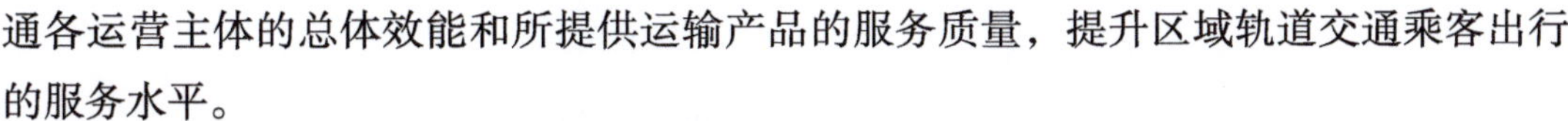

通各运营主体的总体效能和所提供运输产品的服务质量，提升区域轨道交通乘客出行的服务水平。

（3）分析区域轨道交通各制式开展协同运输与综合服务质量的影响因素及机理，构建区域轨道交通多制式协同机理模型，提出多制式区域轨道交通复合网络协同的关键解决技术，完成典型系统应用研究，支撑区域轨道交通协同运输与综合服务，达到提升总体运输能力的目标。

（4）调研具有典型意义的区域轨道交通同制式跨线及跨制式示范工程，建立具备完全自主知识产权的区域轨道交通同制式跨线及跨制式协同运输与服务系统装备技术体系，构建典型区域轨道交通协同运输与服务“1+*N*”应用实践方案。

（5）编制区域轨道交通协同运输与服务技术导则，助推区域轨道交通协同运输与服务体系快速发展，指导我国区域轨道交通运输与服务有序、规范发展，使设计成果尽快转化为生产力，在区域轨道交通建设中发挥更大作用。

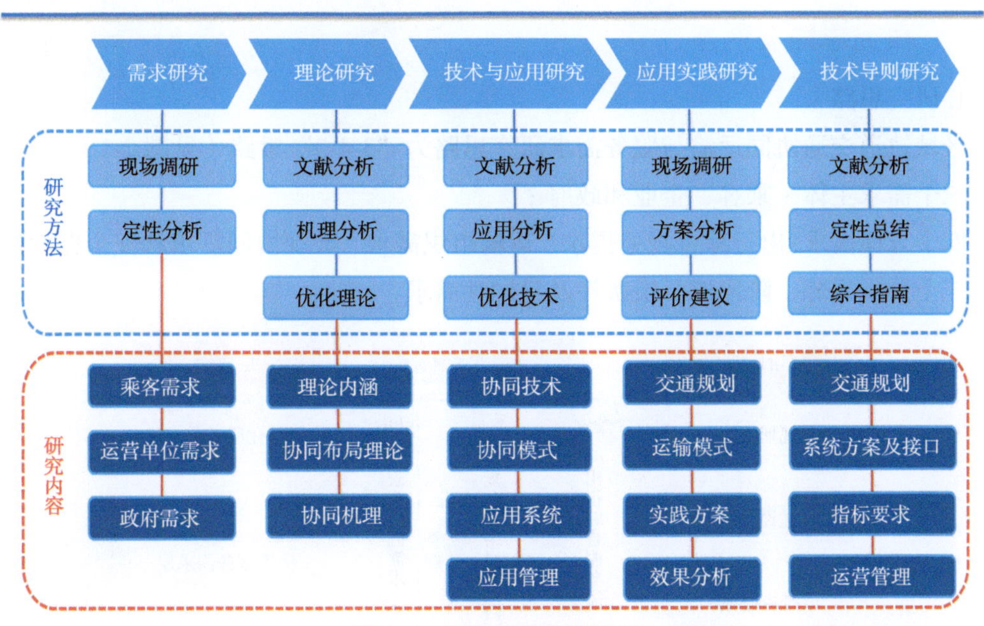

图 1-1　研究内容逻辑关系

第 2 章　区域轨道交通协同运输与服务需求研究

本章旨在对区域轨道交通协同运输与服务的需求进行明确，明确在区域轨道交通协同运输中乘客、企业及政府部门等在出行服务、运输、安全保障、信息服务及政府协同等方面的相关需求，为区域轨道交通协同运输与服务体系研究提供支撑。

2.1 概　述

2.1.1 研究思路及内容

1. 研究思路

区域轨道交通协同运输与服务需求研究思路为"3-4-3"思路（见图 2-1）：

三个需求主体：乘客、企业和政府；

四个方面需求：出行综合服务需求、运输组织需求、宏观协同需求和安全保障需求；

三个分类提炼：阶段性、层次性及异同性需求。

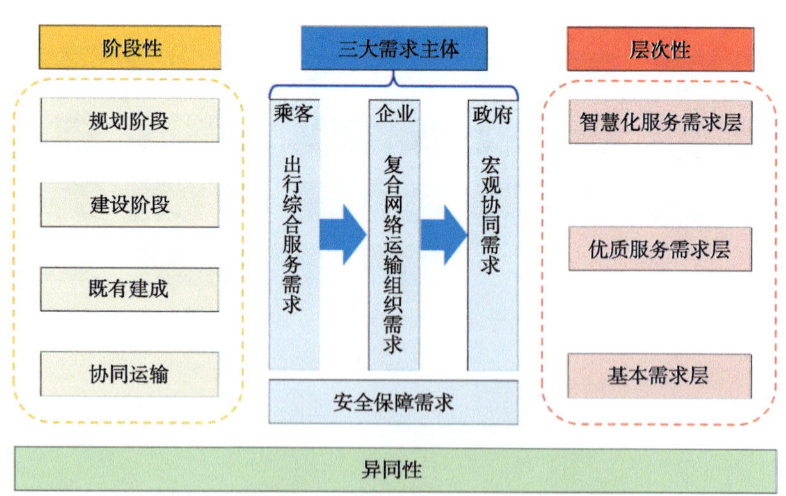

图 2-1　区域轨道交通协同运输与服务需求研究思路

2. 研究内容

主要调研分析国内外区域轨道交通协同运输现状，从乘客、运营企业、政府角度，在出行、运输组织、安全保障与宏观协同需求几方面开展研究：

（1）区域轨道交通乘客出行综合服务需求分析；

（2）区域轨道交通协同运输组织需求分析；

（3）区域轨道交通协同安全保障需求分析；

（4）区域轨道交通政府宏观协同需求分析。

2.1.2 技术路线

基于前文的研究思路及内容，区域轨道交通协同运输与服务需求的技术路线如图 2-2 所示。

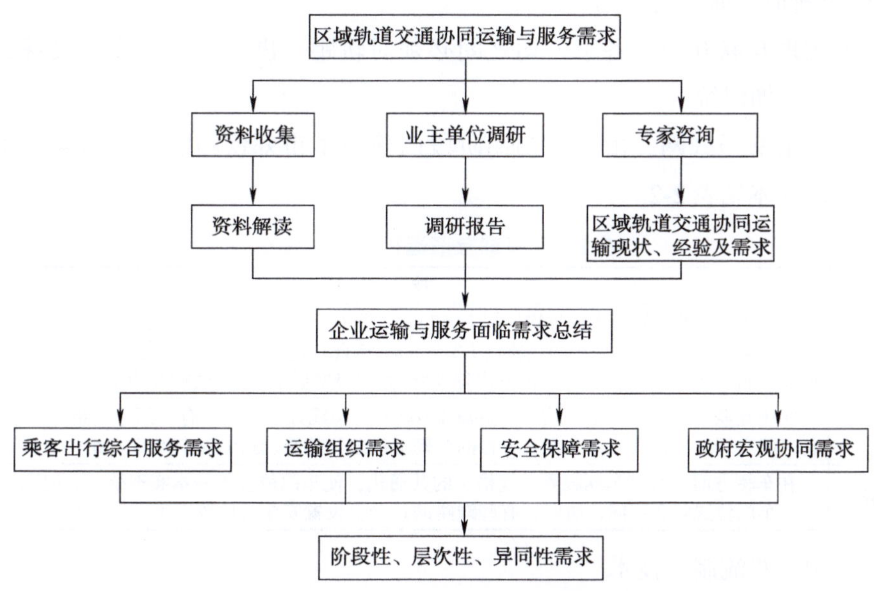

图 2-2 区域轨道交通协同运输与服务需求研究技术路线

2.2 区域轨道交通协同运输现状

2.2.1 国外区域轨道交通协同运输现状

1. 日本东京都市圈轨道交通协同运输现状

1）规划协同

（1）互联互通规划协同

初期日本政府规划了以地铁与市郊铁路实现跨线运行为前提的轨道交通网，后期政府每隔几年就会结合城市发展状况、客运量，对轨道交通线网实施调整（包括重组互联互通模式、修建并行线路增强运输能力、开行大站快车等）。

（2）协同模式（见表 2-1）

表 2-1　东京轨道交通互联互通模式

互联互通铁路类型	概　　要
JR 与 JR	1987 年国铁分割为六家客运铁路公司，实现民营化，并在六家铁路公司的一部分线路中引进了互联互通模式。（新干线、干线铁路与支线等）
JR 与民营铁路、第三开发机构	以城际铁路（JR）与地方线路（民营铁路、第三开发机构）实施互联互通为主
民营铁路、第三开发机构相互之间	在大都市圈，有民营铁路相互之间的互联互通、城际铁路（民营铁路）与支线（第三开发机构等）的互联互通等模式
地铁与 JR、民营铁路公司	基本为中心地区的地铁与市郊放射方向上的线路（JR、民营铁路会社）实施互联互通。放射线路基本是承担大都市圈内通勤交通运输的城际铁路线

2）区域轨道交通建设协同

（1）为实现互联互通，各家公司之间必须对轨距、供电方式、安保设备、车辆规格等做调整，并加以统一。

东京的轨道交通线网，由于其初期阶段已建设了市郊铁路线，所以采取了各项技术性的措施，具体见表 2-2。

表 2-2　互联互通运行的技术特征

项　　目	技　术　特　征
轨距	东京市郊铁路的轨距大部分均采用 1 067 mm，只有京急、京成电铁两家采用的轨距是 1 435 mm，还有一家（京王电铁）采用的是轨距 1 372 mm。因此，地铁的轨距也相应分 1 435 mm、1 372 mm、1 067 mm 三种。此外，也有一部分市郊铁路为了与地铁统一，将轨距改为 1 435 mm
供电方式、安保设备	实施互联互通的各家单位均采用直流 1 500 V 的架线方式。其中有一部分线路的 ATC 等安保设备未能实现统一，为此，分别在各自的车辆上搭载了欲跨线路的安全保障装置
车辆规格	在车辆方面，通过车辆限界（规格）的共通化，使车门位置等基本实现统一。但因车辆编组不同，车门位置就会不同，所以，有些线路的站台上设置安全门比较困难

（2）采用“双流制”技术

筑波快线全线有交流和直流区间，秋叶原—守屋段采用直流 1 500 V、并联供电方式，守屋—筑波段采用交流 20 000 V、AT 供电方式。

3）运营组织协同

（1）行车组织

①运营调度

为实现有效的运输调度，东京轨道交通对本来只有行车调度和电力调度的调度中心增设了对工程、行车和供电、车辆管理等提供技术支持的部门，形成一个独特组织机构的地铁综合调度中心。

②行车计划

（a）直通运营

在轨距相同和检票方式统一的两条不同公司所属的线路换乘点上，可以“只换司机不换车”，即“直通运营模式”，以减少在长大线路上乘客上下车的换乘次数。

（b）东京都市圈轨道交通线网快慢线运营

通过在车站设置越行设施或对线路的一部分或双复线化基础上实现快慢线运营。

（2）客运组织

①互联互通模式的运营成本及利润分配（见表 2-3）

（a）运营成本分摊方式

● 乘务员人事费用

原则上开行跨线列车运行时，如其他公司的乘务员在自己公司线内驾驶列车时，必须向其他公司支付乘务员人事费用。实际上为确保铁路公司之间不需结算，以在衔接站交换乘务员为原则。

● 车辆使用费

当某家公司的列车进入他人（其他公司）线路进行跨线运行时，原则上应根据列车在他人线路内的行走公里支付车辆使用费（借用费）。但实际上为了不发生支付现金，通过调整车辆的使用予以解决。

表 2-3　互联互通模式的运营成本及利润分配

项　　目	费用明细	负担设定方法
业务处理费	出票等相关的人事费用	按各线路的售票比例分配
	检票等相关的人事费用	按各线路的客流量比例分配
	其他客运相关的人事费用	按各线路的客流量比例分配
	列车操作等的人事费用	按各线路开行车次数比例分配 （2 家公司跨线的各公司按 0.5 列车计算）
	信号操作等的人事费用	按各线路开行车次数比例分配 （2 家公司跨线的各公司按 0.5 列车计算）
设备保养费	客运相关设备的保养费	按各线路的客流量比例分配
	轨道、信号、保安设备保养费	按各线路内的行走公里比例分配
电费	客运相关设备的电费	按各线路的客流量比例分配
	轨道、信号、保安设备的电费	按各线路内的行走公里比例分配

②收益的清分结算

（a）一票制

为进一步融入城市交通系统，方便乘客换乘，JR 公司和地铁公司、私营铁路公司之间相互协作，使得持有新干线车票的乘客实现“一票制”。

（b）互联互通运营模式的票务制度

对于跨线运营的收费，原则是各线路分别的票价之和。对于距离较近的，有给予 10~20 日元左右的优惠制度。

（c）票款清算

除了JR外，其他所有运营商之间共同成立了清算中心，负责清分票款。

（3）运营维护管理

运营商之间的协调问题由各家签订协议，自行协调，在换乘点事务处理以及直通运营线路事务处理上，以线路财产归属进行划分，谁的线路谁负责。发生重大事故，则由政府防灾指挥中心进行统一协调指挥。

（4）救援疏散

铁路的防灾管理体制主要由铁路企业与相关机构（中央政府、地方政府、消防部门、公安局等）协调建立，需明确相关规定，并提交消防机构存档。

2. 法国巴黎轨道交通协同运输情况

1）轨道交通规划协同

（1）互联互通规划协同

巴黎大区1965年提出以郊区铁路客运线网构筑巴黎地区城市发展的规划，修建巴黎区域快速线（RER）。这些线路的特点是：贯通巴黎，连接巴黎市区和周边郊县，RER线由巴黎大众运输公司（RATP）和法国国营铁路公司（SNCF）共同负责运营。

（2）轨道交通互联互通模式

① SNCF运营的RER线路在郊区与国铁跨线运行。

② RER线在RATP经营路段与SNCF经营路段跨线运营。

2）区域轨道交通建设协同

（1）互联互通技术统一（见表2-4）

表2-4　巴黎互联互通技术特征

项　目	技 术 特 征
轨距	均为1 435 mm
供电方式、安保设备	巴黎RER线采用标准制式和架空线电力牵引，但有两种制式，其中RATP经营路段为DC 1 500 V，SNCF经营路段为AC 25 000 V。为了解决不同制式带来的线路互联互通问题，RER线的每列运营列车都包含2套牵引传动系统，以兼容这2种电源
车辆规格	RER线采用的机车车辆限界与法国国铁一样，宽度为3 150 mm，RER线路车辆系统满足欧洲车辆互联互通标准

（2）“双流制”技术

采用双流制列车实现RATP公司（1 500 V）与SNCF公司（25 kV）运营的RER-B线南北段贯通运营。

3）协同运营组织

（1）行车组织

①运营调度

RER-B线南（巴黎北站以南）由RATP运营，北段由SNCF运营。列车由两家公司共同拥有。共线运营运行图由 SNCF 公司编制，RER-B 线由两个运营公司协调运输组织方案。

②行车计划

（a）共线运营

巴黎 RER-B 线在 Gare du Nord 到 chatelet-les-Halles 区间与 RER-D 线共线运营，同时 RER-B 线与开往比卡迪省的列车和货车也存在共线运营。

（b）开行快慢车

巴黎在区域快线上针对城市客流的特点，既开行停站少的特快列车，也开行每站都停的慢车，各条铁路线的列车编组车辆数也不尽相同，高峰时段和非高峰时段与地铁一样采用不同的发车间隔。在高峰期间，一般为正常时段的 2~4 倍。

（2）互联互通模式票务系统

巴黎地铁票地铁、RER 通用，地铁票与公共汽车票亦通用。

（3）运营维护管理

RATP 公司与 SNCF 公司在车辆管理、司乘人员管理等方面进行有机协调，如 RER-A 线全部车辆归 RATP 公司所有，RER-B 线车辆由两公司共有，RER-B 线采用双流制列车贯通，由分界点更换司机转变为无需更换司机。

4）轨道交通互联互通主要政策

欧洲铁路为各国的机车车辆提供了互联互通标准 TSI，这个标准从功能、结构、设备、能耗等方面对运行在欧洲境内的机车车辆进行统一要求。

3. 美国纽约轨道交通协同运输现状

（1）线网规模与布局

纽约都市圈的轨道交通系统可以分为通勤铁路和地铁两个层级。通勤铁路线网呈“放射”状结构和“树枝”状结构。纽约地铁线网以曼哈顿区为中心呈“放射状”结构，大部分线路采用穿越曼哈顿区的径向线形式。

（2）枢纽设计

纽约轨道交通大型枢纽的设计特征为多交通制式衔接，多层换乘与站内换乘。

（3）互联互通

纽约地铁做到了同系统内不同线路间跨线运输，通勤铁路做到了不同运营单位共用大型枢纽站，通勤线路与铁路郊线以及货运列车共线运输。

（4）运营组织管理

“快慢车”制度与 24 h 不间断运营为纽约轨道交通在运营组织上最大的特点。纽约通勤铁路在运输组织上实现了跨站停车运营和站站停车运营的“快慢车”制度。

（5）旅客运输服务

票价多样化、换乘快速便捷化与信息服务高效准确化为组约轨道交通的旅客运输服务特点。制定了灵活多样化的票价，支持“一票到底”；提供个性化运输服务，列车车厢干净整洁、设备设施可获得性强，旅客服务运输质量较高；车站换乘设计良好；为旅客提供了大量的运输服务信息，乘客可以下载 App 获取与运营相关的运输服务信息。

2.2.2　国内区域轨道交通协同运输现状

1. 重庆轨道交通规划及运营情况

1）重庆轨道交通线网规划

（1）不同层次轨道交通网络功能定位

区域轨道交通协同运输使得轨道交通需求呈现新特征，出行需求总量增长、跨行政区需求总量增长、出行效率高要求、差异化服务需求呈现。重庆市在第四期轨道交通规划编制中，结合前三期建设规划并深度融合新一轮城乡总规划最新成果，建立分层次的交通发展模式。构建了大都市区“一张网、多模式、全覆盖”，“三铁融合”、运行高效的轨道交通体系，确保一张蓝图干到底。重庆多层次轨道交通体系如图 2-3 所示。

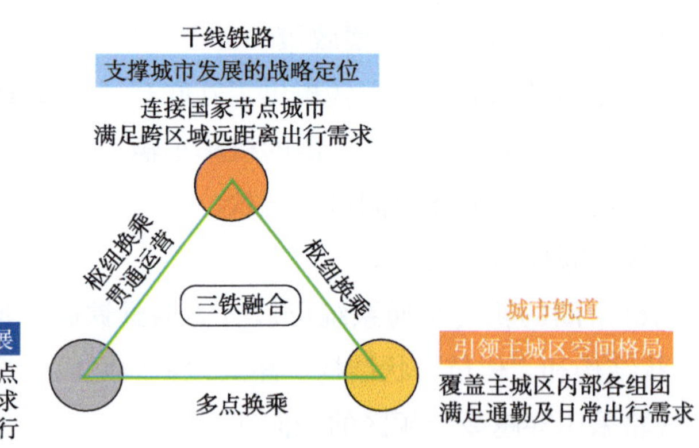

图 2-3　重庆多层次轨道交通体系图

（2）政策指引

①新增市域快速轨道交通线网促进“三铁融合”

重庆积极开展“三铁融合”研究，按照轨道交通线网优化方案，新增市域快速轨道交通网络。构建“三铁”相互融合、功能互补、互联互通、便捷换乘、资源共享、互利共赢的综合轨道交通发展局面。

②市域网与城轨网协同规划

重庆市发展与改革委员会对江跳线可研报告批复意见明确主要技术标准中要求江

跳线具备与轨道交通 5 号线贯通运营条件。信号制式采用与地铁 5 号线相同的无线移动闭塞式列控系统。为实现互联互通，江跳线充分考虑已建设线路情况，在既有线路的基础上提出江跳线的规划设计方案。

③城轨网协同规划

重庆轨道交通第二轮建设规划项目中采用互联互通建设标准，牵头组织厂家编写重庆的 CQTCS 列车控制系统标准。

2）重庆轨道交通协同运输情况

（1）市域快线建设协同研究

重庆为促进“三铁融合”发展，开展了一系列市域快线相关专题研究工作，包括构建技术标准体系，相继形成了造价定额、车辆通用技术标准、勘察设计规范、施工质量验收规范等重要标准；开展了包括过江方案、运输组织模式、互联互通研究等 15 个专题研究；开展互联互通研究，一方面从市域快线网络体系的互联互通行车组织方案、运营管理模式、技术要求和市域快线的节点以及与城市轨道交通的换乘研究、与干线铁路预留或具备可贯通的条件研究三个层面奠定互联互通基础，另一方面以在建“双流制”技术的市郊铁路（江津—跳蹬）项目开展双流制技术试点应用。

（2）市域网与城轨网协同建设实践

重庆江跳线双流制市域车项目在重庆既有 As 车（5 号线）基础上进行设计，各子系统原则上保持不变，满足互联互通的要求。重庆江跳线按照与 5 号线无缝衔接、互联互通、贯通运营的指导思路，依据地铁行业标准及结合中国城市轨道交通协会新发布的互联互通规范，编制通信、信号及 AFC 等 46 个系统设备专业技术规格书。江跳线车辆采用的是以 5 号线（山地 As 型）车为基础的双流制 As 车型，外型尺寸、牵引制动特性、载客量等方面与 5 号线车基本一致，各子系统原则上保持不变，满足互联互通的要求。

（3）城轨网协同建设实践

重庆轨道交通第二轮建设各线路间按照实现共线、跨线运营目标，在四条线四家供货厂商基础上，攻克互联互通的关键技术，自主化信号系统的创新应用，搭建互联互通系统测试验证平台，开展互联互通技术规范体系编制和工程验证。

由中国城市轨道交通协会牵头制定互联互通技术规范，如接口规范、测试规范等，互联互通厂家根据规范进行产品开发，并在交叉测试平台进行交叉测试，测试通过后将产品发布工程项目应用。互联互通规范主要内容如图 2-4 所示。

3）网络化运营

（1）轨道交通网络跨线、贯通运营

重庆城市轨道交通具备网络内跨线运营，及与市域快线实现贯通运营条件，在技术上具备与干线铁路贯通运营条件，以达到“互联互通，协同运输”的目标，实现市域快线“外联国铁，内接城轨”的网桥和载体作用。

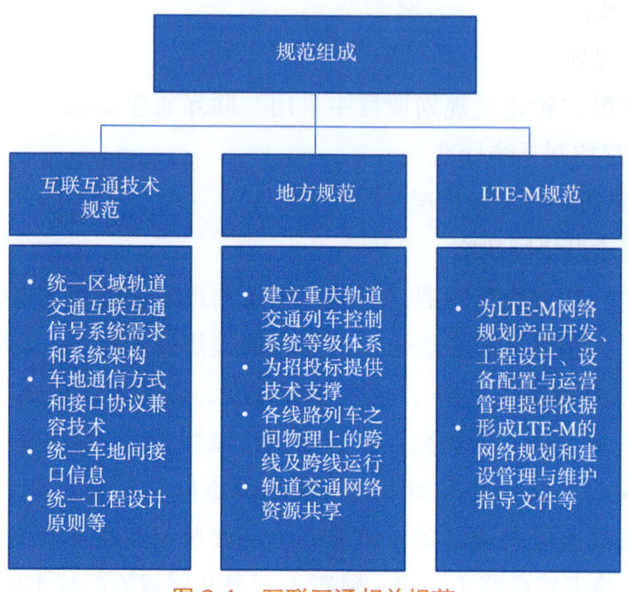

图 2-4　互联互通相关规范

（2）市域快线网与城市轨道交通网协同运营

重庆第二轮建设通过互联互通的研究实现了设备互联互通。建成后江跳线与 5 号线贯通运营。江跳线计划初期即开行与轨道 5 号线贯通运营交路，贯通交路至园博中心站折返。

2. 广州区域轨道交通协同运输情况

1）广州轨道交通规划情况

（1）发展战略

从市域轨道走向湾区轨道、建设轨道城市、从各自成网走向多网融合。

（2）实现“30 60”时空目标、“70 80”客运目标

“30 60”：实现广州中心区域外围组团 30 min 互达，实现广州与粤港澳湾区主要城市 60 min 互达。

“70 80”：实现中心城区公共交通占机动化出行比例 70%，轨道交通占公共交通出行比例 80%。

（3）新一轮线网规划的线网层级

国家级：服务广州与全国各大、中城市中心之间跨区域长距离客运的客流；

城际间：服务广州与珠三角区域内城市和市镇间长距离客流；

城市内：市域铁路、快线、普线。

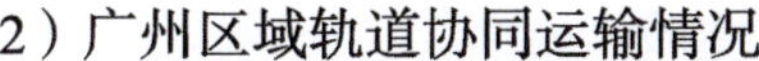

2）广州区域轨道协同运输情况

（1）四网合一，实现跨层级轨道交通规划及协同运输

协同广州区域内机场、铁路、公路、港口等不同交通方式主体，联合打造市域内多层次轨道交通一体融合的网络化枢纽体系。

广州地铁于2018年底启动了地铁长时运营服务专题研究。研究考虑串接中心区和重要枢纽的骨架网开行周末夜间行车（小交路＋跳站运营等模式）的可行性。

（2）五市合一，推动广州与周边城市轨道交通互联互通

目前，广州与佛山、东莞、中山、珠海城市轨道互联互通规划线路总计21条、1 088 km，其中，计划2030年前实施755 km。

3. 成都区域轨道交通协同运输情况

1）成都轨道交通规划情况

成都市轨道交通构建了三大层级体系（见表2-5），整合国铁资源，利用其富余能力，让国铁与城市轨道交通互为补充、互为兼容。轨道交通线网规划充分衔接了成都平原城市群铁路公交化运营改造方案。

表2-5　成都区域轨道交通线网层级

系统层次	功　能	服务范围
国家铁路网	承担成都市出川交通骨干功能	可通达北京、上海、广州及西安、武汉、重庆、长沙、贵阳、昆明、西宁、兰州等省会城市
城际铁路网	承担成都平原城市群快速联系功能	可通达成都平原内的绵阳、德阳、遂宁、资阳、眉山、乐山、雅安等城市
城市轨道交通网	承担成都市市域内的公交出行功能	以成都市中心城区为主，覆盖郊区县市

2）成都区域轨道协同运输情况

（1）线网调度体系（COCC系统）

解决线网运能与运量不匹配问题，缓解客流压力与高峰期拥挤匹配程度。

（2）城际铁路与城市轨道交通便捷换乘（地铁2号线犀浦站）

成灌铁路与地铁2号线在犀浦站实现了同台换乘及安检互信，但在票制上铁路与地铁独立，各自独立售票。

（3）城市轨道交通地铁线的互联互通（快线普线共线运营）

1号线与18号线40 km共走廊、19号线与18号线共轨38 km。

4. 温州区域轨道交通协同运输情况

1）温州轨道交通规划情况

温州市城市轨道交通为“市域铁路＋大运量轨道交通”双层次线网结构，远景线网由3条市域铁路S线和4条轨道交通M线组成，其中，都市快线S功能为1 h市域快速交通圈，主要目的是拉开城市框架，服务主城区外围市域范围内的重镇。市区普

线 M 功能为半小时市区快捷交通，主要目的是服务主城区内部。

2）温州区域轨道协同运输情况

（1）温州城市轨道网络资源共享

①人员共享

由温州市铁路与轨道交通投资集团有限公司（以下简称“温州铁投”）联合中国中铁电气化局集团有限公司、中国铁路通信信号上海工程局集团有限公司两家中央企业合资成立了中铁通轨道运营有限公司。主要承担轨道交通的运营服务，包括轨道交通设备设施的维修、保养，轨道交通设备设施及配件的安装、销售、试验检测及售后服务，以及提供轨道交通运营管理咨询、技术培训等服务。

同时，温州铁投与中车青岛四方机车车辆有限公司共同出资组建了温州中车四方轨道车辆有限公司，主要承担轨道交通车辆的组装及检修服务业务；高速动车组的检修服务业务；轨道交通项目总包、机电总包业务；轨道交通装备相关的其他产业；技术服务、售后服务、配件销售等业务。

未来 S 线与 M 线的运营服务及车辆检修等共用一班人。

②控制中心

温州市城市轨道交通网络（S+M 线）远期拟设两个线网控制中心，互为备用。

③车辆及检修资源

M1 线丽岙车辆段与 S3 线停车场共址建设，并设置渡线联络线实现 S 线、M 线网络的互联互通，部分工程车、限界检测车、钢轨打磨车，隧道冲洗车等资源可以实现网络共享。

④换乘站

在保证单线独立运营功能的前提下，对换乘车站机电系统进行资源整合，实现系统共享、空间共享、设备共享、管理共享，达到合理利用电力、设备、空间资源目的。

⑤信息化智慧轨道

弱化不同信息平台带来的不可逾越的鸿沟，信息化上拉动互联互通。

市域轨道构建的物理网，打通信息壁垒形成的物联网，经由无线网络连接的服务网，三层网络实现了自动化服务的闭环流转，提升服务的智能化水平。

（2）温州城市轨道网络服务层面互联互通

温州正在开展杭州、宁波、上海、温州、合肥、南京等长三角城市轨道 App 通用相关工作。

5. 陕西区域轨道交通协同运输情况

1）陕西轨道交通规划情况

陕西城际铁路主要考虑与国铁网、地铁网在大型枢纽节点引入和场站布设的便捷换乘，同时考虑并行通道各交通制式间的结构优化配置。

2）陕西区域轨道协同运输情况

（1）机场城际线与地铁 4 号线在北客站同站台换乘

机场城际线前往市内的乘客在北客站站台直接换乘 4 号线，4 号线前往机场的乘客可通过负二层站厅层换乘机场城际。机场城际线与地铁 4 号线采用同样的制式建设，在运营管理中资源共享，共用同一套清分系统、共用站厅及售票机等设备设施。

（2）机场城际线与地铁 14 号线未来贯通运营

机场城际线与地铁 14 号线在可研及初设分别按照互联互通、统一标准、贯通运营的标准进行设计，就控制中心、车辆段、停车场、大架修等方面实现了资源共享。

2.2.3 国内外区域轨道交通协同运输总结分析

1. 国内协同运输与国外协同运输对比分析

通过对比分析后发现我国与日本、巴黎等区域轨道交通协同运输情况主要存在以下几个方面的差距：

（1）多运营主体存在情况下由单一轨道线到轨道线网，缺少框架性协同服务的顶层设计；

（2）由一个独立的轨道网到几个轨道网的协同，缺少落地性的统筹协调标准；

（3）在区域协同情况下，缺少政府间统筹协调的准则，特别是涉及不同区域间不同主体之间的主从关系；

（4）区域协同应急情况下，政府相关部门、各运营主体之间缺少有效的应急协同指挥体系。

2. 区域轨道交通协同运输需求总结（见表 2-6、表 2-7、表 2-8）

表 2–6　区域轨道交通协同运输不同主体需求

乘　客	企　业	政　府
1. 客票服务协同； 2. 乘车服务协同； 3. 便捷换乘； 4. 智慧出行信息服务	1. 行车组织协同； 2. 客运组织协同； 3. 票务协同； 4. 运营维护管理协同； 5. 应急救援协同需求	1. 上位协同规划； 2. 政策、机制、规范； 3. 建设技术标准

表 2–7　区域轨道交通协同运输不同阶段需求

类　型	规　划	建　设	运　营
不同阶段	1. 多层次、多制式轨道交通协同运输顶层规划设计； 2. 不同层次、不同制式轨道交通建设标准协同规划； 3. 区域轨道交通协同运输服务标准； 4. 资源整合顶层规划； 5. 建立协同机制	1. 建立互联互通相关技术标准； 2. 统一技术标准建设，预留线路、设备接口等的协同运输条件； 3. 资源共享	1. 协同指挥； 2. 互联互通票务系统； 3. 一体化运营管理； 4. 便捷换乘； 5. 一体化智能服务

表 2-8　国内外区域轨道交通协同运输不同层次需求

基本需求	高层次需求
1. 协同政策、机制、规范需求； 2. 协同规划； 3. 协同建设； 4. 建设技术标准； 5. 运营组织协同； 6. 信息共享协同； 7. 应急管理联动	1. 资源共享； 2. 智慧出行服务； 3. 网络服务互联互通

2.3　区域轨道交通乘客出行综合服务需求分析

2.3.1　基于全过程出行链的乘客出行综合服务需求分析

结合传统的出行链定义，本文所指全过程出行链指以实现最终出行目的为导向，利用区域轨道交通为主要出行工作到达终点的过程，包含时间、空间、方式、类型属性等组成元素，如图 2-5 所示。

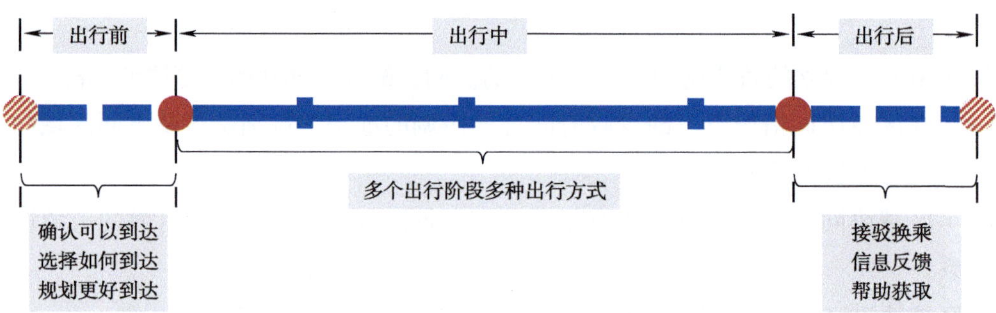

图 2-5　全过程出行链

乘客需求贯穿于整个出行链，为更好的了解乘客出行综合服务需求，需对乘客全过程出行链进行识别，分析其出行活动及出行综合服务需求。同时，区域轨道交通乘客可分为跨区域乘客、市域内乘客、中心城区乘客三类，有必要对不同类型乘客个性需求进行分析。

1. 出行前综合服务需求分析

出行前为乘客出行准备阶段，通常包含对目的地信息获取、出行方式、出行时间、出行费用等出行信息获取、出行行程查询、行程分享、当前状态（列车运行状态、晚点发生后的晚点预测及恢复、出行路径各节点的实时拥堵等、车站现场广播获取、电视获取、网络获取、电话获取等）信息获取、目的地推荐、出行路径规划等出行规划、购票及出行提醒、叫车等辅助出行的需求。

2. 出行中综合服务需求分析

出行中为在途阶段，通常包含购票 / 取票 / 改退签、进出站、安检、检票验票、候车、上车、乘车、换乘、下车、出行计划调整、特殊服务及应急等需求。其中，出行中的购票 / 取票 / 改退签区别于出行前的“购票”，主要指出行过程中在车站实地进行购票、取票、改退签的需求。进出站需求包括进出站引导、便捷进出站、大客流情况下进出站的需求；便捷安检需求包括安检标准查询、快速或无感安检、换乘无安检等需求；检票验票包括检票验票方式高效便捷、检票验票设备优化的需求；候车需求包括候车信息获取、候车时间消费、候车舒适性的需求；乘车需求包括乘车安全、列车运行信息获取、乘客舒适性及上网的需求；乘客对换乘的需求包括简化换乘环节、缩短换乘走行距离及换乘时间、提高换乘效率三方面需求。

3. 出行后综合服务需求分析

乘客在出行后的需求主要包括与其他交通方式换乘、出行信息查询与评价、寻求帮助、增值服务等。其中与其他交通方式换乘需求包括可选择的换乘方式、便捷的换乘场所、全面的换乘信息查询及获取需求等；出行信息查询包含查询内容、评价内容及查询评价渠道三方面需求。

综上所述，基于基础出行链的乘客服务需求如图 2-6 所示。

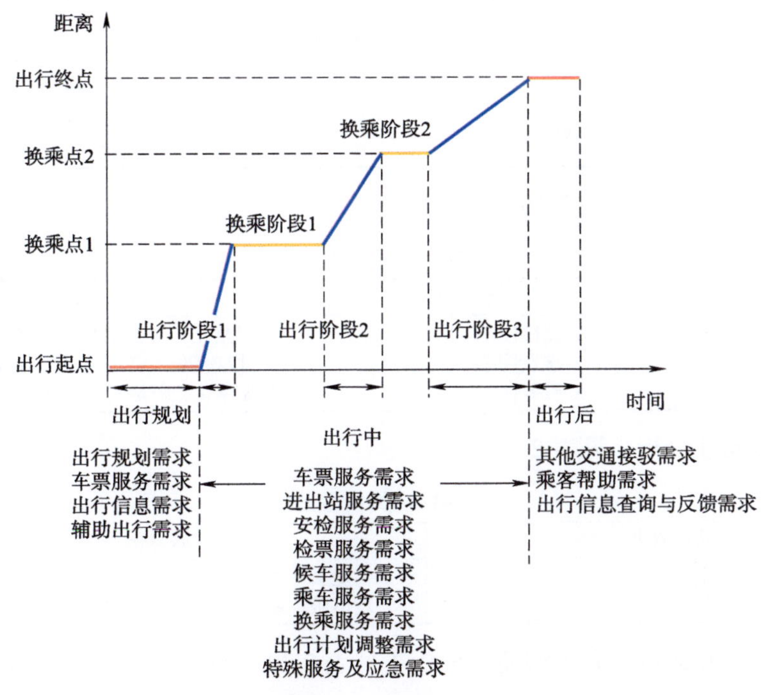

图 2-6　基本基础出行链乘客出行综合服务需求

4. 不同类型乘客特殊出行链需求分析

1）跨区域乘客特殊出行链需求

区域外乘客出行通常会伴随多天、多行李情况，故存在行李托运领取的需求，同时重点城市群间的跨区域乘客会因为工作、生活原因存在对国铁干线公交化运行的需求。

2）市域内乘客特殊出行链需求

市域内乘客出行因其出行时间相对较短，出行具有明确目的（通勤、通学、商旅）及目的地，对出行的便捷性、可预测性有更明显的需求。主要体现在对票价优惠、食品和生活用品购买的增值服务需求。

3）中心城区乘客特殊出行链需求

中心城区乘客出行目的大多集中在通勤、通学和生活服务，其出行链过程特殊需求主要包括交通卡充值、大站快车及共享服务需求。

2.3.2 乘客出行综合服务需求总结分析

基于前面对乘客出行综合服务需求的分析，从乘客出行综合服务的需求进行总结，具体如下：

1. 阶段性需求分析（见表 2-9）

表 2–9 阶段性需求分析

规划阶段	建设阶段	既有建成
线路可达性	线路可达性	1. 包括经济性、便捷性和服务性； 2. 出行智慧化、无感化需求

2. 需求层次分析（见表 2-10）

表 2–10 层次性分析

基础需求	便捷需求	享受需求
1. 可达性； 2. 安全性； 3. 经济性	1. 便捷性； 2. 准点性； 3. 服务性	1. 智慧化，包括信息随时随地可查询、多方式支付/购票、手机/人脸检票验票、网络服务等； 2. 无感化，包括安检无感、换乘检票无感等

3. 需求异同性分析（见表 2-11）

表 2–11 异同性分析

共性需求	差异化需求
1. 便捷舒适的乘车服务； 2. 智能化的信息服务	1. 便捷服务差异化； 2. 增值服务差异化

4. 通用需求及区域协同类型需求分析（见表 2-12）

表 2-12　通用需求及区域协同需求分析

通用需求	区域协同需求
1. 可达性； 2. 安全性； 3. 经济性； 4. 便捷性； 5. 准点性； 6. 服务性； 7. 智慧化	一体化无感化需求，包括安检无感、换乘检票无感等出行智慧化、无感化需求

5. 换乘协同及贯通运营协同需求分析（见表 2-13）

表 2-13　换乘需求及贯通运营需求分析

换乘协同需求	贯通运营需求
1. 联程票； 2. 安检无感； 3. 便捷性	安检无感、换乘检票无感

2.4　区域轨道交通协同运输组织需求分析

本节结合现状从行车组织、客运组织、运营维护管理三个业务场景及技术需求四个方面阐述协同运输组织的主要需求，并对其进行共性凝练、差异提取，得到有阶段、有层级、有差异的运输组织需求。

2.4.1　网络协同行车组织业务需求

1. 客流预测需求

1）线网规划阶段客流预测需求

客流预测是轨道交通建设的主要依据，有利于指导区域轨道交通在规划时，利用客流预测定量化的方法对区域客流特征进行分析，以实现对区域内各轨道交通线路的运量等级划分和分层规划，实现资源的有效协同和共享。

2）运营阶段客流预测需求

协同运输方案制定时需根据实际的客流数据来设置和调整大、小交路、交路比例及行车间隔，同时结合客流差异，灵活设置高、中、低三个峰期，调整运输能力来匹配客流强度。

2. 行车方案及计划协同编制需求

为满足区域轨道交通的协同运输，在行车计划编制时需考虑时间协调、多样化行车方式、交路协同及运行图协同编制的需求。其中时间协调为满足不同时间乘客出行的便捷性；多样化行车方式需求为根据乘客出行需求开行公交化的城际铁路及开行快慢线行车等；交路协同为根据跨线客流情况及本线客流情况确定跨线运行交路、本线运行交路（或大小交路）的区间及出行比例，在行车交路设置时发挥“三铁融合”线网层次中各线路的作用；运行图协同编制需求为综合考虑多制式维修天窗的协同布置、路网换乘节点与直通开行区间的合理选择、不同制式和线路的首末班列车有效衔接等因素，实现多制式轨道交通列车运行图的协同编制。

3. 行车方案验证需求

确保基于不同客流预测情况下制定的行车方案的切实可行，有必要事前对制定的行车方案进行仿真，提前发现问题，并基于仿真结果对方案进行优化。

4. 行车调度指挥协同需求

区域内各制式、各主体间轨道交通协同行车组织离不开调度指挥协同。在制定区域轨道交通应急联动方案基础上，需明确信息通报流程，在应急情况下统一指挥，区域轨道交通各系统执行相关命令，保障安全运营。

5. 故障情况下运营时刻表调整及应急响应指挥需求

多运营主体下的区域轨道交通协同运输组织中关键在于向乘客公布运营时刻表，其难点是在故障情况下对运营时刻表的协同调整及应急响应指挥。

6. 车辆及乘务人员的协同需求

行车组织协同离不开车辆及乘务人员两个主体，做好车辆及乘务人员的协同不仅可以节约资源，还可以间接为乘客提供更好的出行体验。

2.4.2 区域轨道交通协同客运组织业务需求

1. 便捷换乘

乘客在不同制式间换乘出行时，便捷的换乘方式可以提高其出行便捷性，节约出行时间，如在换乘协同运输时，有必要实现不同制式间的安检互信，使乘客实现零换乘体验。

2. 标准化的导向标识

因不同制式间导向规范及载客量均不同，因此在协同运输时，有必要对导向规范及组织体制进行统一明确。

3. 客运组织人员及车站设备设施共用

通过对车站客运组织人员及车站设备设施（如售票机、站厅等设备场地）实现共享，可以节约运营成本，方便乘客出行。

4. 大客流协同应急疏散

共线运营时，共线运营区间车站客流明显增大，客流组织难度增大。在换乘车站，需各个系统运营主体明确运营组织管理的边界、责任划分，在大客流时才能更好的组织客流疏散。同时，要充分分析、预判大客流场景，提前制定好共线运营下的大客流应急疏散方案，各运营主体共同参与、提前演练。

5. 票制一体化

1）票制兼容，一票卡出行

不同的系统不同的运营主体，其优惠政策各不相同，在协同运输时为满足一票制出行，需要不同运营主体、不同制式的线路其票制能互相兼容，保障统一结算。

在区域轨道交通协同运输中，不同的票卡导致乘客出行时需要二次购票，增加乘客出行时间，因此需要各系统间统一票卡形式，实现一票卡出行。

广州市和佛山市两市乘客通过广佛线出行时实现了乘客一张票出行的服务需求；重庆联合高铁、轨道快线和城市轨道交通的运营主体单位，通过技术手段实现票制互通构建运输服务一体化。

2）多样化的支付方式统一

随着移动支付、全态识别支付等支付方式的多样化，乘客在进出站时需通过同样的支付方式才能实现一次出行费用的支付，因此，各个系统间需能实现支付方式的统一。

6. 一体化的运营管理

在区域轨道交通协同运输时对于直通运营所产生的线路使用费、停车场使用费等如何解决，同台换乘及共线运营时边界、责任的划分均是面临的问题。

2.4.3　区域轨道交通协同运营维护需求

1. 运营维护人员共享

区域内各轨道均需要相应的维修维护人员，而在车辆、信号等技术标准统一时，各运营主体间可实现维修维护人员的共享，从而节约人力成本，提高维护效率。

2. 基地及维修资源共享

干线铁路、城际铁路、市域（郊）铁路、城市轨道交通在车辆基地及维修、牵引供电设施、通信信号设施、调度中心配置等方面具有一定的共同性，对基地及维修资源的共享，可降低或节约轨道交通社会成本，提高城市轨道交通系统运营效益，为综合轨道交通融合发展提供基础保障。

3. 管理边界、责任划分

区域轨道交通协同运输下不同制式、不同层级轨道线路组成“一张网”，各运营之间在换乘点事物处理、线路财产归属、安全检查方面的责任均须明确。

2.4.4　区域轨道交通协同运输技术需求

1. 设备设施互联互通需求

设备设施的互联互通是实现区域轨道交通协同运输的基本条件，主要内容包括车型、制式的统一；维修资源、基地共享；线路间轨道交通的互联互通和信号系统的统一。

2. 信息互联互通需求

区域轨道交通内各系统间实现协同运输，需要各系统之间实现信息的互联互通，具体包括行车数据、客流数据、设备设施（如乘客信息系统）数据的互通共享。

3. 协同指挥系统

区域内轨道交通协同运输组织在应急疏散、跨线共线运营时需有相应的系统支持协同指挥、协同编制运行图。

4. 一体化票务系统

乘客在区域内不同主体不同层次线路出行时具有一体化的购票需求，实现售票系统的协同也是面临的一个问题。其次，面临不同主体间、不同投融资模式下的票务清分，需要制定各种情况下的系统接口和清分规则。

5. 一体化智能服务

众多运营单位为提升乘客服务水平，已开通运营 App 应用服务，现状不同城市、不同运营主体基本都采用不同的 App，而城市群内各城市、各运营主体间采用统一的 App 可实现区域内轨道交通情况、出行路径的掌握及一次支付出行。

2.4.5 区域轨道交通协同运输组织需求分析总结

基于前文对运输组织需求的分析，对需求进行总结，具体如下：

1. 阶段性需求分析（见表 2-14）

表 2–14 阶段性需求分析

规划阶段	建设阶段	既有建成阶段
客流预测及分析	1. 预留共线运营条件（线路间互联互通、设备设施互联互通、技术标准统一、维修资源、基地共享）； 2. 一体化调度指挥系统； 3. 一体化的票务系统； 4. 资源共享	1. 行车方案及计划协同编制； 2. 调度指挥、应急疏散协同； 3. 标准化导向标识； 4. 明确管理边界、责任划分； 5. 车辆及运营专业人员共享； 6. 一体化智能服务

2. 需求层次分析（见表 2-15）

表 2–15 需求层次分析

基本需求	优质运输服务需求	智慧服务需求
1. 便捷换乘； 2. 行车计划协同编制； 3. 应急联动协同指挥； 4. 标准化导向标识； 5. 协同应急疏散； 6. 一体化运营管理（边界、责任划分，运营成本分摊）； 7. 信息互联互通	1. 车辆、车站设备设施及运营服务人员、维修资源及基地共享； 2. 票制兼容，一票卡出行	一体化智能服务

3. 通用需求及区域协同需求分析（见表 2-16）

表 2–16　通用需求及区域协同需求分析

通用需求	区域协同需求
1. 客流预测及分析； 2. 行车方案验证	1. 行车方案及计划协同编制； 2. 行车调度指挥协同； 3. 故障情况下运营时刻表调整及应急响应指挥； 4. 车辆及乘务人员协同； 5. 便捷换乘； 6. 客运组织人员及车站设备设施共用； 7. 大客流协同应急疏散； 8. 票制一体化； 9. 一体化的运营管理； 10. 运营维护人员共享； 11. 基地及维修资源共享； 12. 管理边界、责任划分； 13. 设备设施互联互通需求； 14. 协同指挥系统； 15. 一体化的票务系统； 16. 一体化智能服务； 17. 标准化的导向标识

4. 换乘协同及贯通运营协同需求分析（见表 2-17）

表 2–17　换乘需求及贯通运营需求分析

换乘协同需求	贯通运营需求
1. 客流预测及分析需求； 2. 故障情况下运营时刻表调整及应急响应指挥； 3. 便捷换乘； 4. 标准化的导向标识； 5. 大客流协同应急疏散； 6. 管理边界、责任划分； 7. 一体化智能服务	1. 客流预测及分析； 2. 行车方案及计划协同编制； 3. 行车方案验证； 4. 行车调度指挥协同； 5. 故障情况下运营时刻表调整及应急响应指挥； 6. 车辆及乘务人员协同； 7. 客运组织人员及车站设备设施共用； 8. 大客流协同应急疏散； 9. 票制一体化； 10. 一体化的运营管理； 11. 运营维护人员共享； 12. 基地及维修资源共享； 13. 设备设施互联互通； 14. 协同指挥系统； 15. 一体化的票务系统； 16. 一体化智能服务

2.5　区域轨道交通协同安全保障需求分析

区域轨道交通协同安全保障需求分析结合现状面临的需求从乘客安全保障、运营单位安全保障及政府安全保障三个层面阐述区域轨道交通协同运输安全保障需求。

2.5.1 区域轨道交通协同安全保障需求分析

1. 乘客安全保障需求

安全需求是乘客出行最基本的需求，为了有更好的安全保障，乘客需要政府部门和运营单位为其提供满足安全运营的线路和车站、配备完好可靠的设备设施、配置专业的运营保障人员、提供更加专业的服务。

当发生火灾、恐怖袭击、列车脱轨、踩踏等导致人员伤亡、设备损坏、行车中断等危及乘客生命财产安全的突发事件发生时，政府及运营单位应具有一体化的、包含完善应急机制和信息发布机制的管理机制，当有突发事件发生时能迅速启动应急预案，政府各方、运营单位各部门能够在政府管理部门的领导下协同作战，按照应急预案流程科学高效的应对突发事件，同时能及时将突发事件信息及处理进程通过多渠道告知乘客。

2. 运营单位安全保障需求

运营单位的安全保障需求可从人、物、管理三方面切入，分析风险防范、风险监测、风险控制、应急处置四个方面的需求。

1）人员

人员指乘客以及从事和参与运营工作的人员。如：乘客、志愿者、列车乘务员、调度人员、站务员以及车辆、信号、供电、机电、轨道等设备以及土建设施的操作、管理、维修人员等。

（1）风险防范

运营单位要通过定期活动或站内视屏播放等形式加强乘客的安全乘车意识，合理布置乘客各类导向标识、安全标识等加强对乘客的提醒和引导。同时定期对工作人员进行培训和教育，并制定切实可行的应急预案并组织演练。

（2）风险监测

加强对乘客异常行为的监视，加强进站安检和乘客的引导，同时对客流进行监测，及时发现客流量的异常从而采取相应的措施。关注运营人员素质，合理安排工作人员岗位和开展培训。

（3）风险控制

对异常乘客早发现、早处理，对携带危险品、不按规则上下车、落轨等乘客不安全行为及时劝阻、报警。当客流量突然增大时，运营单位需要采用客流组织、客流引导等方法避免大量乘客在站内滞留，从而避免安全隐患。同时，当出现工作人员违规操作、业务不熟练等影响轨道交通安全的问题时，及时采取业务培训、思想教育、调换岗位等措施控制风险，防止由于人的差错导致整个安全系统可靠性降低甚至引发事故。

（4）应急处置

应急处置时需要尽快将处于危险中的乘客尽快的疏散到安全地带，避免出现更多伤亡。运营单位需要采用跨制式交通联动配合下的客流组织、行车组织、疏散组织等多种方案，迅速对站内客流进行引导和疏散；对于被困乘客，需要与公安、消防等部门联合进行营救和疏散，尽可能减少伤亡。

2）物

物（含环境）指有关区域轨道交通运营的各项设备设施。包括:车辆、供电、机电、通号、线路、站场、桥梁、隧道、路基，相关的检测、监控、维修、救援设备，区域轨道交通运营环境和工作场所的环境。

（1）风险防范

①增加系统安全裕量

从安全保障的角度来说，系统安全余量越大越好，但是过大的安全余量又会导致成本的急剧增加。因此，为了维护跨制式轨道交通系统正常的运行，保障生命财产安全，做到成本和安全的均衡，适当的安全余量必不可少。

②主动防御安全风险

主动防御安全风险要求运营单位和系统设计与建造商、供应商、集成商、服务提供商在设计和建造时充分预估系统存在的风险，尤其是信息安全方面，随着互联网在轨道交通的应用面日益增多以及大数据分析技术的发展，运营单位应要求相关单位实现边界安全防护要求、通信网络安全要求、云计算环境安全要求、集中安全管理平台要求，提升系统容错能力。

（2）风险监测

设备既是保证跨制式轨道交通系统正常运营的物质基础，又是跨制式轨道交通安全的重要保证。运营单位需要对跨制式轨道交通基础设施、列车的运行状态进行监控，同时在监控数据的基础上进行处理和分析，若发现异常则及时发出警报。安全监控的范围包括电力基础设施、车站基础设施、车内设备状态和列车运行状态，电力基础设施监控主要监控沿线的变电所供电系统是否正常；车站基础设施监控包括对各个车站的通风空调系统、自动扶梯、电梯、屏蔽门、照明设备等进行全面的监控；车内设备状态监控主要包括车门、车窗、车内报警设备等；列车运行状态监控则主要监控列车运行速度等指标是否正常。

影响跨制式轨道交通安全的环境因素包括内部环境和外部环境。对于内部环境，运营单位需要对工作人员的工作环境和设备环境，例如服务器机房温度、湿度等进行实时的监测，及时预警。外部环境包括自然环境和社会环境，自然环境暂时难以改变，运营单位需要对常见的自然灾害和气候变化等进行监测，一旦发现有可能影响行车安全的灾害需立刻采取行动。对社会环境的监测主要是对轨道交通车站治安和秩序的监测，防止引发骚乱。

（3）风险控制

通过对设备的在线监控和健康度分析，运营单位需要在日常的运维中对健康状态衰落的设备进行保养、维修或者更换零部件，避免设备发生故障影响正常的行车；对于出现异常或者故障的设备，需要根据故障诊断的结果判断故障级别，对不同级别的故障采用不同的解决方案，例如在夜间停运期间处理影响较小的设备故障，从而在保证设备和系统健康度的情况下降低故障维修和停机成本。

对于自然环境带来的风险，运营单位需在自然灾害预警或者发生初期通过调整行车计划、增加安保工作频率等措施尽可能的控制风险；在发生危害跨制式轨道交通安全的治安问题时，运营需要及时控制现场事态，必要时请求公安等部门支援，避免事件升级危及行车安全。

（4）应急处置

当设备突发故障导致正常的运营工作无法开展时，运营单位需要在有限的时间内迅速组织维修人员、维修物资等进行高效的应急维修。运营单位需要采用科学有效的方法对应急资源的配置、布局和调度流程进行优化，以减少资源调度的时间。同时，运营单位需要使故障维修智能化，利用智能诊断技术提升设备故障诊断准确度和诊断效率，利用多种方法对现有故障维修流程进行分析、优化，提高故障维修的效率。

3）管理

管理指对城市轨道交通工作人员、设备设施、客运组织、调度指挥等的管理。包括编制有关安全运营的规章、制度、条例、细则、方法和客运组织办法、调度指挥办法并监督其贯彻执行、进行列车事故救援和路内外联防等的组织管理。

（1）风险防范

日常的安全保障工作包括日常的安全检查和设备及系统的巡检和保养、故障诊断和处理、备品备件的管理。日常安全检查可以通过管理机制及时发现安全生产过程中的风险和隐患并予以控制；设备及系统的巡检和保养、故障诊断和处理、备品备件的管理能够降低设备和系统故障的发生率，保证系统较高的可用性。运营单位需要建立基于状态的维修机制，即根据设备当前的实际工作状态和历史数据，对设备健康度分析和工作寿命预测，从而有针对性的制定维护和保养计划。此外，为了优化日常安全保障工作的流程，在保证安全的前提下降低运维的成本，运营单位需要对系统进行安全风险评估，从而发现系统的安全瓶颈和安全保障的薄弱环节，采取针对性的措施来清除风险。

（2）风险监测

风险监测是一种动态的方法，运营单位需对跨制式轨道交通安全保障涉及的影响要素进行实时动态监测和预警，及时发现安全隐患，能迅速采取措施清除风险，避免带来严重的后果。

（3）风险控制

在风险出现征兆或者风险发生初期，及时采取对策控制、消除风险，防止其进一步发展带来更大的危害。与风险监控相似，运营单位需要对跨制式轨道交通安全保障涉及的影响要素中产生的风险进行控制。

（4）应急处置

运营单位需要相互之间、与相关机构（中央政府、地方政府、消防部门、公安局等）协调建立体制及机制，做到建立有效的安全管理体制和形成有效的应急响应和应急联动机制。发生重大事故时，需由政府应急或防灾指挥中心进行统一协调指挥。

①应急响应

应急信息流是连接各项应急活动的纽带，运营单位需建立完善的信息采集、处理、传递和发布机制，对突发事件的情况、处理情况等向应急组织各机构准确、及时的传递，便于运营单位安全保障部门、公安、消防、医疗等不同机构组织了解情况并且迅速进行响应，有效地提供支援；在应急处置的过程中，需要保证各相关指挥部门之间、各相关执行部门之间、各指挥部门与其所指挥的执行部门之间、现场与执行部门、现场与指挥部门之间的信息通畅，以保证各部门的有效配合。

②应急联动

突发事件的应急处置涉及多个不同的组织和部门，包括多种处置环节和流程，因此建立完善的处理协调机制、加强各部门之间的整体联动、优化应急联动的流程对于迅速处理突发事故、降低其影响有重要的意义。

3. 政府安全保障需求

跨制式轨道交通是一个复杂的系统，加强跨制式轨道交通安全保障，需要从全局的角度全面考虑跨制式轨道交通全生命周期各方面的安全保障需求，建立健全可靠的安全保障体系和安全保障制度，明确各项安全保障工作的主体和内容，有效进行管理。政府有力的领导和监督是实现上述目标、确保各项安全保障工作顺利开展的基础。

1）全局安全风险监测评估

政府及相关部门需从系统的层面和全局的角度建立跨制式轨道交通安全风险控制体系，对跨制式轨道交通系统设计、建设、运营全过程的风险进行实时监测并主动管理；同时需要建立跨制式轨道交通安全评价体系，应用安全系统工程方法及原理对系统中存在的风险因素进行辨识与分析，为系统指定安全防范措施和管理决策提供指导和依据。

2）跨制式应急联动及联合运维

政府部门需要对不同制式轨道交通运营单位等进行组织和引导，逐步完善应急联动体系和机制，使得跨制式轨道交通真正成为一个整体，更好的发挥其优势。运营单位在进行日常的运维工作时，还需要系统设计与建设商、设备供应商、系统集成商、服务提供商等多个公司与机构进行配合才能提高日常运维的效率，优化运维的流程。同时，不同制式的轨道交通运维工作虽有较大的差异，但是政府及有关部门若能建立联合运维的机制，例如利用不同制式的轨道交通运维工作在时间和空间上的错峰特性对维修资源配置和流程等进行优化，便能在保证安全的前提下实现全局资源的共享，节约成本，提升运维效率，达到系统级性能的优化。

3）安全保障管理效能评估

政府需对跨制式轨道交通运营单位及安全保障组织机构的工作进行监督，定期从安全政策、安全保障组织机构及职责、应急保障、应急预案制定、文档和记录、风险评价和控制等多个角度对跨制式轨道交通安全保障管理工作进行全局的效能评估，以及时发现安全保障工作中存在的问题，提升安全保障系统的可靠性。

2.5.2 跨制式轨道交通安全保障需求分析总结

基于前文对区域轨道交通协同运输安全保障的详细分析，本节从阶段性、层次性等方面对安全保障需求进行总结。

1. 阶段性需求分析（见表 2-18）

表 2–18 阶段性需求分析

规划阶段	建设阶段	既有建成阶段
规划跨制式的复合型路网，提高路网容错能力	1. 设计建造时充分考虑设备系统的安全裕量； 2. 对安全风险高的关键设备和区域采用风险监控手段	运营单位需要相互之间以及与相关机构（中央政府、地方政府、消防部门、公安局等）协调建立联动机制

2. 需求层次分析（见表 2-19）

表 2–19 需求层次分析

基本需求	优质安全保障需求
1. 满足安全运营的线路和车站； 2. 完好可靠的安全设备设施； 3. 安全保障人员； 4. 专业的安全服务； 5. 完善的应急机制和信息发布机制； 6. 信息安全	1. 安全保障指标体系、风险评估体系和风险瓶颈分析体系； 2. 风险实时监测； 3. 风险实时预警； 4. 关键设备的智能维护

3. 通用需求及区域协同需求分析（见表 2-20）

表 2-20 通用需求及区域协同需求分析

通用需求	区域协同需求
1. 初期运营前安全评估； 2. 运营安全风险分级管控和隐患排查治理	1. 满足不同制式间安全要求和技术要求的安全运营的设备； 2. 具有不同制式安全管理经验的安全保障人员； 3. 适用于不同制式的安全管理规章制度； 4. 共同的行政管理部门； 5. 不同主体共同确认的安全保障机制； 6. 国家安全保障法律法规； 7. 政府部门间的安全保障协议

4. 换乘协同及贯通运营协同需求分析（见表 2-21）

表 2-21 换乘需求及贯通运营需求分析

换乘协同需求	贯通运营需求
1. 客运信息互通需求； 2. 共同的行政管理部门； 3. 不同主体共同确认的安全保障机制	1. 满足不同制式间安全要求和技术要求的安全运营的设备； 2. 具有不同制式安全管理经验的安全保障人员； 3. 适用于不同制式的安全管理规章制度

2.6 区域轨道交通政府宏观协同需求分析

2.6.1 政府路网布局与资源配置协调需求

1. 上位规划协同需求

由于干线铁路、城际铁路、市域（郊）铁路、城市轨道交通等分属不同的责任主体，在设施布局规划时，各主体角度不同，规划目的也不一致。在这种情况下，容易造成线路重复、轨道交通资源浪费，有必要在一定区域、城市范围内从政府层面协同“四网”综合交通规划。从区域功能、城市功能出发，明确四张轨道交通网各自的功能定位、路径走廊、使各等级轨道交通网能服务于不同层次的交通需求，在空间上实现统一。在此基础上，为保障各层次轨道交通协同一体化运营，基础设施建设的协同，通过区域政府层面的协调互动、统筹规划和平等对话，加强基础设施建设和衔接，做好规划预留，做到向上或向下兼容。根据区域交通建设和发展的基础，加强衔接，在建设标准上做统一规划，预留贯通运营接口。

2. 提高轨道交通资源利用率、降低投资压力和风险的需求

在轨道交通系统总体规划方面，政府期望通过实现区域轨道交通协同，充分利用线路和车站富余能力，促进“四网”融合发展，集约利用土地和通道资源。在规划时需考虑将某种制式的富余能力与其他制式共享，整合闲置资源，优化轨道交通线路的建设时序，从而避免重复规划浪费资源，同时降低政府投资压力和债务风险，例如重庆市利用既有铁路开行公交化市域列车。同时，可以通过协同各制式轨道交通的规划，

打造多功能的综合交通枢纽，实现一体化运营服务，提高整体资源利用率。

3. 优化公共交通运输结构、促进节能减排的需求

交通运输作为资源消耗型行业，必须推进绿色循环低碳发展，提高能源利用效率、降低温室气体排放。随着机动车保有量的增加，城市道路交通日益拥挤，加剧了城市空气污染、噪声污染等问题，树立轨道交通在公共交通运输体系中的骨干地位，有利于促进绿色出行，缓解城市交通拥堵问题。

2.6.2 政府运输监管与综合协调需求

1. 明确政府各部门在轨道交通协同管理工作中的职能，提升综合运输监管效率

目前，各城市不同制式轨道交通的监管普遍分属于不同部门，存在重复监管和监管标准不一的现象，使得监管能力和效率不高、统计分析口径不一，这构成了轨道交通一体化发展的一大阻力。为提高政府部门管理效率，应当优化管理机构和环节，创新轨道交通运营管理模式，明确政府各部门在多制式轨道交通协同管理工作中的职能。

2. 加大区域规划协调力度，建立跨行政区划、跨部门的协调管理机制

现行的区域规划或城镇体系规划在很大程度上受到行政区划分的约束，区域规划责任主体不明确，无论是内容、形式还是政策落地，均难以适应区域轨道交通发展的需要。区域轨道交通的健康、可持续发展，需建立不同行政区划（省、市）、不同部门（铁路、地方）的统筹协调机构。

2.6.3 政府安全监督与应急处置需求

1. 建立安全应急协调体制机制，提高整体应急处置能力

在安全监督与应急处置方面，政府应充分把握区域轨道交通各类突发事件情景和事故故障特点，主导构建贯穿“预防—预警—响应—处置—恢复”全过程的协调体制机制，合理收集、利用区域轨道交通复合网络安全监控信息、列车运行实时信息、出行大客流预测信息等高效、有序组织日常运营监督并协调处理突发事件，提升自身应急响应效率，必要时可以集中各制式轨道交通调度指挥权协同发力，最大限度提升整体应急处置能力和效率，保障乘客出行安全。

2. 实现各层次轨道交通网络协同配合，提升全网应急处置效率

为应对突发事件，需要制定一套区域轨道交通应急处置机制，集中多制式、多层次轨道交通的调度指挥权，根据突发事件等级，各级政府协同发力，对轨道交通复合网络运转进行统一指挥，同时协调公安、消防、医院、媒体等机构，最大限度提升全网应急处置能力和效率，确保公共安全。

2.6.4 多制式区域轨道交通政府宏观协同总结

基于前面对政府协同需求的详细分析，区域轨道交通在规划、建设等不同的阶段对协同运输的需求层次不同。本节从阶段性、层次性及异同性三个方面对政府宏观协同需求进行总结。

1. 阶段性需求（见表 2-22）

表 2-22 阶段性需求分析

规划阶段	建设阶段	既有建成阶段
1. 实现区域规划协同，提高轨道交通资源利用率的需求； 2. 明确政府各部门在轨道交通协同管理工作中的职能，提升综合运输监管效率的需求； 3. 加大区域规划协调力度，建立跨行政区划、跨部门的协调管理机制的需求	1. 实现区域规划协同，提高轨道交通资源利用率的需求； 2. 明确政府各部门在轨道交通协同管理工作中的职能，提升综合运输监管效率的需求； 3. 构建安全应急管理体制机制，提升整体安全保障能力需求； 4. 实现各层次轨道交通网络协同配合，提升全网应急处置效率的需求	1. 充分发挥轨道交通有效运能、提升服务质量和效益的需求； 2. 优化公共交通运输结构、促进节能减排的需求； 3. 构建安全应急管理体制机制，提升整体安全保障能力的需求； 4. 实现各层次轨道交通网络协同配合，提升全网应急处置效率的需求

2. 层次性需求（见表 2-23）

表 2-23 层次性需求分析

基本需求	高层次需求
1. 实现区域规划协同，提高轨道交通资源利用率、降低投资压力和风险； 2. 充分发挥轨道交通有效运能、提升服务质量和效益； 3. 优化公共交通运输结构、促进节能减排； 4. 明确政府各部门在轨道交通协同管理工作中的职能，提升综合运输监管效率； 5. 加大区域规划协调力度，建立跨行政区划、跨部门的协调管理机制； 6. 构建安全应急管理体制机制，提升整体安全保障能力； 7. 实现各层次轨道交通网络协同配合，提升全网应急处置效率	充分发挥轨道交通有效运能、提升服务质量和效益

3. 异同性需求（见表 2-24）

表 2-24 异同性需求分析

共性需求	个性需求
1. 实现区域规划协同，提高轨道交通资源利用率、降低投资压力和风险； 2. 充分发挥轨道交通有效运能、提升服务质量和效益； 3. 优化公共交通运输结构、促进节能减排； 4. 构建安全应急管理体制机制，提升整体安全保障能力； 5. 实现各层次轨道交通网络协同配合，提升全网应急处置效率	1. 充分发挥轨道交通有效运能、提升服务质量和效益； 2. 优化公共交通运输结构、促进节能减排

2.7 区域轨道交通协同运输与服务需求总结

本节对前文分析的需求进行汇总分类，以期更好的为区域轨道交通协同运输与服务体系的应用研究提供良好的支撑。

1. 阶段性需求总结（见表 2-25）

表 2–25 阶段性需求总结

需求类型	规划阶段	建设阶段	既有建成阶段
乘客出行综合服务需求	线路可达性	线路可达性	1. 经济性、便捷性和服务性； 2. 出行智慧化、无感化需求
网络运输组织需求	客流预测及分析	1. 预留共线运营条件（线路间互联互通、设备设施互联互通、技术标准统一、维修资源、基地共享）； 2. 一体化调度指挥系统； 3. 一体化的票务系统； 4. 资源共享	1. 行车方案及计划协同编制； 2. 调度指挥、应急疏散协同； 3. 标准化导向标识； 4. 明确管理边界、责任划分； 5. 车辆及运营服务维修人员共享； 6. 一体化智能服务
协同安全保障需求	规划跨制式的复合型路网，提高路网容错能力	1. 设计建造时充分考虑设备系统的安全裕量； 2. 对安全风险高的关键设备和区域采用风险监控手段	运营单位需要相互之间以及与相关机构（中央政府、地方政府、消防部门、公安局等）协调建立联动机制
政府宏观协同需求	1. 实现区域规划协同，提高轨道交通资源利用率； 2. 明确政府部门职能，降低投资压力与风险； 3. 建立跨行政区划、跨部门的协调管理机制	1. 实现区域规划协同，提高轨道交通资源利用率； 2. 明确政府部门职能，降低投资压力与风险； 3. 构建安全应急管理体制机制，提升整体安全保障能力需求； 4. 实现各层次轨道交通网络协同配合，提升全网应急处置效率的需求	1. 充分发挥有效运能，提升出行服务质量； 2. 优化运输结构； 3. 构建安全管理应急体制机制； 4. 促进节能减排； 5. 实现各层次轨道交通网络协同配合

2. 层次需求总结（见表 2-26）

表 2–26 层次性需求总结

需求类型	基础需求	优质服务需求	智慧服务需求
乘客出行综合服务需求	1. 可达性； 2. 安全性； 3. 经济性	1. 便捷性； 2. 准点性； 3. 服务性	1. 智慧化，包括信息随时随地可查询、多方式支付 / 购票、手机 / 人脸检票验票、网络服务等； 2. 无感化，包括安检无感、换乘检票无感等
网络运输组织需求	1. 便捷换乘； 2. 行车计划协同编制； 3. 应急联动协同指挥； 4. 标准化导向标识； 5. 协同应急疏散； 6. 一体化运营管理； 7. 信息互联互通	1. 人员、维修资源及基地共享； 2. 票制兼容，一票卡出行	一体化智能服务

续上表

需求类型	基础需求	优质服务需求	智慧服务需求
协同安全保障需求	1. 满足安全运营的线路和车站； 2. 完好可靠的安全设备设施； 3. 安全保障人员； 4. 专业的安全服务； 5. 完善的应急机制和信息发布机制； 6. 信息安全	1. 安全保障指标体系、风险评估体系和风险瓶颈分析体系； 2. 风险实时监测； 3. 风险实时预警； 4. 关键设备的智能维护	—
政府宏观协同需求	1. 实现区域规划协同，提高资源利用率； 2. 充分发挥轨道交通有效运能、提升服务质量和效益； 3. 优化公共交通运输结构、促进节能减排； 4. 明确政府各部门在轨道交通协同管理工作中的职能，提升综合运输监管效率； 5. 加大区域规划协调力度，建立跨行政区划、跨部门的协调管理机制； 6. 构建安全应急管理体制机制，提升整体安全保障能力； 7. 实现各层次轨道交通网络协同配合，提升全网应急处置效率	1. 充分发挥轨道交通有效运能； 2. 提升出行服务质量和效益	—

3. 异同性需求总结（见表 2-27）

表 2-27　异同性需求总结

需求类型	共性需求	个性需求
乘客出行综合服务需求	1. 便捷舒适的乘车服务； 2. 智能化的信息服务	1. 便捷服务差异化； 2. 增值服务差异化
网络运输组织需求	1. 客流预测及分析； 2. 预留互联互通线路、设备接口条件； 3. 行车方案及计划协同编制； 4. 调度协同指挥； 5. 应急疏散协同指挥； 6. 车辆、运营服务维护人员、设备设施、维修基地资源共享； 7. 便捷换乘； 8. 标准化导向标识； 9. 票制统一； 10. 一体化运营管理（边界、责任划分，运营成本分摊）； 11. 设备设施互联互通； 12. 信息互联互通； 13. 协同指挥系统； 14. 一体化票务系统； 15. 一体化智能服务	—

续上表

需求类型	共性需求	个性需求
政府宏观协同需求	1. 实现区域规划协同，提高轨道交通资源利用率、降低投资压力和风险； 2. 充分发挥轨道交通有效运能、提升服务质量和效益； 3. 优化公共交通运输结构、促进节能减排； 4. 构建安全应急管理体制机制，提升整体安全保障能力； 5. 实现各层次轨道交通网络协同配合，提升全网应急处置效率	1. 充分发挥轨道交通有效运能、提升服务质量和效益； 2. 优化公共交通运输结构、促进节能减排

4. 通用需求及区域协同需求总结（见表 2-28）

表 2–28 通用需求及区域协同需求总结

通用需求	区域协同需求
1. 可达性需求； 2. 安全性需求； 3. 经济性需求； 4. 便捷性需求； 5. 准点性需求； 6. 服务性需求； 7. 智慧化需求； 8. 客流预测及分析； 9. 行车方案验证需求； 10. 初期运营前安全评估； 11. 运营安全风险分级管控和隐患排查治理； 12. 轨道交通线网规划	1. 一体化无感化需求，包括安检无感、换乘检票无感等出行智慧化、无感化需求； 2. 行车方案及计划协同编制； 3. 行车调度指挥协同； 4. 故障情况下运营时刻表调整及应急响应指挥； 5. 车辆及乘务人员协同； 6. 便捷换乘； 7. 客运组织人员及车站设备设施共用； 8. 大客流协同应急疏散； 9. 票制一体化； 10. 一体化的运营管理； 11. 运营维护人员共享； 12. 基地及维修资源共享； 13. 管理边界、责任划分； 14. 设备设施互联互通需求； 15. 协同指挥系统； 16. 一体化的票务系统； 17. 一体化智能服务； 18. 标准化的导向标识； 19. 满足不同制式间安全要求和技术要求的安全运营的设备； 20. 具有不同制式安全管理经验的安全保障人员； 21. 适用于不同制式的安全管理规章制度； 22. 共同的行政管理部门； 23. 不同主体共同确认的安全保障机制； 24. 国家安全保障法律法规； 25. 政府部门间的安全保障协议； 26. 轨道交通建设标准协同； 27. 轨道交通服务标准协同； 28. 轨道交通资源共享协同

5. 换乘协同及贯通运营协同需求分析（见表 2-29）

表 2–29　换乘协同需求及贯通运营协同需求分析

换乘协同需求	贯通运营需求
1. 票务一体化联程票需求； 2. 安检一体化安检无感需求； 3. 便捷性需求； 4. 客流预测及分析； 5. 故障情况下运营时刻表调整及应急响应指挥； 6. 标准化的导向标识； 7. 大客流协同应急疏散； 8. 管理边界、责任划分； 9. 一体化智能服务； 10. 客运信息互通； 11. 共同的行政管理部门； 12. 不同主体共同确认的安全保障机制； 13. 轨道交通线网规划协同； 14. 轨道交通建设标准协同； 15. 轨道交通服务标准协同； 16. 轨道交通资源共享协同； 17. 建立区域轨道协调管理机制	1. 无感化需求：安检无感、换乘检票无感； 2. 客流预测及分析； 3. 行车方案及计划协同编制； 4. 行车方案验证； 5. 行车调度指挥协同； 6. 故障情况下运营时刻表调整及应急响应指挥； 7. 车辆及乘务人员协同； 8. 客运组织人员及车站设备设施共用； 9. 大客流协同应急疏散； 10. 票制一体化； 11. 一体化的运营管理； 12. 运营维护人员共享； 13. 基地及维修资源共享； 14. 设备设施互联互通； 15. 协同指挥系统； 16. 一体化的票务系统； 17. 一体化智能服务； 18. 满足不同制式间安全要求和技术要求的安全运营的设备； 19. 具有不同制式安全管理经验的安全保障人员； 20. 适用于不同制式的安全管理规章制度； 21. 轨道交通线网规划协同； 22. 轨道交通建设标准协同； 23. 轨道交通服务标准协同； 24. 轨道交通资源共享协同； 25. 建立区域轨道协调管理机制

第 3 章　区域轨道交通多制式协同应用体系

随着区域交通一体化的发展趋势，以轨道交通为核心的城市交通网络规模逐步扩大，要达到“都市区 1 小时通勤、城市群 2 小时通达、全国主要城市 3 小时覆盖”的出行目标，区域内多制式轨道交通的协同技术研究迫在眉睫。基于此，本章从协同管理主要模式和机制入手，明确多制式轨道交通系统协同的基本原则，确定协同等级划分标准入手，围绕线路规划、设施设备、感知信息、运输组织、安全保障、信息服务、运营管理等方面揭示区域轨道交通运输组织协同机理。

3.1　多制式协同管理模式

区域是一个根据发展战略目标形成的空间布局，多种轨道交通制式按照运营速度、覆盖半径等不同的定位形成功能层次，涉及多个运营管理主体，每个主体有相对独立且清晰的运营职责和目标。单一制式难于满足民众对多方式出行的需求，多种交通制式及多运营主体的协同，才能发挥区域复合路网的强大合力，提升总体效能和服务质量。

针对区域轨道交通多主体的实际，考虑现状及行政管理要求、投资主体、业务相关性等因素，从管理组织方面建立适宜的协同层级，明确各层级的职责定位，构建满足实际需要的协同模式，形成有效的协同机制，是实现区域轨道交通协同的管理关键。

1. 对等协商模式

多个管理主体，按照业务分割方式分别管理；需要每个主体共享需要协同的信息，在各主体共享信息的基础上建立多制式协同运输和服务的网络，实现信息互通及协同联动。

对等协商管理模式对各主体具有较强的激励作用，是一种基于竞争和专业化管理的模式，促使其加强管理、增强服务、提高效率。但该管理模式由于各主体单位的目标不一，使相关接口之间协调困难。建设主体之间在枢纽建设、客流衔接等方面也存在协调难度大的问题。运营主体之间存在着票务清分、资源调配、应急指挥等方面的协调问题。

该模式可以解决由于历史建设原因导致的碎片化管理以及由此带来的协同失灵等问题，对等协商管理模式建设云化管理的协同中心把干线铁路、城际铁路、市域（郊）铁路、城市轨道交通等以信息共享的方式集中到一起，形成服务于多主体、多制式、多层次日常管理的协同指挥中心，完成各专业的协调指挥工作。各主体各制式仍采用各自独立的系统进行监控，只是将协同数据共享出来上升到网络协同管理层统一协同管理。

多制式运输对等协商模式如图 3-1 所示。

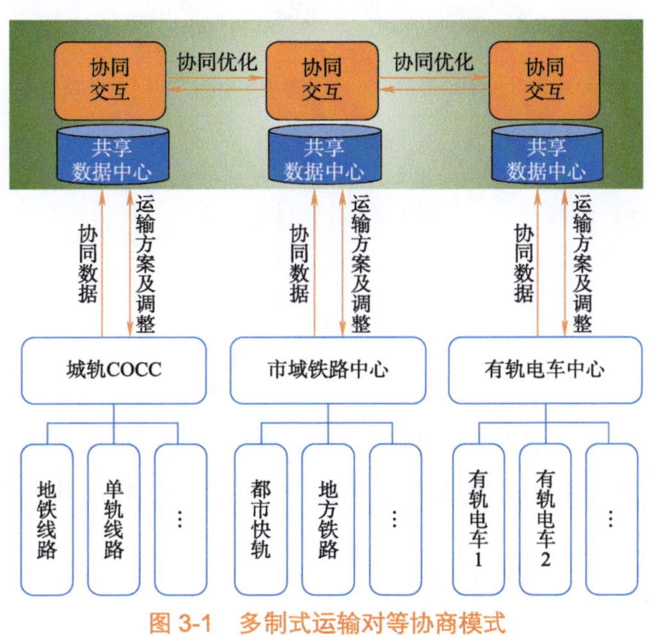

图 3-1　多制式运输对等协商模式

2. 集中模式

在既有及新增的按业务分割方式的管理模式下，在顶层增加跨制式的组织管理机构，负责跨制式的沟通协同，建立参与各方的制度标准系统、完善竞争机制、明确各方的接口，保证各方的利益。

集中模式在地方铁路、市域 / 市郊铁路、城市轨道交通线网等投融资、建设、运营、资源开发各环节的协调方面，决策快、掣肘少，具有优势。集中管理模式可以从全局观念出发、综合协调、整体推进、集中资源处理线网规划、设计、运营互联互通、票务清分、资源共享、应急救援、突发应急事件处理方面的工作。

对于存在跨制式统一管理组织而言，天然存在集中管控的优势。在新兴轨道交通建设的城市，各主体各制式的路网尚未形成规模，线网规划和建设均是独立进行，存在建立较强权威性和约束力的跨区域统筹管理部门的可能。当网络协同运输的需求出现时，建立本区域城市轨道交通网络协同指挥中心，主要对城市轨道交通路网的环境状况及车站设施运行状况和客流状况实施监视，在紧急情况下，可以向线路控制中心发出控制指令，辅助抢修和救援工作。

多制式运输集中模式如图 3-2 所示。

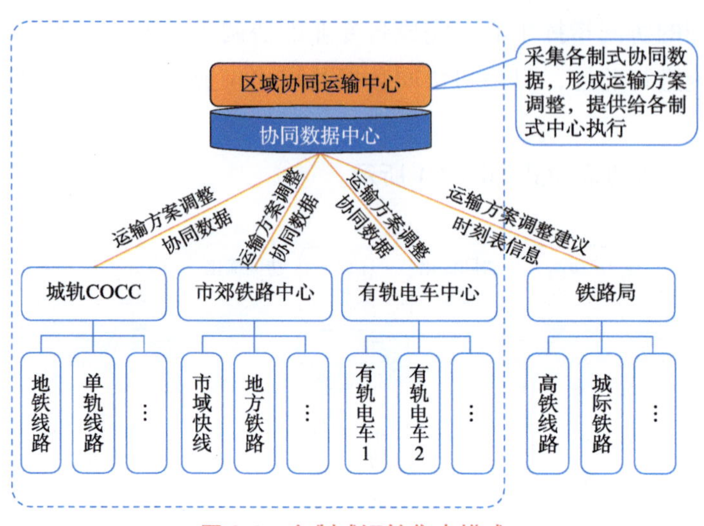

图 3-2　多制式运输集中模式

3. 混合模式

在实际中，存在无法使用单一模式完成协同的问题，可以在平等主体之间建立对等协商模式，完成数据交互信息共享。在存在集中管控主体的几种制式间建立集中管控模式，即构建混合模式。

多制式运输混合模式如图 3-3 所示。

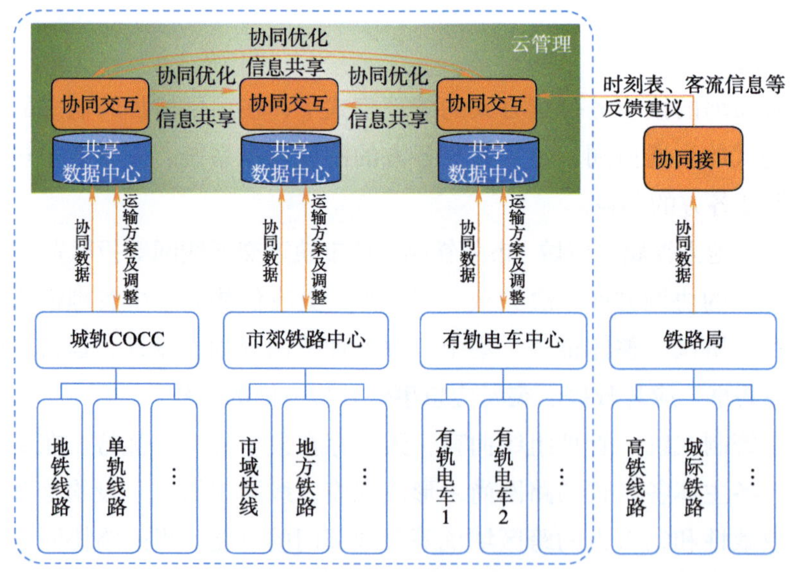

图 3-3　多制式运输混合模式

各地可以根据自身实际，选择适合的管理模式。通常对等协商模式对既有改变较小，易于推行。有条件情况下，推荐采用集中模式，可以更集中管控全局运输态势、更高效执行全局运输意图。

3.2 多制式协同管理机制

对于多制式协同运输与服务运营管理机制，主要应该从运营管理机构设置、运行计划共享、调度指挥协同、作业流程优化等方面实现。

在运营管理机构设置问题上，要避免城市中各种轨道交通制式间的恶性竞争，使其资源共享，分工协作，保证旅客运送的顺畅，各种轨道方式间需要建立运营管理的协调机构。尤其是铁路与城市轨道交通公司间，由于其传统的运输组织模式，各自承担不同的客流任务（铁路承担城市间或区域间的旅客运输，城市轨道交通承担城市内部的客流输送），相互间缺乏运营管理的协调者，在铁路旅客列车密集到发时段内，城市轨道交通应该开行与之相适应的列车，保证旅客列车出行顺畅。

该运营管理协调机构应该由双方管理部门和业务部门共同组成，由熟悉铁路运输又熟悉城市轨道交通运营管理的人员担当，并具有一定的决策权，在铁路和城市轨道交通的列车开行方案和列车运行图上能够起到良好的协调作用，保证列车的开行符合客流规律，同时还应该对旅客换乘、进出站、购检票等环节以及紧急情况下的应急疏散等进行科学的规划和组织。

在调度指挥管理上，调度指挥是列车运行安全、运输组织良好进行的前提和保障，对于铁路和城市轨道交通的调度指挥协调应该就相关线路（换乘相关线路和共轨线路）进行统一的调度指挥，保证列车运行的安全和到发时间的良好接续，确保旅客运输的顺畅。对于换乘相关线路的调度指挥，双方可以共享相关列车到发计划和实时信息，按照计划组织列车开行，同时根据实时信息进行相关的调整。对于共轨运输线路，铁路旅客列车在进入共轨线路后，可以委托城市轨道交通公司代为指挥，其车体上需配备与城市轨道交通调度指挥相应的设备，以保证其运行安全。

在作业流程管理上，应充分考虑不同制式之间对于时效性和作业设备利用的差异，针对不同的制式，采取合理的一体化票制和安检互信原则，以方便旅客出行为首要目的，做好票额清算工作。

3.3 多制式协同基本原则

3.3.1 逐层次协同原则

根据区域内各组分轨道交通的相互衔接关系、业务交互的不同，按从高到低的协同层次可以分为跨区域合作协同、跨制式计划协同和同制式内部协同。

（1）跨区域主要是指涉及两个及以上不同区域轨道交通的关系，一般情况下为主要干线铁路之间的相互联系，包括高速铁路与高速铁路之间、高速铁路与普速铁路之间、干线铁路与市域铁路之间，各运营主体的地位相当。要实现跨区域轨道交通的协同，要求各干线线路、不同制式之间相互合作，称为合作协同，如：高速铁路与普速铁路合作协同、不同高速线间的合作协同。跨区域合作协同的关键是不同线路（制式）运营主体要协同列车的运行，尤其是跨线列车的开行，重点控制衔接点（列车跨线点）的列车交接和调度指挥权限划分。

（2）同一区域内不同制式的轨道交通，其相互联系是以旅客换乘或列车互通运营为纽带联系起来，其协同的关键是计划的协同，包括旅客运输计划和列车运行计划。旅客运输计划是以换乘客流的换乘需求为基础，是不同制式列车开行计划的基础。列车运行计划主要包括：换乘模式下不同制式轨道交通的旅客换乘列车接续计划；贯通运营模式下不同制式轨道交通列车互通运营计划和共用设备的运用计划；不同制式轨道交通的应急组织和救援计划。

（3）同制式轨道交通依然遵照内部协同的原则，在保障跨制式和跨区域协同的前提下，保证同一制式轨道交通内部运输组织、应急救援、安全保障、信息服务、设施设备运用的内部协同。

3.3.2 主次协同原则

当今我国城市发展与区域轨道交通多制式交通水平提升密切相关，提高交通出行效率和城市综合交通枢纽换乘衔接效率提升十分重要。由于不同制式轨道交通各成体系，受到不同空间尺度要素的影响，并且互相之间存在内在类型及特征差异，形成稳定的协同状态难度相对较大。因此提出多制式协同的主次协同原则。

区域轨道交通的各协同主体存在不同的优先级别，多制式协同往往由最高优先级的协同主体所主导。制式协同的主次协同应遵循以下原则：

（1）各制式车站换乘节点选址规划应尽可能紧凑，形成一体化交通枢纽为佳。因国家干线铁路负责全国范围内的旅客中长途运输、运量大，且城市群内车站数量相对较少，位置基本成型。而城市轨道交通为地方政府主导，服务城市内部旅客出行，选址建设灵活度较高。因此国家铁路干线在协同地址位置上具有绝对优先级，以国家铁路干线车站为主体，同时接入其他制式轨道交通，共同构成多层次的一体化交通枢纽，是多层次、多主体协同的重要基础。

（2）应尽量减少换乘过程环节、减少换乘等待时间、节约旅行时间。国家铁路干线运输计划较为固定，列车运行线可调性较低。而城市轨道交通作为服务城市内部旅客出行方式，运营调度较为灵活、列车运行线可调整度高。因此，多制式运输计划协同应以干线铁路运输计划为主体导向，城市轨道交通为配合，可进一步降低协同成本，提高协同运输效果。

3.3.3 自组织协同原则

不同于建立高度分工的传统管理理论，自组织协同强调要素间协同、配合的思想，重视内部资源的优化配置和合理利用。由于轨道交通的产品为旅客的位移，而旅客全出行链产生的客流将各种轨道交通制式的运输计划、运营调度管理等有机结合产生一定联系，因此提出多制式协同的自组织协同原则。

将区域轨道交通视为一个系统，区域轨道交通的跨制式协同可以存在于不同的制式范围和业务场景，需要具备灵活的自组织性。

区域轨道交通自组织协同原则，指在系统处于变革或临界状态，以协同思想为指导，在一定现实条件制约下综合运用管理办法、手段促使系统内部维保资源、运输资源按照不同的组合协同方式进行整合，相互作用、相互合作和协调而实现一致性和互补性，进而产生支配整个系统发展的序参量，使系统产生整体作用大于各要素作用力之和的系统管理办法。自组织协同可大大提高区域轨道交通系统应对突发大客流、设备设施故障、列车开行计划临时调整等情景下的自我完善和自我优化能力。

3.3.4 效能提升协同原则

线路规模化、网络化是轨道交通发展的必然趋势，即实现不同线路和车辆之间的协同运输，使整个线路网络成为真正意义上的一个整体。轨道交通复合网络协同运输组织的关键在于运输子系统的衔接，使两种交通制式密切配合，充分发挥综合交通运输能力，并且在竞争与协作中共同发展。在运输过程中应遵循以下原则：

（1）运输系统间衔接合理高效：选择合理的衔接方式，使城市轨道交通与干线铁路之间列车接续过程省时、便捷，充分发挥综合交通的优势，通过各种交通之间的有效衔接，原本独立的线路便逐渐形成线网。

（2）换乘过程连续顺畅：应当使客流换乘过程完整连续，要使客流在换乘的过程中消耗时间尽可能少，换乘设施空间尽可能充足，客流导向信息尽可能及时和明确。

（3）衔接方案经济可行：以城市规划及环境状况为首要依据，充分考虑衔接地区的工程地质状况，选择合理的施工方法，并确定各条线路的修建顺序，力求对城市干扰最小，使衔接方案容易实施、经济可行。

（4）运输能力协调提升：城市轨道交通与相互衔接的干线铁路组成动态大系统，该系统的能力具有整体性，以及能力利用的时效性和在不同子系统间的相互转化等特性。因此，系统的整体能力提升不仅取决于每个子系统的能力，而且取决于各子系统间的相互协调与配合。

（5）尽量避免客流交叉：建立合理、有效的旅客换乘系统，利用标志引导、通道引导、设施引导等方式，使客流具有明显的方向性，尽量避免不同方向客流的交叉，提高换乘效率。

（6）协调运营管理差异：充分考虑城市轨道交通和干线铁路在运营、管理方面存在差异，各轨道交通系统都有各自的运营管理方式，应结合相应的政策，选择相应交通管理体制可以相互协调的方案。

（7）充分利用既有设施：在对既有设备进行改建、扩建中，应对枢纽内的既有设备的现状进行详细研究，充分利用既有设施、设备，以节省投资，节约资源，降低换乘设施的建设成本。

（8）场地规划留有余地：在规划设计换乘车站时，不仅要适应目前的客流换乘需求，还要充分考虑未来各种交通制式客流量的变化，留有足够的余地，以保证能够满足远期的客流增长需求。

（9）保证运营组织安全：轨道交通具有运量大的特性，安全运输是保证其良好运转的前提和保障。因此在实现协同运输组织的问题上，必须确保各种运输方式在线路上的运行安全，以及在换乘车站的客流安全。

3.4 多制式协同等级

根据区域轨道交通在运输组织、安全保障、信息交互等方面的协同程度，可以将多制式轨道交通协同分为四个等级：独立运营、信息共享、互联互通、智能联动。

3.4.1 独立运营

独立运营是多制式轨道交通协同的初始状态（第1级），各制式轨道交通维持原有的运营模式，彼此之间呈信息孤岛的形式独立运转。表现为：

（1）固定和移动设备的使用均为各制式轨道交通独有；

（2）各制式轨道交通的运营相互之间独立。

只有当旅客在两制式之间发生换乘时才涉及客流的协同输送问题，其协同的关键仅在换乘站的客运组织，如售票、检票、安保等。

3.4.2 信息共享

信息共享是多制式轨道交通协同的低级水平（第2级），不同制式的轨道交通系统物理上互联，可进行基本客流信息和基本列车运行信息的简单共享，但在运输组织和运营管理上仍维持独立运营模式，不同制式信息通过人工分析后实现简单的静态方案层协同。表现为：

（1）固定和移动设备的使用均为各制式轨道交通独有；

（2）各制式轨道交通的运营相互之间独立；

（3）不同制式轨道交通间客流换乘信息交互与共享、互通；

（4）列车到发等正晚点信息的交互与共享、互通。

3.4.3 互联互通

多制式轨道交通列车互联互通的贯通式互联互通是协同的中级水平（第 3 级），各制式轨道交通实现物理设备和移动设备的共享，列车相关信息共享与互通。在信息深度共享的基础上，综合调配运输和运营维护资源，初步具备根据实时数据动态生成推荐方案的功能，为运营管理人员提供决策支撑。表现为：

（1）不同制式间固定设备共享，如：车站线路、折返设备等；

（2）不同制式间移动设备共享，如：列车互通跨线运营；

（3）应急救援设备共享，如：应急救援车辆；

（4）调度过程的衔接，跨制式互通运营列车运行信息的无缝传输；

（5）不同制式轨道交通信息共享，如：客流信息、调度指挥信息；

（6）初步形成不同制式在运输计划、安全保障和信息服务三个方面的协同决策方案建议。

3.4.4 智能联动

多制式轨道交通智能联动是协同的最高级别（第 4 级），各制式轨道交通通过信息共享、深度融合和智能互联，实现调度决策、组织指挥以及应急救援等的智能联动控制，为乘客提供一体化运输服务。表现为：

（1）不同制式间固定设备智能化共享，如：设备运用的智能化决策优化、最优化运用等；

（2）不同制式间移动设备智能化共享，如：跨制式列车设备的智能化决策优化、最优化运用等；

（3）应急救援设备智能化共享，救援组织过程的智能化多制式联动，多制式轨道交通应急救援的智能化决策；

（4）多制式轨道交通调度指挥、组织指挥决策智能化；

（5）不同制式轨道交通信息智能化共享，信息自动传输、分析与共享。

3.5 多制式协同机理

区域多制式轨道交通协同机理包括线网规划、设施设备、感知与信息、运营管理和业务决策 5 大方面。其中，业务决策协同进一步细分为运输组织决策协同、安全保障决策协同、信息服务决策协同三方面，如图 3-4 所示。

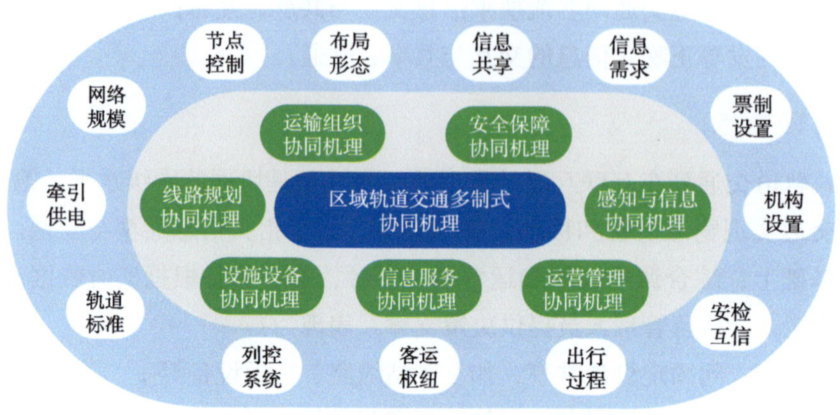

图 3-4　多制式运输混合模式

3.5.1　线路规划协同机理

1. 协同网络布局形态

交通系统与城市发展是相辅相成的关系，线网形态的采用不能脱离城市形态和发展规划。纵观我国各城市发展轨道交通的历程，初期兴建地铁的初衷无外乎是解决城市内部交通拥堵问题、引导居民向城市外围疏解。为减小建设风险，地铁线路一般沿城市道路铺设，早期的地铁线路走向与城市主干道基本重合，如北京形成的“棋盘+环”状网络形态。而后，城市轨道交通的规划目标逐渐转变为推动新城、新区发展建设，实现新城和老城的快速连接，如上海地铁延至浦东、广州地铁拓至珠江新城。此外，对于环线的修建，日本东京的山手线是个非常典型的案例，其沿线分布有诸多高强度开发的城市功能中心，以接入型换乘连接众多放射形线路。但也不是每一个城市都适合修建一个独立成环的线路，如果主要以加强中心区边缘各客流集散点的联系并对外围放射线进行截流为出发点，特别是对于城市功能中心与几何中心并不重合的城市，修建 L 形、U 形、之字形等线路，使其组合成环可能会比修建闭合成环的独立线路性价比更高。通常，环线的修建需要满足以下两个条件：一是沿线分布有诸多客流集散点提供足够的客流支撑，或有足够的放射线客流以体现环线的作用；二是环线需要与城市规模和空间形态相契合。

2. 协同网络节点控制

控制节点是轨道交通线网的基本要素，决定着规划线网的覆盖范围。而线网的布局选择本质上是对控制节点间的高质量连通。区域轨道交通网络的节点规模实质是线网规模的重要评价指标之一，节点覆盖度，即区域（城市群或都市圈）内，在众多不同层次等级、不同需求特征的节点中，选取哪些节点在线网规划控制阶段进行重点布置。

为有效筛选关键控制点，需要对节点的重要性进行判断。由于关注的重点是在规划控制阶段对于节点规模的把握，故而此处判定的并非该节点是否纳入最终实际选线和停站方案，而是在具体布局规划前提供关键节点例如核心节点和边界节点的选择方案以及相应的量化依据。在目前的研究当中，针对线网节点的选取方法主要有两种。

一是通过社会经济指标进行区域内的节点重要度排序，通过规划年限的国内生产总值、常住人口、就业人口、产业布局等指标的量化和排序，判定各节点在区域内的等级。此类方法的优点是数据易得，资料相对完整，计算方便，缺点是赋值主观性对结果影响较大，更适用于通过数值类比其他规划或者已建设区域的城市节点情况做衡量和判断。

二是着眼区域客运通道，结合区位线在地理位置上拟选线网的主要走廊，弱化各个节点的选取而更注重整体线网的架构和布局。此类方法的优点是便于线网布局铺画阶段的工作，数据支撑以客流需求为重点，契合整体规划工作的主要目标，缺点是在规模控制上不能提供较好的参考，受区域范围内的自然条件、资源分布、产业布局和城市群整体规划影响较大，其判断以定性方法为主，缺乏对于区域综合交通现状的定量考察，对单一制式的线网规划的意义相对较弱。

轨道交通是区域内综合交通运输体系的重要组成部分，基于轨道交通的功能特征、区域分工及其对于区域社会经济发展的影响和导向作用，判断其线网的服务性优先于功能性，其更多的是将区域轨道交通系统作为优化城市群结构的重要手段和提振区域产业升级的社会工程。一方面，线网的布局与各城市节点社会经济动态发展相互促进、相互影响；另一方面，线网的建设是对静态交通基础设施的补充和强化。因此，节点选择及规模控制将从节点的动态重要度和静态重要度两方面进行量化分析。

3. 协同网络规模确定

在节点选择的基础上，针对线网布局规模进行讨论分析。区域轨道交通线网布局规模狭义上是指规划区域内轨道交通线网的总里程数，其实质表征为选定的区域轨道交通网络控制节点间，规划通过轨道交通线路直接相连的情况，计算方式为网络中邻接边（连接线路）的物理长度的加和。广义上，布局规模的含义还包括了与上述绝对指标相关的各类相对性指标，包括线网设施的网络密度、网络连通度、网络可达性和网络覆盖率等。所以，线网布局规模不仅仅划定了规划区域内的线路里程建设目标，它在区域轨道交通线网初始布局形态、线网结构的明确上同样具有重要意义。作为交通基础设施网络的宏观工作量，布局规模是一项重要的规划建设依据，其规模控制可以为线网规划提供有效的决策依据，避免盲目扩充线网造成不必要的债务风险。

区域轨道交通线网的合理布局规模一方面直接影响区域综合交通运输系统的质量，另一方面也受区域经济发展水平、建设投资等多方面的制约。区域轨道交通系统也是多方关切的问题，包括规划投资和政策控制的主体、建设和运营管理的主体以及设施和服务的使用者。结合前文的分析，合理的轨道交通线网布局规模是在区域地形和环境条件、人口和产业分布、社会经济发展水平、各类上位规划等共同影响下的结果。分析各类主体在布局规模上的需求和限制是合理布局规模选择模型建立的基础。

3.5.2 设施设备协同机理

不同轨道交通制式，由于其服务功能定位、服务对象和服务范围等因素的不同，在设施设备上有较大的差异。拥有多种制式轨道交通的运营商，需要对线路、牵引供电、列车运行控制系统、客运枢纽等设备的差异进行分析，从而进行管理的提升。

1. 轨道标准

根据《高速铁路设计规范》和《城际铁路设计规范》，进行城市轨道交通、市域铁路和国家铁路 / 城际铁路在轨道方面的设计标准进行对比，见表 3-1。

表 3-1 轨道标准对比

	市域铁路和城市轨道交通	城市轨道	国铁	
			城际铁路	普速铁路
速度标准	100~160 km/h	50~120 km/h	≤ 200 km/h	≤ 160 km/h
轨距	1 435 mm			
钢轨类型	60 kg/m	60 kg/m 或 50 kg/m	60 kg/m	60 kg/m 或 50 kg/m
道岔	一般采用 12 号，困难条件下可采用 9 号	一般采用 12 号，困难条件下可采用 9 号	18 号高速道岔和 12 号道岔，部分地段采用 9 号道岔	一般采用 12 号和 9 号道岔
线间距	不少于 5 m			
轨道结构	正线轨道宜按一次铺设跨区间无缝线路设计	正线及到发线轨道应按一次铺设跨区间无缝线路设计	正线及到发线轨道应按一次铺设跨区间无缝线路设计	根据车辆运行条件确定

市域铁路与国家铁路轨道交通系统的轨距以及线间距设计标准相同，在轨道结构等要求方面高度相似，在均为 60 kg/m 的轨道线路区域符合贯通运营的技术要求。城市轨道交通和市域铁路主要采用 12 号道岔，城际铁路主要采取 18 号道岔，城际铁路贯通运输至城市轨道交通和市域铁路时需要降低运行速度。若在实现贯通运输时需要考虑对相关线路进行线路改造实现双向贯通运营。

2. 牵引供电

由于采用相似的机车车辆，市域铁路和国家铁路采用相同的供电制式，均为单相工频 25 kV 交流供电制，长期最高电压均为 27.5 kV，短时（5 min）最高电压为 29 kV。单相工频 25 kV 交流供电制一般适用于运量大、负荷重、速度高、运输距离长的干线电气化铁路，且一般采用架空接触网的供电方式。

城市轨道牵引供电系统由牵引变电所和牵引网构成。城市轨道牵引供电系统采用的是直流供电制式，目前我国城轨的牵引网普遍采用两种，一种是 DC 750 V 接触轨受电，另一种是 DC 1 500 V 架空接触网受电。

通过对不同制式轨道交通供电方式对比可知，干线铁路、城际铁路、市域铁路与城市轨道采用了不同的牵引供电制式。在进行协同组织时，需采用双制式供电方式的列车。为了实现对具备双制式受电功能的同一车辆进行供电，需要对现有供电系统进行改造，在不同供电制式的供电系统之间设置实现转换的过渡段或系统分离区，并重新配置供电设备及供电能力。

3. 列车运行控制系统

伴随我国高速铁路的发展，列车运行控制系统已由以地面信号为主的机车信号、列车运行监控记录装置发展为以车载信号为主的具有超速防护功能的 CTCS-2 级和 CTCS-3 级列控系统。其中 CTCS-3 级的列控系统包括地面设备和车载设备。地面设备主要由 ZPW-2000 轨道电路、应答器（含 LEU）、无线闭塞中心（RBC）、GSM-R 通信接口相关设备、列控中心（TCC）等组成；车载设备主要由轨道电路信息接收单元（TCR）、车载安全计算机（VC）、记录单元（DRU）、应答器信息接收模块（BTM）、GSM-R 无线通信单元（RTU）、列车接口单元（TIU）、人机界面（DMI）等组成。列控系统配置如图 3-5 所示。

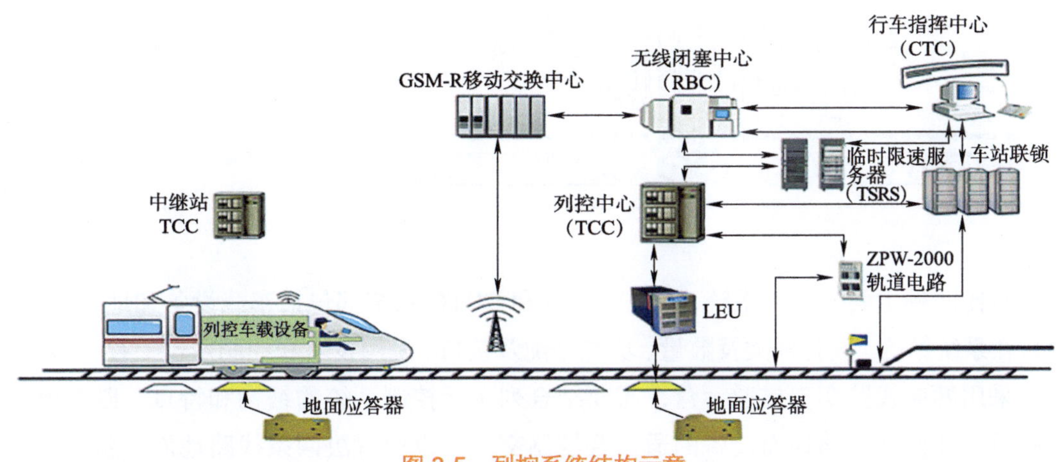

图 3-5　列控系统结构示意

城市轨道交通主要采取了基于通信的列车自动控制系统（CBTC 系统）。CBTC 是新一代的 ATC（列车自动控制）系统，它的特点是用通信网络来实现列车和地面设备的双向通信，用实时汇报的列车位置和计算移动授权的移动闭塞来代替固定的轨道区段闭塞实现列车运行控制。CBTC 的突出优点是可以实现车—地之间的双向通信，并且传输信息量大，传输速度快，很容易实现移动自动闭塞系统，大量减少区间敷设电缆数量，减少一次性投资及日常维护工作，可以大幅度提高区间通过能力，灵活组织双向运行和单向连续发车，容易适应不同车速、不同运量、不同类型牵引的列车运行控制等。CBTC 系统由列车自动监控子系统（ATS）、列车自动防护子系统（ATP）、计算机联锁子系统（CI）、列车自动运行子系统（ATO）、数据传输（DCS）子系统组成。系统结构如图 3-6 所示。

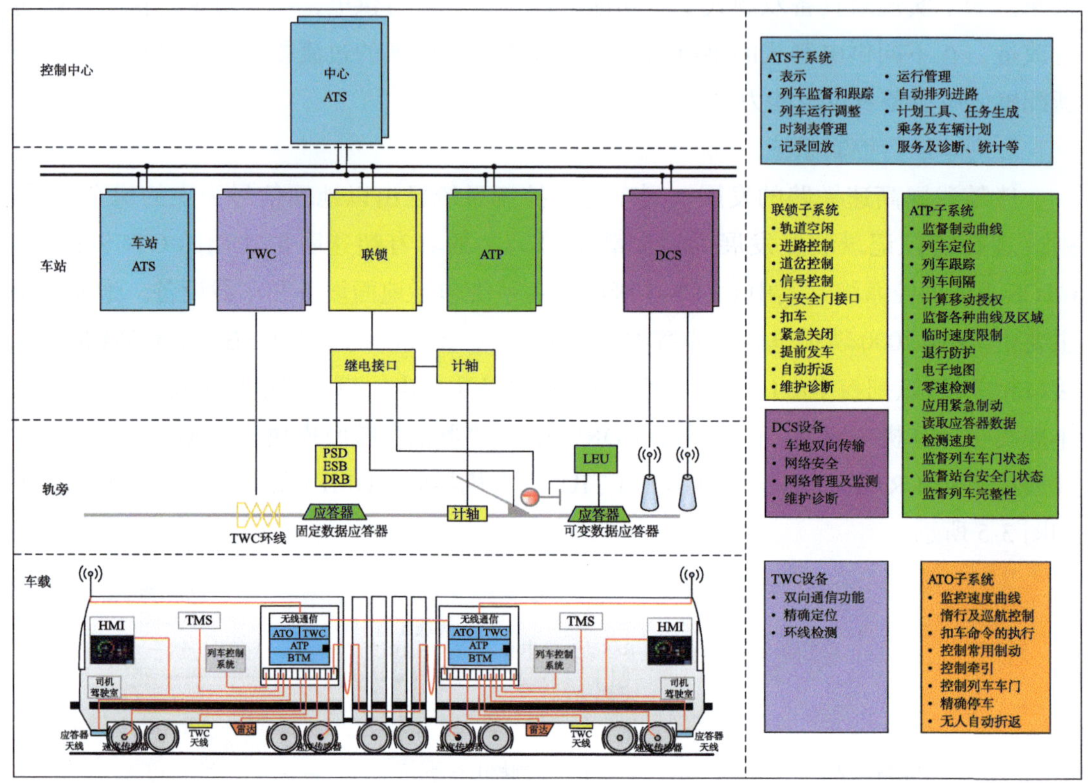

图 3-6　CBTC 系统结构示意

对比两种主要的控制系统，CTCS 系统和 CBTC 系统都包括车载设备和地面设备，但是在系统结构、设备种类及数量、功能分配及接口、采用技术和控制逻辑上存在不同。对于采用两条线路实现贯通运营，需要结合列车运控制系统的结构和特点，既要解决车载设备和两条线路地面设备的通信及控制交互，也要解决两条线路地面设备之间的通信与控制交互。

4. 客运枢纽

综合客运枢纽是集多种交通于一体的换乘中心，也是不同轨道交通制式之间协同运输的重要节点。换乘设施是指为实现乘客在枢纽内不同交通制式间进行转换活动而设立的建筑、设施及信息设备实体的总称。综合客运枢纽区别于单一客运站传统交通功能的重要特征是换乘功能，换乘设施作为枢纽的重要组成部分，是影响枢纽内部衔接与整体功能发挥的重要因素，与枢纽进行衔接换乘的交通制式不同，对应的设施构成、规模与布局也有差异。在跨制式协同运输的情况下，换乘设施作为换乘功能实现的硬件基础，其布局对乘客在枢纽内的换乘起着指向性作用，进而决定着换乘系统的效率。

对于综合客运枢纽设施，根据不同的分类标准有不同的分类结果。按照功能的不同，可以将枢纽设施分为 4 类，分别为场站类设施、连接类设施、服务类设施和信息类设施。

（1）场站类设施

场站类设施是指为乘客集散换乘提供服务的各交通运载工具设置的供其行驶与停放的场地与设施，主要包括营运班车、常规公交、出租车停车区，社会车辆停车场及乘客上客区与下客区，铁路与城市轨道站台等提供乘客上、下车及疏散出站的站台。场站类设施各部分规模面积的确定及设施之间交通流线组织的设计优化是提升整个枢纽功能的重点。

（2）连接类设施

连接类设施是枢纽内不同功能空间的连接缓冲地带，枢纽通过这一类设施有效的将客流分散至相应的目标功能空间中，是组织引导乘客换乘流线的基础。综合客运枢纽中主要连接类设施包括：

①换乘广场：是乘客进入枢纽内部的重要缓冲地带，也是乘客能够进行集散换乘与短暂休息的重要场所。

②换乘大厅：是枢纽内乘客进行集散中转换乘的重要场所，乘客在这一空间通过与其相连的楼梯、电梯等连接设施通往目标区域。

③换乘通道：是为实现综合客运枢纽乘客在不同交通制式间进行有效换乘而建造的通道，换乘通道的服务水平受其形状、长度及宽度的限制，换乘通道包括地下通道、天桥、地面换乘走廊等。

④楼梯与自动扶梯：综合客运枢纽立体化的发展，使得乘客换乘出现垂直方向的流线组织，楼梯与自动扶梯是实现楼层间交通联系的换乘设施，两者在实践过程中常常是配合使用以满足不同乘客的走行需求。

（3）服务类设施

综合客运枢纽内的服务类设施主要包括售票设施（包括人工售票窗口与自动售票机）、检票设施（包括人工检票与检票闸机）以及安检设施等。对于服务设施的布局与配置，应本着“以人为本”的原则，考虑各种客流的需求，使得设施运转高效，避免由于设施服务能力、设施布置与流线设计的问题，导致进出站瓶颈，影响枢纽整体换乘与集散。

①休息设施。包括宾馆、休息室和休息厅等，为候车旅客提供休息场所。

②娱乐设施。包括运动馆、网吧等，为候车旅客提供休闲放松的环境。

③餐饮设施。包括餐饮店、快餐店、咖啡店等，为旅客提供饮食和服务。

④购物设施。包括商场、超市等，为旅客提供购买商品或纪念品的服务。

⑤文化设施。包括报刊、杂志、各种读物等，满足旅客在旅行中的文化需求。

（4）信息类设施

信息类设施是乘客换乘过程中的重要辅助设施，可以及时有效的为乘客提供关于枢纽内外道路状况、换乘线路、车辆到发等相关动态信息，将不同的流线引至相应的区域，减少枢纽内流线交织、节约换乘时间，提高枢纽整体换乘效率。信息类设施可以分为静态和动态两类。动态导向设施主要包括动态信息显示器、广播、电话查询系统等，静态导向设施按性能不同又可分为方向性、警告性和服务性三类。

通过分析客运枢纽的四大类设施的定位和功能，在跨制式协同运输时，要重点考虑不同设施的空间尺寸、布局衔接关系，以及内部功能分配与信息指向，满足跨线旅客换乘在安全、便捷方面需求，合理设计路线减少流线交叉、明确信息发布增强关键指向，提高枢纽换乘效率。

3.5.3 感知与信息协同机理

信息共享是区域轨道交通协同运输实现的关键保障。信息实时共享不仅能够为旅客出行提供信息保障，也为不同制式轨道交通每一阶段工作的提前安排和良好组织提供保障，做到有的放矢，同时也能提高作业效率、减轻劳动强度。因此轨道交通运营单位必须根据实际情况共同建设信息共享平台，在确保安全的前提下，将设备运用、列车运行计划、运行实时信息等相关信息实现互联互通，实现旅客信息、列车信息、设备信息等的预报，加强运输、生产协调配合。

不同交通制式间开展区域轨道交通协同运输与服务的过程中存在信息需求。本文以国铁与城市轨道交通的信息需求为例，说明各制式之间的信息协同共享需求。

国铁对城市轨道交通企业的信息需求见表 3-2。

表 3-2　国铁调度所对城市轨道交通的信息需求

序　　号	需求信息
1	国铁与城市轨道交通换乘站的客流实时情况、换乘需求情况、换乘站的列车运行计划、换乘站设备运用情况等
2	国铁与城市轨道交通直通线路的列车开行计划、设备运用情况、列车编组信息、实时旅客及波动情况等

城市轨道交通企业对国铁的信息需求见表 3-3。

表 3-3　城市轨道交通企业对国铁的信息需求

序　　号	需求信息
1	机车车辆运用信息、列车开行计划、列车定员及上座率情况
2	列车运行正晚点情况
3	直通运营线路设备运用情况、列车运行情况
4	换乘站设施设备运用情况及客流波动情况

以上信息在国铁和城市轨道交通企业中分别由不同的系统进行采集、处理和操控，对于城市轨道交通，其生产管理信息系统和调度指挥系统能够为国铁集团提供相应的需求信息，铁路运输管理信息系统（TMIS）、列车调度指挥系统（TDCS）、调度集中系统（CTC）、客票管理系统可以为城市轨道交通提供相关的信息需求。

建立信息共享平台，也即国铁、城市轨道交通协同运输工作平台，连结上述各系统，对相关信息进行筛选，在该平台上进行互通，实现信息共享，同时各系统与协同工作平台间通过防火墙隔开，保证各系统的独立性和安全性。拟构建的信息系统结构如图3-7所示。

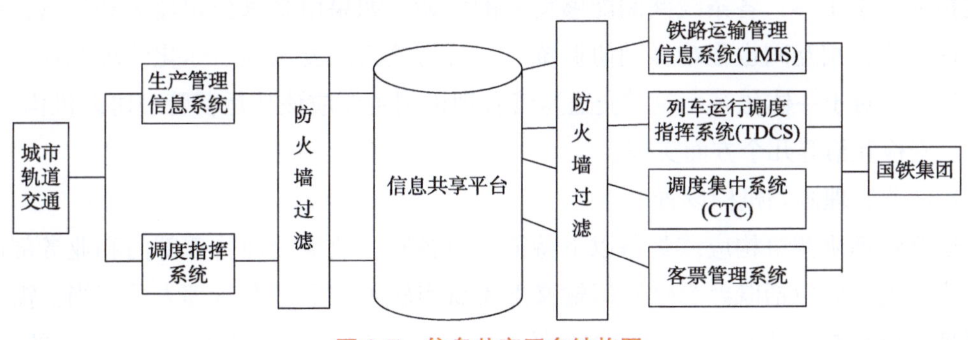

图 3-7　信息共享平台结构图

表3-4为各系统所提供的信息。

表 3-4　各系统所提供的信息

系统名称		提供信息
企业	生产管理信息系统	企业生产经营计划、客流信息、换乘站设备运用情况、实时旅客及波动情况等
	城市轨道交通调度指挥系统	列车编组信息、列车定员信息、国铁与城市轨道交通换乘站的客流实时情况、换乘需求情况、换乘站的列车运行计划、国铁与城市轨道交通直通线路的列车开行计划等
国铁	铁路运输管理信息系统	直通运营线路设备运用情况、机车车辆设备运用信息、换乘站设施设备运用情况等
	列车运行调度指挥系统	列车开行计划、列车定员及上座率情况、列车运行正晚点情况
	客票管理系统	客票发售情况、客流波动情况

区域轨道交通信息协同工作平台不仅仅是简单的将城市轨道交通和国铁各系统进行连接，还必须能对双方提供的信息进行相应的处理和转换，生成适应对方系统能识别的数据信息，以供信息交换后能够直接进行应用，减少手工录入信息的环节，同时也能保证数据的准确性。

3.5.4　运营管理协同机理

由中国国家铁路集团有限公司（以下简称“国铁集团”）运营的线路包括既有线、

客运专线、城际铁路、市郊铁路、市域铁路等，通常称之为国家铁路或铁路，实行“国铁集团—铁路局集团—站段”三级管理模式，各地方铁路局集团在国铁集团的指导下参与整个铁路网络运输。城市轨道交通（地铁、轻轨、磁悬浮、有轨电车等）和市域铁路一般归属于各地方，采用独立的运营管理模式。

由于各铁路局集团是在国铁集团的指导下开展工作，对于前两者的运营管理协调，其设置的职能部门和运营管理机构按照国铁的模式进行，采取相同的票制，在旅客运输过程中与国铁可以良好的衔接。对城市而言，其可能拥有地铁、轻轨、磁悬浮、有轨电车中的一种或几种轨道交通制式，或者多条线路，如果由一家公司运营管理，其调度指挥易于统一，各条线路间能够良好的协调，如果由多家公司建设和运营，将导致恶性竞争，相互间也很难做到协调统一，其与铁路间要做到一体化管理就存在更大的障碍了。对于一体化客运轨道交通运营管理机制主要应该从运营管理协调机构设置、票制、安检互信等几个方面实现。

1. 运营管理协调机构设置

运营管理协调机构应该具备以下特征：由各制式轨道交通管理部门和业务部门共同组成，人员应包括既熟悉铁路运输又熟悉城市轨道交通运营管理人员担当。需要运营管理协调机构中人员共同协商构建统一的协同管理体制，实现跨制式信息的交互、共享，各制式之间的协同，促进和保障区域轨道交通协同发展。运营管理协调机构具有一定的决策权，在多制式协同运输、协同应急指挥、乘客出行综合服务方面能够起到良好的协调作用。

2. 票制设置

构建一体化客运轨道交通运输系统，旨在增加旅客出行的便捷性，减少其出行时间消耗，同时也减轻城市交通的压力。但由于涉及不同的运营主体，其运营收入和安全应该进行一体化设计，以保证旅客出行的顺畅。

票制是不同轨道交通制式换乘时需要重点考虑的问题，由于在旅客出行过程中，干线铁路、城际铁路、市域（郊）铁路、城市轨道交通分别担当了不同线路长度的运输，旅客需要对其分别支付一定的费用，如果对于不同线路分段购票，这将影响运输的效率，在这种情况下为了保障旅客出行的便捷，必须采用相应的技术手段支撑（如刷卡付费、自动购票机等方式），这样会在相关设备上增加投入资金；另外一种方式就是效仿多家轨道交通公司运营的城市轨道交通实行统一票制，即在现行条件下可以根据旅客出行规律分析，按照旅客出行 OD 采用统计的方法将其费用进行均分，直接计入铁路车票定价，旅客出行只需购买一张车票，不同轨道交通部门根据旅客出行进出站点位置进行效益核算。对于旅客进出轨道交通系统及在其中各线路间的换乘，可以通过自动检票匝道进行检票，以提高其出行速度，同时减少检票人员设置。

从运营属性来讲，轨道交通票制指的是计费方法即票价变化的结构，目前国内外轨道交通运用较为普遍的票制包括：固定票制、浮动票制和复合票制，固定票制主要是一票制，即对旅客的收费不论乘车距离和时间，全网采用单一票价的票制；浮动票制主要是计程票制和计时票制。计程票制指按照旅客实际径路累计乘车里程计算票价的计费方法，分为里程计程和分段计程。里程计程的票价率以每公里为单位累计计算；分段计程是将运输里程分为若干区段，对同一里程区段，核收同一票价。计程票制的票价随乘距的增加而增加，而运输成本随运距增加而相应降低，因此票价率一般采用递远递减的原则，甚至可能存在最高票价限制。计时票制是指按照旅客在轨道交通系统中停留的时间或者车票有效时间计费的票制，计时票制也可以在不同的时间段（例如客流高峰时段和非高峰时段）实行不同的收费价格。

复合票制是指考虑多种因素综合计算票价的计费方法，主要有计程计时和计次计时。计程计时和计次计时票制对旅客在轨道交通付费区内停留时间加以限制，针对每一张特定区间的车票，设定合理的有效时间段，如果超过该时间，旅客须额外付费或重新购票；或者在计程计次收费的基础上，对客流高峰时段与非高峰时段实行差异定价。

轨道交通票种是指轨道交通运营企业发行的适用于旅客不同出行需求的车票类别，一般从旅客群体特征和运输产品两个角度进行描述。我国干线铁路是以运输产品角度为主进行票种设计的代表，其发行的票种是以企业提供具有差别的运输产品来加以区分的，主要包括列车等级和座席等级。同时，我国干线铁路还发售三种半价票，分别为儿童半价票、学生半价票和伤残军人半价票，在部分线路还发售中铁银通卡。

传统的国铁与其他轨道交通系统各自为政，分段购票，信息不共享的服务，已经难以满足人民群众的需求。“一票到底”“无缝衔接”“全程服务”的出行需求正不断增长，为开展旅客一体化联运提供了坚实的基础。随着新一代互联网、移动通信、云平台、云计算等技术的发展，交通运输行业为旅客提供服务的手段将越来越丰富，科技手段的信息处理、信息服务、信息分析服务越来越强，为大范围的互联互通票务服务系统，旅客出行信息服务系统提供了有力的技术保障。

建议采用相同的车票制式及技术标准，设置旅客一体化协同运输电子客票，实现“一站购票”“一票出行”，对客票的退改签时限、费用等给予一定优惠和便利。可参照高铁，实行刷“身份证”进站上车；共同设置清分中心对票务系统进行统一管理，实现轨道交通快线及不受干线列车影响的铁路线的财务收益清分、统计；受干线列车影响较大的铁路宜沿用原铁路票务系统。

3. 安检互信

由于轨道交通的高密度、大运量的特点，旅客运输安全就至关重要。轨道交通的安全防范、市民教育、应急预案、平时演练、处置应对等都需要未雨绸缪、做好各类地铁突发事件的应急管理和安全防范工作。不同于国外普遍未实施安检，一方面，我国铁路以及城市地铁普遍实施了常态安检，国务院于2013年颁布《铁路安全管理条例》，明确指出铁路运输企业应当依照法律、行政法规和国务院铁路行业监督管理部门的规定，对旅客及其随身携带、托运的行李物品进行安全检查。同时，为了使地铁实施安检合法化，在2008年奥运会之前北京市在全国率先出台了《北京市城市轨道交通安全运营管理办法》。目前国内主要城市中都已实施常态化地铁安检。另一方面，特殊时期，特别是举办重大国际体育赛事和重要国际会议、全国“两会”召开等时期，所在城市普遍采取强化轨道交通安检措施。采取若干强化安检措施，已经成为承办城市安全保障系统的重要组成部分。

为了实现多种交通制式的快捷、便利换乘，2018年1月交通运输部颁布《关于加快推进旅客联程运输发展的指导意见》，提出在封闭、连续的联运旅客换乘通道，可通过跨方式安检标准互认，在保证运输安全的前提下，减少旅客换乘过程中的重复安检。实现跨方式的安检标准互认，可以提高旅客运输效率，减少旅客排队等待时间，继而减少旅客在途旅行时间。同时避免了客流在安检区域的积压，保证了车站运输安全。

不同轨道交通采用互联互通的运输组织方案时，可以采取与国铁相同或相近的安全检查标准，实现旅客在两种运输方式之间无需二次安检，保证运输效率及运营组织安全。

3.5.5 业务决策协同机理

3.5.5.1 运输组织决策协同

基础设施的布局是旅客换乘组织及流线设计方法形成的前提，特别地，换乘枢纽功能定位与运营特征的改变，会引起旅客换乘组织及流线设计需求的变化，对其在实践工作提出新的要求。可根据轨道交通枢纽发展的过程区域轨道交通跨方式旅客组织的演化过程分为跨方式旅客组织设施导向阶段、跨方式旅客组织需求导向阶段。

跨方式旅客组织设施导向阶段区域轨道交通跨方式运输组织演化呈现基础设施导向的特性，跨方式旅客组织初生阶段的演化往往是由于新的运输方式的产生，在原有轨道交通站点的基础上建设新的轨道交通场站，且一般呈现为在铁路枢纽车站基础上建设城市轨道交通场站的特点，但由于规划的不统一，各运输方式的场站建设自成体系，各运输方式场站之间协调性差，衔接不紧密。在换乘组织模式上表现为从无到有的过程，如站外换乘等换乘组织模式的出现；在流线设计上表现单一方式流线设计向多方式流线协调设计演化的过程。

跨方式旅客组织需求导向阶段，跨方式换乘组织的演化主要体现在两方面：第一，对于非同期规划的多方式轨道交通站点，换乘组织模式由站外换乘向通道换乘模型转变；第二，对于同期规划的立体化综合枢纽内的多方式轨道交通间的换乘组织，站台换乘、站厅换乘及组合换乘模式已被广泛的应用于各大现代化综合换乘枢纽内。跨方式流线设计则主要表征为“等候受控型”流线设计理念向“交互自主型”流线设计理念的转变。

区域轨道交通跨方式旅客组织协同过程如图 3-8 所示。

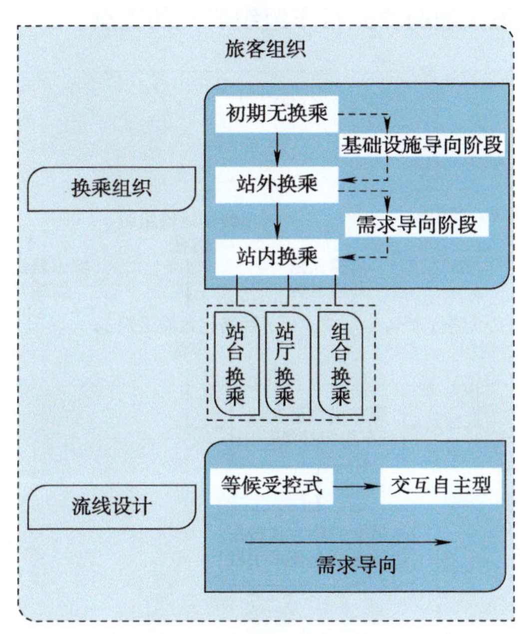

图 3-8　区域轨道交通跨方式旅客组织协同过程

随着我国区域轨道交通基础设施初具雏形，跨方式行车组织才开始探索，少有实践案例。现阶段，区域轨道交通跨方式行车组织仅体现在不同制式轨道交通列车首末班车时刻表的衔接及高速铁路 / 城际铁路与既有铁路跨线运行等方面，少有其他关于区域轨道交通系统跨方式行车组织的实践。因此，通过区域轨道交通系统跨方式行车组织实践来提取演化特征显然是不合理的。虽然由于种种原因限制了区域轨道交通系统跨方式行车组织在现实中的运用，但是区域轨道交通系统跨方式行车组织理论与方法被广泛的研究，其在理论研究层面领先于实际运用层面，这也为区域轨道交通跨方式行车组织的发展方向指明了道路。鉴于此，本节首先提炼区域轨道交通系统跨方式行车组织在理论研究层面的演化特征，并总结区域轨道交通系统跨方式行车组织在实践层面的演化趋势。

在区域轨道交通跨方式行车组织研究层面，其演化的过程可总结如下（见图 3-9）：对于铁路系统来说，高速铁路的出现使得铁路行车组织从以往单一的既有线行车组织向多制式铁路行车组织的方向演化，从高速铁路与既有线协作的角度来看，其主要研究方向为高速铁路与既有线的分工方案、运输组织模式的研究，在实践层面则体现在高速铁路 / 城际铁路与既有铁路跨线运行方法的运用。对于城市轨道交通来说，随着城市轨道交通新线的加入，城市轨道行车组织方法逐渐从“单线型”模式向“网络型”模式演化。同时，已有少量针对铁路与城市轨道交通在跨方式行车组织接续方法及技术手段的研究，但都只限于接续原则角度，尚未上升到运输计划衔接优化的层面，显然，这也是下一阶段区域轨道交通跨方式行车组织研究的重点。

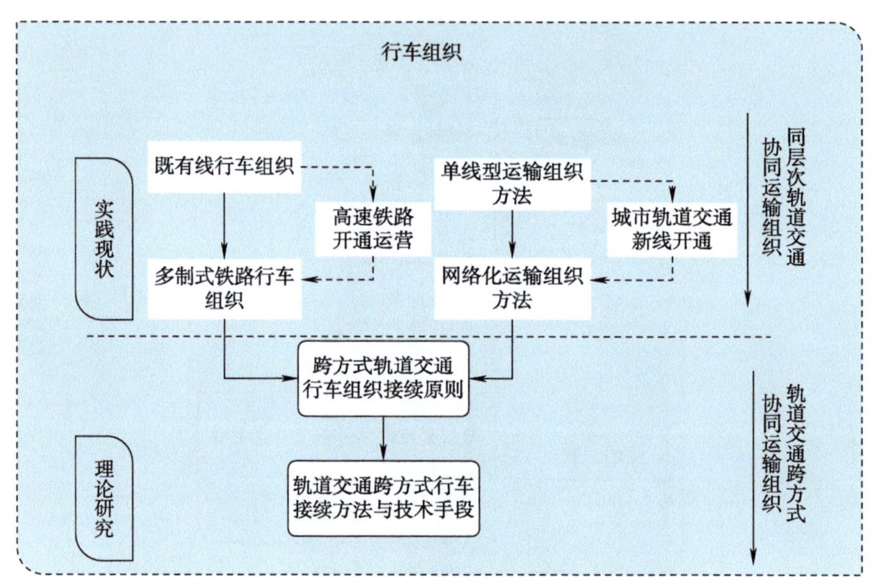

图 3-9　区域轨道交通跨方式行车组织演化过程

3.5.5.2　安全保障决策协同

高铁 / 城际铁路站点间距离长，维修工区管辖范围大，发生故障时应急维修效率不高，维修资源调配耗时长，若可以利用铁路线路及站点附近的城市轨道维修资源，将大大提升高铁 / 城际维修效率，加快正常运营恢复时间，提高铁路线路可用性。

以成渝铁路和重庆城市轨道交通为例，成渝城际铁路在重庆市内的铁路线路维护由璧山维修工区负责，璧山维修工区负责维护的璧山站到沙坪坝站线路距离约 30 km，而从半边山线路所分线到重庆站铁路线路约 36 km。如图 3-10（见书末插页）所示，重庆轨道交通线路与成渝高铁重庆段的线路距离较近，其中地铁 1 号线和环线的部分站点直线距离较短，甚至环线的民安大道站与铁路线路直线距离不足一公里，分布在这些站点的维修工班及相关备品备件通过实现多制式维修资源共享，为多制式协同运维提升运维效率提供了可能。

区域轨道交通应急联动处置流程为：高铁 / 城际的维保部门接到故障信息，根据故障严重性及故障点距离判断启用应急联动处置预案，告知上层的协同应急中心，协同应急中心负责铁路部门与城市轨道公司协调与信息传递工作，具体实施方案还是由各自制式的部门决定。

协同应急中心将高铁 / 城际的故障信息通知给地铁 / 单轨运营公司，公司依据故障点及故障设备专业派出附近对应的专业维修人员，在地铁 / 单轨维修人员进行故障诊断后将信息上报，高铁 / 城轨依据诊断信息、影响范围及预计故障处理时间制定列车运行调整方案，并将方案告知受影响车站及列车，并且通过新闻、广播等媒介告知站内站外旅客，合理引导旅客出行。地铁 / 单轨运输部门也会就高铁 / 城际列车晚点或突发大客流等事件提前做好应急准备，制定对应的列车运行调整方案，并告知旅客合理在晚点列车到达时刻合理选择出行方式，做好旅客引导工作。

3.5.5.3　信息服务决策协同

1. 出行前协同服务

（1）路径规划

①出行方式选择

区域轨道交通智能信息服务系统需要结合旅客的需求，即时为旅客提供合理的、可操作的出行方案，充分利用铁路、航空、大巴等公共交通网络，满足多样化出行的需求。

②优化目标选择

出行规划中优化目标主要包含以下几个方面：

时间：针对出发时间、到达时间及路程时间进行优化，可以为旅客提供特定时段出发或者到达的出行方案、出行时间较短的方案以及较早到达的方案。

舒适度：针对换乘方案进行优化，可以为旅客提供换乘次数较少的出行方案，同时旅客也可以指定出行方案中换乘点，或者指定不愿意换乘的城市，提升出行中的舒适度。

经济：针对出行价格进行优化，为旅客提供票价较低的出行方式。

区域轨道交通智能信息服务系统需要针对以上单目标以及多目标进行优化，综合平衡旅客出行过程中的各种需求及偏好，给出多种出行方案供旅客选择。

（2）票程规划

①跨制式票程规划

针对旅客出行规划中时间、舒适度、经济的优化目标，票程规划系统将面向换乘较少、总行程较短、到达时间较早、票价较低、特定经停站以及综合平衡旅客出行偏好等旅客行程、票程规划需求，研究适合于我国复杂交通网的优化计算模型，同时基于该计算模型提出多种票程、行程规划算法，满足旅客多制式出行的需求，提供多样化的出行方案。

考虑到我国人口众多、交通运输网络繁忙的情况，票程规划系统将会面对海量用户并发查询的应用需求，为了通过有限的硬件资源达到尽可能高的系统性能，同时保障票程规划系统的可拓展性，需要开发相应的高性能系统框架，针对数据存储访问优化机制和算法运行结构等问题进行研究，为票程规划系统提供技术支撑。

②订票

在结合旅客特定需求与当前公共交通网络的情况为旅客提供多样化出行方案的同时，系统将显示每种方式的票价、余票等信息，提供便捷的购票通道，旅客在系统中即可完成所需的火车票、机票等的购买，而不需要跳转到不同的平台进行分别购票，通过这种方式可以使旅客的出行更加方便，极大地提升信息服务的用户体验。除此之外，区域轨道交通智能信息服务系统将会提供更加多样化的订票方式，包括互联网、多种智能终端等，使旅客能够通过多渠道完成订票。

③支付

区域轨道交通智能信息服务系统将提供多样化的客票载体，支持实体票、身份证、二维码等方式，发挥虚拟客票的优势，节约旅客的时间。多样化的客票载体也将简化旅客出行的步骤，旅客在平台购票获得实体票或者虚拟票后，即可凭借此票完成整个旅程，即使换乘或者换用不同的交通制式时，也无需再次取票。

（3）信息服务

①天气信息

为旅客显示出发时刻的出发地和到达时刻目的地的相应天气状况，尤其是关系到航班延误，推迟的天气信息。可扩展为目的地在到达后几日的天气情况。

②列车时刻信息

为旅客提供全出行链上的所有列车的时刻，方便旅客乘车。

③客流信息

为旅客提供在地铁上、候车厅、列车上的客流信息、拥挤程度，帮助旅客规划路线和候车位置。

④市内交通信息

为旅客提供市内交通的相关信息，包括接驳公交的站点、车次，出租车的站点位置，共享汽车、单车的相应信息，帮助旅客进行接驳。

⑤目的地周边出行信息

提供目的地及周边的相关出行信息，包括租车、旅游、长途客车等信息。

⑥细分出行人群

将旅客按照不同的年龄、出行目的、出行规律进行细分客流，统计相应的出行规律，对不同的客流人群提供相应的信息服务。

2. 出行中协同服务

（1）出行引导

①室内定位

系统通过 Wifi、蓝牙等技术，进行旅客手持终端信号采集，实现旅客的室内三维立体定位，并根据旅客的运动轨迹，对旅客位置进行动态跟踪。结合车站立体地图，对旅客当前位置及周边通道、扶梯、闸机等公共设施位置进行展示。旅客可通过手持终端选择站内目的地，系统根据旅客当前位置和选择的目的地进行实时 3D 寻路，生成立体路线图及图文引导信息，在旅客运动过程中通过手持终端对旅客进行实时引导。

②增强现实出行导航

系统采用基于室内定位的增强现实技术，将图形化的指引信息与室内场景合成渲染，给予旅客更加直观的精确导航。当旅客选择目的地后，系统能够根据旅客当前位置及手持终端摄像头中拍摄的室内场景进行实时路径规划，并以箭头方式对旅客进行导航指引。旅客行进过程中，系统能够根据行进方向、拍摄场景等因素实时调整路线，保证箭头指向正确方向。

③换乘引导

系统根据旅客既有出行路径规划及票程规划，获取旅客换乘点信息，为旅客生成个性化换乘引导方案，并提供换乘信息推送。结合室内定位和增强现实技术，通过手持终端为旅客提供实时精确的换乘引导。系统可在换乘点提供查询设备，通过人机交互获取旅客换乘目的地，提供行进方向引导。系统可在换乘点设置引导大屏，向旅客发布换乘路线引导公告。

（2）出行服务

①态势感知

提供基于视频监控画面的人数估计功能，在监控画面正常显示的情况下，能够自动并实时对画面中所包含的人数值进行估计。

提供人数情况统计功能，可以将实时产生的人数估计情况进行保存，操作人员可以查看某监控区域任意时间段内人数的最大值、最小值、平均值等统计结果。

提供密度图显示功能，可以显示监控画面中的人群密度分布图，操作人员可以将其以图片的方式进行存储。

提供通过视频截图或保存到本地的录像获取人群数量估计值和密度分布图的功能。

操作人员可以预先设定某监控区域允许的人数最大值，当基于监控画面的人数估值超过设定值时可以自动报警。

②登乘

实体卡：一卡通、轨道交通专用票。乘客可通过刷一卡通和轨道交通专用票出站。

银行卡：乘客使用银行卡在支持银联“闪付”（Quickpass）功能的前端设备上，轻轻一靠，400 ms 内完成支付，刷卡过程无需要密码和签名。通过这种方式乘客可以购票、进出站。

模拟卡：二维码。乘客可通过微信公众号、支付宝、APP 等多种方式获取二维码，使用二维码取票或直接扫二维码进出站。

手机：乘客通过手机 APP 进行充值并购买地铁储值票卡，通过手机 NFC 射频通道实现与前端设备通信，实现“不带钱包出门，只用一部手机搞定”的出行方式。

生物识别：前端信息采集设备通过捕捉人脸、虹膜等乘客信息，与已知的乘客信息进行对比，从而识别每个乘客的身份，通过此种方式乘客可直接进出站。

这种方式无需在车站内设置实体闸机，在相应区域设置信息采集设备即可。

③自然语言信息查询交互

查询内容：列车时刻表信息、车次到发信息、售票处分布、剩余票额、票价、站内环境说明、站内服务设施说明、市内交通、天气情况、客运常识、旅行安全常识、通知公告等。

轨道交通车站出口及周边地理及交通指南、面向轨道交通乘客潜在需求的各种广告信息查询等。

主要用于乘客自助式查询车票内记录的历史交易信息。查询服务可以回溯车票内记录的历史信息（所显示的历史交易数据的个数应可通过参数设置），这样的信息包括票种、购票时间、进站时间、出站时间、进站地点、出站地点、扣费金额、剩余金额和有效期等。

基于自然语言交互的用户服务：系统提供基于自然语言交互的智能化用户服务终端或接口。

系统能够将以用户语音为载体的需求转换成为系统内部信息查询。

系统提供用户个性化定制的语言交互和信息展示。

系统提供列车时刻表信息、车次到发信息、售票处分布、剩余票额、票价、站内环境说明、站内服务设施说明、市内交通、天气情况、客运常识、旅行安全常识、通知公告等相关内容的调用和展示能力。

（3）信息服务

①车上信息服务

在列车上旅客需求的信息包括：

列车运行信息，包括中途停靠站时间、停车时间，列车当前运行区段、列车正晚点时间；

列车餐饮提供信息；

沿途旅游风光信息，停靠站城市介绍、地方特产、人文地理信息等；

旅途中途径地的气象信息及目的地的气象信息；

中转换乘信息，如换乘车站、车次、换乘列车时刻信息等；

多媒体娱乐服务信息。

②地面信息服务

乘客在出行过程中，根据乘客处在不同的位置，决定了所需要的信息。

进站大厅：不同车次的到发时刻信息及在哪个候车室候车；

候车室外：显示该候车室候乘的所有车次信息；

候车室内：列车发车时间、检票时间、站台信息等；

天桥或地道：站台位置信息，各车次所在站台信息；

站台：出站地下通道的位置信息，各停靠车次信息；

出站口：出站信息、市内交通信息。

第 4 章　区域轨道交通协同运输与服务应用技术及系统

本章在区域多制式轨道交通协同的基本原则及协同机理的基础上，从运输需求感知与预测、运输计划编制、综合安全保障、乘客信息服务、跨制式协同智能联动及多制式复合网络运能提升等几个方面开展应用技术研究，并提出了区域轨道交通协同运输与服务应用系统的基本结构及主要功能。

4.1　区域轨道交通协同运输与服务应用技术

4.1.1　多制式协同运输需求感知与预测

1. 区域轨道交通时空网络构建

传统的配流模型得到的配流结果多为 OD 需求在网络上的空间分布，而无法对线网内部各节点及区段实时客流情况进行把控。动态配流创新点在于把路段阻抗与流量的二维问题拓展为路段阻抗与流量及时间的三维问题。乘客出行基本遵循列车时刻表来完成，因此列车时刻表与客流之间的关联性易于推导。基于时刻表对区域轨道交通网络进行拓展，对动态配流方法研究与实际运营管理均具有重要意义。

因此，运用网络扩展技术，结合城市地铁线网结构和列车时刻表信息，对空间网络的物理站点和区段在时间维度上进行扩展。时空网络中节点代表列车实际运行的时空点，弧则表示乘客在地铁出行中不同时点之间的关系。

2. 区域轨道交通路网客流特征的分析

在都市交通圈的背景下，需要明确区域轨道交通跨制式出行链，并将区域轨道交通出行链根据复杂程度和出行目的两种分类方法进行分类。建议采用 RP 和 SP 相结合的调查方法分析出行链的总体特征（包括出行链长度、比例时耗、换乘系数和协调度）和时空特征（包括时间特性和空间特性）。

客流特征分析包括对客流长期趋势、时空分布均衡性的分析；明确区域轨道交通的换乘衔接原则和换乘模式，基于计划行为理论完成对乘客换乘影响因素的分析并对区域轨道交通换乘分担率计算展开研究；并对区域轨道交通客流集散规律和特性分析。

3. 多制式复合网络协同运输需求预测

在客流预测研究中，对区域轨道交通客流原始数据的处理方法和客流预测的建模方法进行比选。经分析研究，综合考虑客流短期趋势、周期变化和随机干扰所呈现的波动特性，因此可采用EMD将客流数据处理成多个平稳线性的IMF分量，采用LSTM神经网络算法对各分量进行预测，并将预测结果进行重组，从而实现短期客流预测，可大幅提升客流预测的精准度。同时，基于计算图对轨道交通客流需求进行预测，并在此基础上利用Kalman滤波对轨道交通短时客流进行预测，可实现区域轨道交通客流需求的多源数据融合预测，实现对活动引发大客流及突发事件下的客流分布预测。

4. 多制式复合网络客流分配预测

结合单制式轨道交通系统已有功能及现有的区域轨道交通系统，针对区域轨道交通系统整体特征及不同层面轨道交通乘客的客流特点，分析乘客出行选择行为的影响因素与内在机理；运用网络扩展技术，结合区域轨道交通线网结构和列车时刻表信息，对空间网络的物理站点和区段在时间维度上进行扩展，构建复杂时空网络，并对时空弧费用进行表示，建立客流分配模型。

4.1.2 多制式运行接续的高效运输计划编制技术

1. 协同运输计划编制影响因素

（1）系统总体运能提升层面

区域轨道交通系统的总体运能是一个复杂的综合性指标，融合了多制式轨道交通各线路、车站的通过能力以及复合路网总体的乘客输送能力等多个要素，各要素间具有较强的关联性，是区域轨道交通系统为乘客提供出行服务能力的直观体现，同时也是衡量系统总体效能的关键指标。从区域轨道交通系统总体运能提升层面对协同运输组织需求进行分析，主要包含运输计划与客运需求的匹配程度、列车开行方案编制的精细化程度、列车运行图铺画与调整的合理程度以及协同运输组织指挥的高效程度等影响因素。通过明确各影响因素涉及的运输组织环节和作用机理可以进一步梳理并提出相应的支撑理论与技术，从而指导区域轨道交通系统的协同运输组织，使得各种制式轨道交通之间的配合更为密切，提高复合网络的总体运能。这也是区域轨道交通协同运输与服务的基本要求和根本目标。

（2）系统运力资源优化配置与运用层面

区域轨道交通系统的运力资源包括构成系统运能的各种移动设备、固定设备和人员等要素，通过分类细化与整体协调分配在不同的运输产品和服务当中。从区域轨道交通系统运力资源优化配置与运用层面对协同运输组织需求进行分析，主要包含运力资源的有效承载力耦合机理、运输能力的动态规划与协同调配、基础设施设备能力的协调、相关走行流线的优化设计以及应急资源的优化运用等影响因素。通过明确各影响因素涉及的运输组织环节和作用机理，可以进一步梳理并提出相应的支撑理论与技术，从而指导区域轨道交通系统的协同运输组织，实现系统各制式之间设施设备、运力资源的优化配置与协调运用，实现区域复合路网的合理布局与均衡运输，通过换乘、互联互通等方式更好的满足不同种类的客运需求、合理调配运输能力、节约设备资源以及提升系统的总体效能。

（3）乘客出行服务质量层面

区域轨道交通系统通过有形或无形活动为乘客提供出行服务，其服务质量取决于运营主体提供服务的能力以及乘客对于运输服务的感知，是服务过程质量和服务结果质量的综合体现。从区域轨道交通系统为乘客提供出行服务的质量层面对协同运输组织需求进行分析，主要包含出行整体的路径规划和引导、进出站以及换乘环节乘务办理效率、出行过程的安全性和舒适性等影响因素。通过明确各影响因素涉及的运输组织环节和作用机理可以进一步梳理并提出相应的支撑理论与技术，从而指导区域轨道交通系统的协同运输组织，实现系统整体可靠性、可用性、安全性以及便捷性的提升，提高乘客出行服务的质量，更好地满足乘客多样化的出行需求，同时对扩大出行服务范围、诱增出行量也具有积极的作用。

（4）政府综合协调与管理层面

区域轨道交通系统的安全、稳定运营离不开政府的有效监管与协调，其着力点的基础便是多制式的运输计划编制、调度指挥、应急组织等作业环节。从区域轨道交通系统政府综合协调与管理层面对协同运输组织需求进行分析，主要包含跨制式的乘务办理流程与协调机制、跨制式的运能匹配保障、多主体的运营安全监管以及多制式应急运输的协同组织等影响因素。通过明确各影响因素涉及的运输组织环节和作用机理，可以进一步梳理并提出相应的支撑理论与技术，从而指导区域轨道交通系统的协同运输组织，提高政府在运营监管、应急响应的效率，为相关管理规章制度、应急响应协调机制的建立，提供科学的依据和有效的实施途径，对政府加强区域内部以及跨区域范围客流信息的掌握、提升临时应急救援协作效率等方面具有重要的意义。

2. 协同运输计划编制方法

梳理区域轨道交通各方式运输方案如列车开行方案、列车运行图、机车周转计划、乘务计划、车站工作计划等相关的定义、内涵、影响因素等基础理论，从各轨道交通运输计划与其他方式计划的耦合关系出发，研究运输方案精细化编制的背景、意义和相关理论，分析各方式轨道交通运输方案编制和优化过程中存在的不足以及相互之间的冲突，明确冲突产生的原因并提出有效解决冲突的关键技术。

根据不同方式轨道交通运输计划特点和实际需求，从城市轨道交通列车开行方案、高速铁路周期性运行图和成网条件下城市轨道交通乘务计划三方面进行单一运输方案的精细化编制研究，基于各运输方案之间的耦合关系，提出高速铁路和城市轨道交通列车开行方案和列车运行图的一体化编制方法，构建并设计高速铁路列车运行图和车底运用计划的一体化编制模型及算法。

在城市轨道交通网络化运行图的精细化编制中，首先在不考虑有效换乘的条件下建立城市轨道交通单线列车运行图编制的递推模型，在此基础上进一步考虑有效换乘对网络化运行图进行编制，构建城市轨道交通网络化列车运行图的通用优化模型，从而为实际运营情况中的具体运行图的优化编制奠定基础。

（1）城市轨道交通列车单线运行图编制

轨道交通单线列车运行图问题，即对于一条具体的轨道线路，给定计划阶段开始和结束时刻，列车交路方案（包括上下行列车的开行数量、运行径路和开行间隔）、列车区间运行时间（含起停车附加时间）和车站停站时间，确定上下行各列车在各自运行径路上各车站的到达时间和出发时间。很显然，这是一个简单的数学递推问题。

递推模型的关键在于确定每列列车在运行径路上的一个关键车站的出发时刻，然后采用逆推和顺推的方法，分别确定每列列车从其关键车站到其始发站，以及从其关键车站到其终到站每站的到达时刻和出发时刻。

（2）轨道交通网络化列车运行图协同编制优化

轨道交通网络列车运行图问题指的是对于一个具体的轨道交通网络，给定计划阶段开始和结束时刻，各条轨道线路的列车交路方案（包括上下行列车的开行数量、运行径路和开行间隔）、列车区间运行时间（含起停车附加时间）和车站停站时间、计划阶段内的换乘客流量，确定各条轨道线路上下行各列车在各自运行径路上各车站的到达时间和出发时间，以使得乘客的总换乘时间最小。从理论角度来看，这个问题可以采用优化模型来描述。

假设在每个换乘站从一条轨道线路任意方向换乘到另一条轨道线路任意方向的乘客数量满足均匀分布，由此便可简单统计每列车的换乘客流量。以乘客的总换乘时间最小作为城市轨道交通网络列车运行图的优化目标，进行运输计划的编排和优化。尽管与常规双线铁路相比，城市轨道交通的运行图编制较为容易，然而仍然需要满足许多约束条件，诸如发车时刻约束、列车区间运行时间约束、列车车站停站时间约束和换乘时间约束等。

列车区间运行时间是指列车在同一区间两邻接车站的运行时间间隔，由于城市轨道列车在两邻接车站都需停车，区间运行时间需同时考虑列车起车和停车附加时间。基于关键车站，采用逆推和顺推推导轨道线路下行和上行列车从其关键车站到其始发站和从其关键车站到其终到站的区间运行时间约束。

城市轨道交通运营的特点要求各轨道线路各方向开行的各列车在各自运行路径上的全部车站都需停车，为便于乘客上下车，停站时间还需满足一定的要求。基于关键车站概念，采用逆推和顺推推导轨道线路下行和上行列车从其关键车站到其始发站和从其关键车站到其终到站的车站停站时间约束。

定义乘客的换乘时间按以下两种情况分别进行取值：若乘客存在可换乘的列车时，令其换乘等待时间等于其打算换乘且能够换乘到的列车在换乘站的最早出发时刻减去其所乘坐列车在换乘站的到达时刻；否则，令其换乘等待时间等于一个极大值，减去其所乘坐列车在换乘站的到达时刻。根据定义，乘客的换乘时间同时受到列车到发时刻的影响，然而列车到发时刻本身也是决策变量，所以其也为未知值，可通过构造约束条件来间接推算其取值。

4.1.3 基于多制式协同的综合安全保障技术

1. 安全保障原则与内容

（1）安全保障原则

为确保运输组织顺畅和列车运行安全，双方须对一定范围内的线路、供电、信号、车辆安全负责，而这个范围的界定往往成为双方关注的重点。进行范围界定时，应该依照以下几项原则：

①对于线路、供电、信号等硬件设施、设备，本着“谁所有、谁维护、谁负责”的原则，但其相应的检修标准应该按照铁路相关规定进行；

②由城市轨道交通发出的列车在进入国铁前由城市轨道交通企业负责行车及设备安全，列车进入国铁后由国铁相关部门负责行车及设备安全；

③由国铁发出的列车在进入城市轨道交通前由国铁相关部门负责行车及设备安全，列车进入城市轨道交通后由城市轨道交通企业负责行车及设备安全；

④建立互信互保的安全检查机制，严格进站安全检查标准，实现国铁和城市轨道交通安全检查的互信互保。

（2）安全保障内容

针对该原则，国铁与城市轨道交通安全互保协议应该包括以下内容：

①双方线路、供电、信号等固定设施设备所有权界定，相应的检修时间周期及满足安全行车必须达到的标准，以及因固定设施设备原因导致事故时的安全责任界定；

②双方列车技术作业安全保障区段的划分及各自承担的责任；

③日常安全管理、事故调查统计、事故救援、定期例会与安全评估制度；

④双方对对方的相关工作有权进行监督检查，发现安全隐患有权停止作业和中止对方作业；

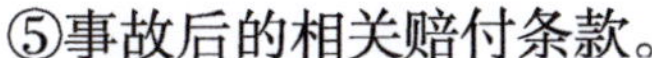

⑤事故后的相关赔付条款。

2. 安全保障技术体系

区域多制式轨道交通安全保障技术体系应以预防为主，将事故消灭在萌芽状态，建立以信息技术为手段，现代智能设备为载体，管理为核心，对各类调度指挥事故实现事前准确预防、事发迅速救援、事后多级保障的多层次安全保障体系，确保轨道交通的行车安全。安全保障系统针对我国区域多制式轨道交通的特点，结合现有的科学技术，建立不同等级的预警系统、移动设备系统、固定设备系统、应急救援系统、运用维护系统和检测保障体系，实现车对车、车对地、地对车、地对地的检测和地面维护、救援系统的互联互通，形成人、机、环境、制度和法规相配套的保障体系。安全保障技术体系充分利用计算机及网络技术，将不同地域、不同制式的信息联通，按功能分层级沟通不同职能部门的监测中心，建成轨道交通安全监测信息传输网络，实现各种安全监测信息的自动收集和集中管理；并以综合利用管理中心各种安全数据为目标，开发出应用系统，为区域多制式轨道交通调度指挥安全直接相关的各级管理决策部门和作业部门提供电子化安全监测与管理信息服务。

（1）技术设备安全保障技术

技术设备安全保障技术是以轨道交通行车安全畅通为目标，通过先进的监测控制技术，及时准确地收集各种信息，对轨道交通调度指挥安全的各种因素进行全方位监控。并将收集到的监控信息，通过安全可靠性分析处理，进行及时分析反馈，使调度指挥安全真正做到有序、可控。在设备自检、互检形成安全监控网络的基础上，建立“机控为主，人控优先”的人机联控安全技术。

主要包括：列车运行速度自动控制系统，在确保行车安全的条件下，按照设计的行车密度行车，实现列车速度和间隔自动控制；对电力设备进行监视，对变电所进行控制，在发现设备不正常时能及时进行预防，采用包含检修管理系统的电力系统控制与检测系统；为保证列车运行的安全，对线路、桥梁、隧道、信号、车站等设备设施的状态进行监控，通过信息通道及时传送到列车控制中心，防止行车事故发生的设备设施监测系统。

需建立日常保养维护、检修制度，以及临时故障的处理办法，要落实到管理人员，建立设备运用台账，及时排除各类故障，杜绝设备带病运行。

建立完善的技术设备体系，将行车调度“人为”的不安全因素降到最低，从而达到消除隐患、杜绝事故的目的。通过对高科技技术设备的投资、开发、完善、建设过程，尽快形成网络化的管理系统和安全保障体系，实现运输管理信息的共享和安全方面的“人、机互控”。建立结合部的管理标准或控制标准，明确为什么做、做什么、何时何地做、谁来做、如何做，包括意外情况下怎么做。

（2）安全风险研判与控制技术

①安全风险研判

a. 分层面研判安全风险

在各个层面，各有侧重、有序有效地辨识和管控轨道交通的安全风险。例如区域多制式轨道交通规章文电的制定、学习、传达和贯彻执行。站段层面则把重点放在上情下达、下情上报、检查监督规章执行情况来控制风险。调度和车站作为一线执行层面，研判风险的重点在提高执行力，不折不扣执行作业标准、技术标准。

b. 分条块研判安全风险

轨道交通的安全风险覆盖面广，涵盖了车、机、工、电、辆、设计、建设、保障、公安等部门，需要各制式的分系统结合实际分别研判部门自身的风险，协调各部门的风险管理。从车站内部来说，包含着行车、客票、客运服务、设施设备等子系统，需要条块结合来研判风险。

c. 分系统研判安全风险

人员、设施设备、内外部环境这三大系统与轨道交通运营安全密不可分。辨识和管控轨道交通运营的安全风险，可以引入人机环系统工程理论，按照人员、设施设备、环境三个系统来辨识和管控。人员的风险因素需要综合分析个体和集体的年龄（涉及体力和精力）、综合文化素质（涉及理解和接受能力）、专业技术素质（涉及完成本职工作的能力）以及身体素质、心理素质等；设备设施的风险因素需要根据设计、材料、工艺、性能并通过人工结合技术检测监测等手段来辨识和管控；环境的风险因素需要根据内环境、外环境、工作环境、自然环境等来辨识和管控。同时要兼顾人机环各系统之间互相作用和影响的风险因素（如人员误操作、设备误动作、环境对人机的影响等）来综合辨识和管控。

d. 分等级研判安全风险

评估安全风险等级高低的主要指标是发生问题的可能性，分高风险、较高风险、普通风险、次风险四个等级。如何评估风险等级高低，实践中最直接简便的分法就是把所有风险因素（发生问题的条件、原因）辨识排列，根据发生问题的条件多少来划分。如具备一个风险因素就可能发生问题、事故的，列为高风险等级；具备两个风险因子同时作用才会出现风险的，列为较高风险等级；具备三个条件才可能构成问题事故的，列为普通风险等级；具备四个以上条件才可能构成事故的，列为次风险等级。

②安全风险控制

a. 组建安全风险管理专业委员会

成员由各制式安全生产工作领导小组成员以及外聘安全管理咨询专家学者共同组成。职责包括：营造安全风险管理的氛围，实施全员、全面安全风险管理；进行安全风险管理业务知识学习培训；督导、追踪安全风险管理效果；定期召开安全风险管理专业委员会专题会议，检查、评估安全风险管理效果等。

b. 搭建安全风险管理信息平台

按照职责分工调研收集、梳理安全风险信息；建立各制式安全风险信息库，并将安全风险信息初步处理后录入；对安全风险信息库进行动态管理；为风险管理专业委员会工作提供决策参考等。

c. 组织各制式开展安全风险研判评估

专业委员会成员及工作小组成员按照分制式、分层面、分系统、分条块、分等级的要求，全面系统研判评估综合客运枢纽及换乘车站各种风险，清晰确定风险领域、风险源及风险点。

d. 制定各制式安全风险管控措施

围绕确定的风险领域、风险源和风险点，科学、严密、有针对性制定可操作性强的风险管控措施和对策，并结合实际提出确保防控措施落实要达到的目标及实现手段。

e. 全程追踪安全风险管理落实情况及评估效果

采取日常检查和重点检查结合等方式，确保措施落实。定期根据数量和质量指标评估风险管理效果，并提出改进完善意见，纳入新的安全风险管理循环流程。

（3）环境监测与报警技术

影响轨道交通运输安全的环境条件包括内部小环境和外部大环境两部分。内部环境不仅包括作业环境，还包括通过管理所营造的运输系统内部的社会环境，如运输系统内部的政治、经济、文化、法律等环境。外部环境包括自然环境和社会环境，自然环境对运输安全的影响很大，轨道交通有可能会受洪水、暴雨、风沙、泥石流及地震等自然灾害的威胁。因此，气候因素、季节因素、时间因素以及高速铁路沿线的地形地貌等都是不容忽视的事故致因。社会环境包括社会的政治环境、经济环境、技术环境、管理环境、法律环境等，它们对轨道交通运输安全均有不同程度的影响，比较直接的是轨道交通沿线治安和车站秩序状况。

强风、暴雨、洪水、地震等这些自然灾害，目前人类还难以抗拒，对轨道交通的列车有一定的影响。因此，结合轨道交通通过地区实际可能发生的灾害，建立相应的监测、预警系统，并制定各种预防措施，控制列车运行速度，防止事故发生或避免灾害的破坏，是现代化运输系统中不可缺少的重要措施。它主要是由雨量及洪水监测预警体系、强风监测预警体系、地震监测预警体系等组成。

①避免雨量及洪水事故

轨道交通的洪水灾害主要表现在路堤、桥梁以及路堑自然边坡破坏三大方面。建议使用雨量及洪水监测预警系统，主要由水文气象数据采集终端、数据处理与预报、数据传输与控制三大部分组成。设置地点主要分布在降水量大的区间、山坡山脚地带的填土路基、隧道入口、桥址处、洪水频发地区的河流上游、综合维修基地或车站所在地附近。具体方法是:对雨量及洪水采用雨量计、水位仪、防撞监视仪、冲刷测量仪、洪水测量仪等设备及时进行数据采集，并发到监测终端设备以统计，再由监测主机进行控制分析，而且需要结合大量的历史数据对当前情况进行分级，判断是否造成灾害，或将要造成损失，并及时采取措施进行救援预备。

由洪水灾害引起的路堤、桥梁以及路堑自然边坡破坏耽误行车时，调度指挥人员需及时对运行图进行调整，同时，必须对故障认真检查，并由车站值班员向调度员及上级领导报告，车站人员听从调度指挥命令行事，并且联系协助施工人员排除故障。

②避免强风灾害

强风会对轨道交通的输电线路和接触网产生影响，致使其与大跨度桥梁形成“风振”,此外侧风对高架桥上运行的列车也构成威胁。建议在沿线特大桥、车站及大风区间，特别是空旷地带风期长、风力强劲的风口等适当位置设置风向风速计，风向风速信号送至分析记录装置，记录显示装置设置在调度中心。

强风监测预警系统主要由风向风速计探测风向与风速，由信息传输通道将数据传到接收设备，再由主机将数据记录并显示。控制分析设备对数据进行分析，并结合大量的历史数据对当前情况进行分级，判断是否造成灾害，或将要造成损失，并及时采取措施进行救援预备。

如强风引起的供电线路和接触网故障时，调度指挥人员应立即使用列车无线调度通信设备通知车站值班员或列车司机紧急停车，同时在故障地点设置停车信号，并且需向司机说明停车原因及注意事项，以及通知邻站不得向该区间放行列车。

③避免地震灾害

地震将破坏轨道交通基础设施，并导致列车脱轨、倾覆。为避免这些灾害的发生，要尽可能预测地震的发生，并在地震发生前或发生时降低运行速度或停车，因此，需接受所在地县级以上地方人民政府、负责管理地震工作的部门或机构的指导，在轨道交通沿线规范化的选址设置地震探测器，并有效利用国家地震台网的信息，构成地震早期监测报警系统。该系统可获得地震相关数据，工作人员进行监控和分析，并结合大量的历史数据对当前情况进行分级，判断是否造成灾害，或将要造成损失，并及时采取措施进行救援预备。

如果地震造成列车颠覆、脱线，由行车调度员发布调度命令封锁该区间，司机应及时通过无线调度电话向行车调度员汇报。当向封锁区间发出救援列车时，不办理行车闭塞手续，此时，应以行车调度员的命令作为进入封锁区间的许可，并按有关规定办理。

④其他灾害监控预警系统

各制式轨道交通应针对不同地理环境条件、不同的运营机制，设置相应的防火灾、防雷击、防冰雪等设施。比如高速铁路防冰雪措施主要有：

a. 在与公路、既有铁路并行、跨界的交界处，有可能发生崩塌的地点设置防雪栅或防护林或其他防雪崩装置；

b. 采用洒水器化雪和高压清洗积雪等措施；防止列车底架粘附积雪，防止道岔积雪等直接威胁行车安全的风险因素。

如果故障情况已经危及行车安全，调度人员应立即使用列车无线调度通信设备通知车站值班员或列车司机紧急停车，同时在故障地点设置停车信号，如夜间或遇降雾、暴风雨雪、扬沙等恶劣天气等，还应采用多种措施，向相邻区间进行预告。

4.1.4 多制式协同的乘客信息服务技术

遵循科学性、系统性、可扩展性、兼容性和综合性等基本原则，梳理区域轨道交通在运营方面的数据内容与范围、形成统一规范的数据标准定义、协同处理标准，建立有效、开放的数据交互模式。不但有利于区域铁路自身运营系统的设计和建设、减少数据的重复采集与加工、提升数据收集与应用质量，也有利于实现与其他交通制式的信息互通和运营协同，更好的发挥区域铁路的衔接作用，支撑轨道交通多制式的协同发展。

建立区域轨道交通大数据协同处理标准，以及基于消息服务的多源轨道交通数据高效收集、分布处理和动态发布机制。针对多制式轨道交通大数据的高维时空异构特性，面向数据的非对齐、可信性、完整性、一致性等问题，建立基于关联分析的多制式轨道交通数据建模与交叉验证方法，以及多视角、多粒度的高维时空大数据融合技术。研究动静态多源交通数据关联模型的形式化表示、关系动态建模与多尺度关联分析方法。研究基于高维时空大数据的知识获取方法，建立多源知识驱动的交通态势建模与感知技术。研究多情景环境下的事件行为本体建模和决策语义规则库构建，建立多模式的交通态势感知决策模型和算法，支撑区域轨道交通运输运维管理、协同运输决策以及智能出行服务等应用需求。深入分析轨道交通多应用服务场景需求，基于云计算和大数据驱动的新型信息平台技术，提出通用微服务模型架构并研究服务的自适应自组装技术，提出云端融合的区域轨道交通大数据服务架构，形成区域轨道交通大数据基础关键技术。通过上述关键技术的突破形成区域轨道交通信息协同处理与动态发布标准规范，以支撑区域轨道交通协同运输与服务系统大数据相关研制。

1. 多制式系统信息高效收集和发布机制

通过构建多制式轨道交通系统信息的高效收集和发布，打通区域轨道交通信息孤岛，实现大数据驱动的各制式轨道交通数据互通与共享。在区域轨道交通中数据可分为线上行为数据和内容数据两类。

线上行为数据：页面数据、交互数据、表单数据、会话数据等。

内容数据：日志、电子文档、机器数据、语音数据等。

上述数据对应多制式轨道交通的客流信息数据、车站信息数据、线路信息数据、列车信息数据、表单数据、工作人员对话数据、仪器设备数据、视频图像数据等。这些数据存在来源广泛、数据量巨大、数据类型丰富（结构化、半结构化、非结构化）的特点。通过实现接口对接方式高效收集多制式系统的信息，避免数据重复，同时也能保证数据的及时性。将收集获取的大数据利用分布式数据库进行存储，然后进行迅速准确发布。通过多制式轨道交通大数据信息的高效收集和发布，对于提升多制式轨道交通的运营管理效率、乘客出行服务质量和保障区域轨道交通的安全可靠性具有重要意义。

2. 高维时空大数据交叉验证及融合技术

针对多制式轨道交通大数据的高维时空异构特性，面向数据的非对齐、可信性、完整性、一致性等问题，对各制式及跨制式要素的时空特性关联交叉进行研究，采用多种交差验证方法对数据进行切分和评估。采用多视角、多粒度的高维时空大数据融合技术，针对区域轨道交通政府、运营单位、运维企业及乘客各参与主体在多制式协同运输组织、综合安全保障及智能信息服务三个方面的业务数据需求，构建基于大数据平台的高维时空大数据融合模块及框架。实现获取数据、理解数据、梳理和清理数据、数据转换和建立结构、数据组合和建立分析数据集等。

3. 基于语义关联的多源数据协同查询技术

针对协同运输与服务现状及需求特征对区域内多制式的轨道交通数据进行分析，分析其动静态多源交通数据关联模型及形式化表示。然后进行多源交通数据关系动态建模与多尺度关联分析，进而实现基于语义关联的多源数据协同查询技术，并构建运行于大数据平台基于语义关联的多源数据协同查询模块及框架。

4. 知识驱动的交通态势感知和决策技术

基于高维时空大数据的知识获取方法，分析轨道交通多应用服务场景需求，建立多源知识驱动的交通态势建模与感知技术。实现从对环境感知到当前形式判断再到未来状况预测推演的过程。构建多情景环境下的事件行为本体建模决策语义规则库，建立多模式的交通态势感知决策模型和算法。形成不少于 20 条的态势感知和决策规则库，以及运行于大数据平台的高维时空挖掘算法模块、交通态势感知模块。用以支撑区域轨道交通运输运维管理、协同运输决策以及智能出行服务等应用需求。

5. 自适应自组装的大数据服务体系架构

在区域轨道交通协同运输与服务大数据规范的基础上，充分考虑不同需求主体之间的数据交互特性及不同业务领域的数据流量流向，深入分析轨道交通多应用服务场景需求。基于云计算和大数据驱动的新型信息平台技术，基于通用微服务模型架构和服务的自适应自组装技术，建立云端融合的区域轨道交通大数据服务架构，并形成基于云平台和微服务架构的大数据服务架构原型。打破不同制式之间的数据壁垒，为多制式的业务融合提供基础，用以支撑区域轨道交通协同运输与服务系统中信息服务的功能。

4.1.5 多制式多业务协同智能联动决策

1. 多制式组织指挥权限划分

调度指挥权限的划分是指对调度指挥职能和功能在行使权限上的划分，它限定了各调度指挥机构的权限和职能范围。轨道交通采用自主运营的独立调度指挥模式，涉及在与国家铁路衔接部分的运输组织问题，为了保证调度指挥的单一性，需要双方对共线、共站及并站地区的调度指挥权限进行协调划分，共同完成跨线运输任务。线路连接部分调度指挥的衔接是否良好，不仅取决于双方调度指挥的配合，更要依靠双方对调度指挥权限的划分是否合理，这是妥善解决多运营主体下调度指挥协调作业的关键。

（1）权限划分原则

尽可能保持路网的完整性，保证运输服务的整体性和全面性；

保持调度指挥的唯一性，实行单一调度指挥，保证运输的安全与高效；

尽可能保持管理权限与调度指挥权限的一致性，避免因权限范围限制和权限交叉导致的协调沟通不畅；

保持线网调度指挥的统一性，实现较大范围的集中监视、调整与控制，提高运输效率和服务质量。

（2）权限划分

轨道交通和国家铁路是两个相对独立的运营主体，在行车调度指挥上存在交叉现象，故需对这些调度岗位进行调度指挥权限的划分，明确其职责范围。

没有共线、共站和并站情况的，国家铁路和轨道交通各自独立运营，各自拥有线路的行调权限，行车调度权没有冲突。

新建的轨道交通线路，若需借用部分国家铁路，产生共线的情况，为避免共线区段存在多个调度指挥中心，应将共线区段的行车调度权划分给铁路局调度所。

新建的轨道交通线路，若国家铁路需要借用轨道交通路线，产生共线的情况，为避免共线区段存在多个调度指挥中心，应将共线区段的行车调度权划分给轨道交通调度中心。

轨道交通与国家铁路存在共站情况，需要根据车站、线路的具体情况进行划分，但一般而言，若该共用车站为轨道交通车站，其行车调度权应划分给轨道交通调度中心，若该车站为国家铁路车站，其行车调度权应划分给铁路局调度所。

轨道交通与国家铁路存在并站情况，双方共同使用一个车站，但分别使用两个不同的车场，可以分别设置两套独立的调度指挥系统。

2. 多制式协同组织指挥

（1）协同作业流程

根据调度指挥权限划分，共线可以划分为轨道交通占用国家铁路线路和国家铁路占用轨道交通线路两种情况，这两种共线情况的协同工作流程相似。以轨道交通占用国家铁路为例进行分析。

首先轨道交通列车在轨道交通调度中心的指挥下运行，接下来要通过共线区段，由上一节调度指挥权限划分可知，该共线区段的调度指挥权限属于铁路局调度中心，故需要在联络线或者车站将调度指挥权限移交至铁路局调度指挥中心，由铁路局调度指挥中心对共线区段的列车进行统一调度。在驶出共线区段时，应在联络线或车站将调度指挥权限移交回轨道交通调度指挥中心。

共站情况根据共用站是轨道交通车站还是国家铁路车站分为两种情况，这两种共站情况的协同工作流程相似。以轨道交通列车引入国铁车站为例进行分析。

轨道交通列车在轨道交通调度指挥中心的控制下运行，在引入国铁车站时需要双方调度指挥中心的协同完成。根据对调度指挥权限的划分，国铁车站的指挥权属于铁路局调度指挥中心，故轨道交通列车的调度指挥权限需要通过调度台和车站调度的协同，将轨道交通列车在共用车站的调度指挥权限移交给铁路局调度指挥中心。

（2）协同作业内容

轨道交通与国家铁路的调度指挥协同内容十分重要，内容涉及共线问题、共站问题、机车设备运用等，双方要以列车运行安全为前提，制定协调机制。

轨道交通总体业务流程分为基本计划编制，实施计划编制以及调度指挥，国家铁路调度指挥业务也有类似流程。基本计划编制与实施计划的编制基本确定轨道交通与国家铁路所有列车，包括跨线列车在内的开行方案与日班计划层次的各项运行计划与作业计划。在调度指挥阶段，列车运行等作业的日班计划划分为 3~4 h 的阶段计划，分别由相应调度员执行与调整。在调度指挥阶段，轨道交通与国家铁路调度体系间的协同关系可通过架构上职责的分工，运行调整的配合以及信息的传递与共享建立协同关系。

轨道交通与国家铁路调度系统的相似性决定其调度员工作流程的相似性，轨道交通与国家铁路的协同内容也体现在调度员个体的工作流程。就轨道交通调度员与铁路局调度员工作流程而言，轨道交通与铁路局行车调度员在与本管辖区段内的各工种调度员进行协调配合后，还需与相邻的轨道交通或国家铁路区段行车调度员进行沟通协调。

3. 基于双调度指挥中心的应急协同组织指挥

（1）双调度协同应急指挥难点

在共线、共站区段及其相邻区段发生应急事件时，相应的应急调度指挥必定牵涉到城市轨道交通调度指挥中心和铁路调度指挥中心两个系统，需要两个调度指挥中心之间的相互协调与配合。

基于双调度指挥中心的应急协同指挥主要存在以下几个难点：

①跨调度系统使协调难度大

轨道交通调度指挥中心负责轨道交通线路行车调度指挥，铁路局调度指挥中心负责其管辖范围内线路的行车调度指挥，两个调度指挥中心管辖范围权限划分明确，且两调度指挥中心分属不同系统，彼此之间互不统属。共线区段及其相邻区段发生应急事件时，如果两个系统共同参与同一事件应急处置，两中心相互之间易产生协调不畅的情况，甚至会出现相互拖沓，相互抵赖的情况，延误应急处置。而如果让任一系统单独防控应急事件，则存在以下不足：一是其对另一系统基本情况不够熟悉，影响应急处理效率；二是两系统不存在隶属关系，任何一个调度指挥中心对另一调度指挥中心的指挥协调都缺乏权威性；三是容易出现片面维护本部门利益的情况，使得资源、人员、设备无法得到有效利用。

②应急信息共享难度大

应急调度指挥工作主要由技术人员依靠自身的技术和经验，结合线路沿线通信信号、供电、工务、动车组等固定和移动设备状况，以及沿线救援设备配置情况，进行事故事件分析和决策指挥。这些相关的基础技术和数据资料分别存储在轨道交通和铁路局两个系统的业务管理系统内，且应急现场状况及实时情况也分别通过各自的基层单位和业务系统上传至相应的调度指挥中心，任何一方都无法全面了解应急现场情况，两个系统之间的信息共享难度大。

③跨线性使行车调整难度大

轨道交通线路与国家铁路的共线区段，列车从其他线路区段运行至共线区段时，相当于跨线列车，其交路方式为复杂交路，也是共线交路。跨线列车发生应急突发事件或跨线列车运行区段发生应急突发事件，无法及时处理恢复正常运行秩序时，其影响范围往往超出事发区段所在的线路，干扰其他相关线路的正常运营。行车调整时，既要在事发区段预留足够的应急处理时间和空间，又要协调与其他线路区段的行车组织，行车调整难度比非共线交路难度大。

（2）双调度指挥中心应急协同处置机制

运营组织方面，轨道交通线路与国家铁路的共线区段采用本线与跨线列车共线、不同种类列车共线运营的运输组织模式；组织机构设置方面，轨道交通独立于铁路局，成立轨道交通运营公司，并成立相应的调度指挥中心，其性质相当于铁路线网中的一个铁路局。因此，轨道交通与国家铁路共线区段应急调度指挥可借鉴既有国家铁路线路应急管理经验，做好突发事件的应急预案。

应急预案是针对可能发生的事件，为迅速、有序、有效地开展应急救援行动而预先制定的行动方案。根据铁路应急事件发生的原因，应急预案体系应该包括三个方面：技术设备故障类预案、社会治安类预案、自然灾害类预案。技术设备故障类预案应包括常见设备故障预案，如列车故障救援行车应急预案、信号故障行车应急预案、道岔故障行车应急预案、接触网故障行车应急预案、道床伤亡事故应急预案、外界设施侵限应急预案、线路断轨胀轨应急预案、正线车站大面积停电应急预案等。社会治安类预案包括防恐应急预案、爆炸事件应急预案、投毒事件应急预案、火灾应急预案和群死群伤应急预案等。自然灾害类预案包括地震应急预案、泥石流应急预案、防洪应急预案、恶劣天气列车运行组织应急预案、防台风、防雷击应急预案等。

4. 多制式协同组织指挥优化

在跨制式组织指挥特性分析的基础上，综合考虑复合网络的客流实绩、列车运行状态、车站及线路使用能力等情况，以乘客跨制式旅行时间最小化及复合网络总体运能最大化为目标，提出区域轨道交通多制式列车运行调整理论方法、多制式多工种协同调度决策理论方法、多制式列车运行晚点恢复理论方法、复合路网冗余能力利用理论方法等，从而构建成套的协同组织指挥理论体系，实现区域轨道交通系统的高效、智能化运营。

通过从区域轨道交通监控系统中提取并筛选列车运行状态、线路资源能力、客流实时分布、设备运转情况等信息，建立描述区域轨道交通系统动态、静态、宏观、微观运输态势的多维指标体系，评估复合服务网络的客流实时负荷强度与动态服务水平，探寻各态势指标与多制式组织指挥质量的关系和运作机制，形成基于多源信息融合的区域轨道交通协同运输态势评估理论方法和基于态势保障的协同组织指挥理论方法，从而辅助区域轨道交通常态化运营条件下的协同组织指挥决策以及指导非常态化运输条件下的应急组织指挥。

4.1.6 多制式复合网络能力提升技术

多制式轨道交通运能提升总体策略的提出必须建立于 RAMSI 与总体运行协同

关系的研究基础上。其中，RAMSI 是指区域轨道交通协同运输与服务系统的可靠性（Reliabilty）、可用性（Availability）、可维护性（Maintainability）、安全性（Safety）和互操作性（Interoperability）。RAMSI 主要通过系统可靠性、可用性、可维护性、安全性和互操作性指标衡量、评估多制式区域轨道交通系统状态、效能、服务质量及协同关系，以及为乘客提供高效智能、优质便捷、互联互通的区域轨道交通出行服务。

1. 复合网络运输能力提升途径

本文研究 RAMSI 与总体运能提升的协同关系可从乘客进出站阶段、乘客运输阶段和乘客换乘阶段三方面入手。乘客在不同的运输阶段对多制式轨道交通系统有着不一样的需求，通过制定完善的运输服务计划可有效提升乘客运输服务质量和总体运输能力。

（1）乘客进出站阶段

乘客进出站阶段能力提升主要包括：进出站便捷性能力提升和便捷购取票能力提升。

①进出站便捷性能力提升

对于经常采用区域城市轨道交通出行的乘客而言，便捷的购取票通常可表示为推行区域轨道交通一票制、采用更为便捷的电子票或者直接无票出行。区域轨道交通一票制保证跨制式乘客在整个出行过程中仅需购买一次车票；电子票或者无票出行的推广，将有效减少独立制式以及跨制式出行乘客在车站的购票等待时间和购票时间，简化乘客出行作业环节。

②便捷购取票能力提升

乘客出行过程中通常需要便捷快速的进出站服务。在进出站设施方面，乘客希望自动设施（自动扶梯、自动升降梯）能快速便捷的辅助乘客进出站，部分特殊乘客还对特殊设施（如轮椅通道）具有需求，以方便特殊乘客进出站。在进站客流组织引导方面，乘客希望通过合理的进出站引导标志、进出站流线设计减少乘客进出站拥堵以及提升乘客进出站效率。车站大客流等特殊情况下，乘客则希望通过合理的应急预案，保证乘客能在一定时间内进出站。

（2）乘客运输阶段

乘客运输阶段能力提升主要包括：乘客候车服务提升和乘客乘车服务提升。

①乘客候车服务提升

a. 候车信息获取需求

乘客候车过程中需要获取的信息包括：推荐候车点信息服务、待乘列车实时信息服务、待乘列车发车前信息服务以及重大事件及紧急信息服务。

推荐候车点信息服务：依据走行距离、候车位置拥挤程度、列车车厢实时拥挤程度等信息实时向乘客推送推荐候车点信息，提高乘客在候车过程和后续乘车过程的便利性。

待乘列车实时信息服务：向乘客推送待乘列车的准点率、到站时间、发车时间、检票状态、停靠站台等信息。

待乘列车发车前信息服务：依据待乘列车的发车时刻向乘客推送待乘列车发车提醒信息，提醒乘客上车;根据乘客购票信息为乘客推送乘坐列车的车次、车厢、座位号、站台及各车厢拥挤程度信息。

重大事件及紧急信息服务：乘客候车过程中乘客所要乘坐的列车或所要经过的区间或车站发生意外事故或者紧急事件时，及时向乘客推送应急处置信息、疏散信息、列车因事故晚点或取消等信息。

b. 候车舒适性需求

候车过程中乘客通常要求轨道交通运营单位为其提供安静、干净整洁的候车环境。区域轨道交通运营单位需通过准确预测客流确定车站单位时间的聚集人数，合理设计和配置车站服务设施，并通过适当限制高峰时段进站候车人数，避免大量乘客同一时段在站候车，为乘客提供良好的候车服务。此外，还需要提供良好的候车引导服务，避免出现乘客局部聚集、降低服务质量的情况。

c. 个性化候车服务需求

不同的乘客希望运营单位提供不同的候车服务，因此乘客存在个性化的服务需求，例如候车娱乐休闲服务、餐饮服务、特殊乘客的候车服务需求。乘客还存在个性化的信息服务需求，例如社会新闻及娱乐信息等个性化的信息服务。

②乘客乘车服务提升

a. 乘车中信息获取需求

乘车中信息获取需求主要包括：列车实时运行信息服务、乘客下车提醒服务、换乘相关信息服务、重大事件及紧急信息服务。

列车实时运行信息服务：乘车过程中轨道交通运营主体需向乘客推送所乘列车的实时状况信息，包括列车预计到达时间、列车运行速度、车内外温度、主要乘客服务设施位置、各车厢拥挤状态、各席别车票余票等信息。

乘客下车提醒服务：乘客即将到达目的站时，为乘客提供下车提醒服务，同时为乘客提供列车停靠站台、下车走行推荐线路、车站布局情况、车站拥挤情况等。

换乘相关信息服务：如果乘客存在换乘时，在列车到站前及时向乘客推送换乘列车的相关信息，如准点率、列车运行状况、车门开启信息、列车停靠站台、列车发车间隔及车内拥挤程度信息，同时向乘客推送推荐换乘走行路径信息以及换乘设计的相关信息。

重大事件及紧急信息服务：在乘车过程中，当前区域轨道路网中出现事故及紧急事件时及时向相关乘客发布相应应急处置及疏散信息等，正确引导乘客紧急疏散或者原地等待以等待事故处理完毕。

b. 乘车舒适性需求

为乘客提供安静、干净整洁的乘车环境。通过视频、广播等引导良好的乘车习惯。轨道交通运营单位可通过保证各项设备设施的功能正常、提高列车运行平稳性、提高列车旅行速度以减少旅行时间、适当限制客流及合理疏导以有效降低车内拥挤程度等方式提高乘车舒适性。

c. 个性化乘车服务需求

此外，不同的乘客存在个性化的乘车服务需求，例如部分乘客需要个性化的娱乐休闲服务、个性化的阅读服务、个性化的饮食服务、个性化的信息服务以及特殊人群对特殊乘车设施的需求（如轮椅固定器等）。

（3）乘客换乘阶段

乘客换乘阶段能力提升主要包括：换乘便捷性能力提升和跨制式安检互信能力提升。

①换乘车站换乘能力瓶颈辨识

区域轨道交通乘客跨制式换乘时通常要求换乘过程畅通、有序开展，以有效保证换乘作业的快捷性和舒适性。跨制式换乘作业通常包括下车、换乘引导走行、（验票出闸、购票、二次安检）、乘车等详细环节，各环节对换乘车站的换乘能力具有不同程度的影响。因此，为有效提高换乘车站换乘能力和换乘流畅性，有必要结合换乘环节辨识换乘车站能力瓶颈，然后采取有针对性的措施消除瓶颈，提高换乘车站换乘作业效率。

②换乘车站换乘作业环节优化

区域轨道交通跨制式出行乘客在相互独立运营的制式间换乘时，其完整的换乘过程包括下车、换乘引导走行、验票出闸、购票、二次安检、乘车等一系列环节。因此，在区域轨道协同运输的前提下，各轨道运营单位可通过票制协同、安检互信等手段，减少乘客跨制式换乘过程中重复的验票出闸、购票、二次安检等环节，提高换乘便捷性。通过采用轨道交通出行“一票制”及制定相应的安检互信标准，有效减少跨制式出行乘客在换乘车站的换乘作业环节，节省乘客出行时间和换乘服务质量。

③换乘车站换乘客流流线设计优化

换乘车站换乘客流流线设计旨在为换乘乘客设计合理的站内换乘走行路径及提供科学引导，以减少其换乘时间。轨道交通运营单位通过协调规划不同轨道交通制式、相同轨道交通制式不同线路间的换乘车站内换乘设施设备布局，合理选择跨制式换乘模式，避免造成乘客拥挤堵塞、客流混乱等影响换乘站乘客出行；优化区域轨道交通换乘车站换乘设施配置，改善换乘客流换乘流线组织，避免换乘车站内不同流线间的相互干扰及乘客滞留，提高乘客换乘效率，降低换乘乘客换乘走行距离及时间；结合换乘车站换乘客流时段性和动态波动特征，调整换乘车站换乘设施布局，分时段优化换乘车站对不同换乘流向客流换乘能力。

④跨制式安检互信能力提升

a. 差异化安检等级管理

实施差异化的安检等级管理，对城际铁路、市域（郊）铁路、干线铁路实施相同的高等级的安检，对地铁等城市轨道交通实施相同的相对低等级的安检，同时缩小各种方式安检的差异性，以实现区域轨道交通协同运输安检互信。

b. 跨制式出行安检互信原则制定

区域轨道交通跨制式出行时，推行同等级安检互信、低等级安检信任高等级安检。换乘过程中，同级安检跨制式出行时安检互信，消除二次安检；从高等级安检制式的轨道交通换乘至低等级安检制式的轨道交通时实施免检；从低等级安检制式的轨道交通换乘至高等级制式的轨道交通时需要再次安检。

c. 跨制式换乘重复安检作业环节优化

低等级安检制式向高等级安检制式站内换乘时，优化站台换乘和站内换乘客流的客流组织流线、安检人员及安检设备配置，疏散换乘客流，减少安检等待时间；在需要快速安检时，迅速组织安检业务，提高安检作业效率。同等级安检制式间需站外换乘时，构造通道换乘代替出站换乘，消除同等级安检制式间的重复安检。

2. 复合网络运输能力提升策略

为实现乘客在不同运输阶段的能力提升，多制式复合网络主要通过提升和优化网络拓扑结构、设施设备配置、运输组织协同、运能服务水平、系统协调性、运输需求结构和其他外部因素来保障，而落实到具体运营管理策略则为通过提升运输效率、系统可靠性、应急响应与运维效率三个方面来提升多制式复合网络总体运能。

（1）提升运输效率

多制式区域轨道交通系统的运输效率可通过提升单位能力利用率和缩短乘客平均旅行时长来表示。

①提升单位能力利用率

单位能力利用率是多制式系统衡量系统效能的关键要素之一。它衡量了复合网络提供乘客输送的运输效率，反映了整体路网的运输组织协同程度与乘客运输服务水平。运输效率是对路网实际运能有效利用程度的检验，通过对区域路网运能的影响因素进行分析，寻找出制约运输效率提升的瓶颈，这些影响运输效率提升的瓶颈不仅与基础设施设备布局和性能相关，还与各轨道交通制式运营主体所采用的运输组织方法及管理模式密不可分。在运输组织过程中，不同的运行图编制计划、列车开行方案、调度指挥模式、乘客输送模式、列车运行的实时调整等，都会对系统的运输效率带来较大的影响。因此，研究多制式运输计划协同编制、多制式协同调度指挥、多制式衔接节点选取、多制式跨线列车开行方案、多制式跨线乘客输送模式等运输组织优化方法，对于运输效率的提升显得尤为重要；另一方面为区域轨道交通系统提供安全稳定、完备精细的协同运输组织，即针对各组分轨道交通系统，通过多制式运输计划协同编制、多制式协同调度指挥、区域路网总体运能评估、列车旅行速度提高、多制式运输设施设备协同、运输组织信息共享等手段组织各运营主体间的协同运输可显著提升区域轨道交通系统的协同运输水平和运输效率。

②缩短乘客平均旅行时长

目前乘客全出行过程中，存在信息发布平台过多导致的信息获取渠道分散、实时信息发布覆盖不全面导致的实时信息获取困难、安检不协同导致的换乘不便捷、票制不统一导致的购票环节冗余等问题。例如，随着跨城市出行乘客的增加，与高铁站衔接的轨道交通车站往往出现购票排长队的现象，跨城市出行的乘客需要排队购买非常住地城市的地铁单程票，通常浪费很多时间在排队购票上。但是几乎每个地方都有自己的城市交通卡，如果能够实现轨道交通票制协同或全国交通一卡通，将有效减少跨城市出行乘客的购票时间，从而缩短旅行跨制式出行时长。针对乘客全出行链，通过出行径路优化、换乘设计优化、多制式票制协同、跨制式出行安检互信、乘客出行信息服务协同等手段为乘客出行提供优质便捷的服务。

（2）提升系统可靠性

多制式区域轨道交通系统的系统可靠性可通过提升有效路径连通可靠度、运输能力可靠度和旅行时间可靠度来表示。

区域轨道交通乘客出行需求具有多样性及复杂性，所构成的完整出行链涉及多种轨道交通制式的衔接、多层轨道交通网络的融合，因此容易受到较多因素干扰使得区域轨道交通系统的正常工作状态产生波动，降低了系统的可靠性。随着乘客对多制式旅行时间尤其是列车正点率要求的提高，区域轨道交通系统的可靠性愈发成为保障乘客出行链顺畅衔接、提高整体运输服务水平的关键。因此，如何通过协同运输组织来提高承载出行服务的复合轨道交通路网以及车辆状态的稳定性，缩小区域多制式轨道交通总体运能的波动范围，提高列车正点率，对于提升区域轨道交通系统可靠性至关重要。

此外，对于提升区域多制式轨道交通系统可靠性，一方面要对现有条件下的运力资源优化运用，另一方面要考虑多制式复合路网特性实现运力资源的协同再分配，以此实现区域路网的均衡运输，提高区域轨道交通系统的服务水平。因此，需要通过协同运输组织来合理编制列车开行方案、车底运用计划和人员排班方案，优化列车运行图结构，充分考虑复合路网客流与列车流、设施设备能力的匹配关系，提高运力资源的使用及工作效率。

（3）提升系统的应急响应与运维效率

多制式区域轨道交通系统的应急响应与运维效率影响因素众多，从成本效率和时间效率两方面加以定义，其提升主要通过以下三方面的途径实现：一是基于大数据分析和信息共享，通过多制式轨道交通系统的互操作和协同联动实现运维资源的协同配置和优化调度以及跨制式的应急响应联动，从而降低运维成本并提升应急响应和运维效率；二是通过基于故障监测和预警的“状态修”机制有效避免“过维护”和“欠维护”问题，保证设备设施及系统处于良好状态，使运维工作具有更精准的空间和时间针对性，同时能够更及时地发现故障和安全隐患，进而提升系统应急响应的效率；三是基于复合交通网络的冗余多路径结构，通过对突发客流的优化分配与调度，以及运输、安全保障及信息服务子系统之间的协同联动提升应急响应情况下客流的紧急疏散能力。

4.2 区域轨道交通协同运输与服务应用系统

4.2.1 应用系统结构

区域轨道交通协同运输与服务系统，面向区域多种轨道交通制式构建的复合网络，以协同运输为核心，以综合安全保障为支撑，以信息服务为手段，提升区域总体效能、提高运输服务质量。系统集成计算机技术、通信技术、物联网技术、大数据技术、管理决策及人工智能技术于一体，以信息的感知、获取、处理、预警和共享为基础，是面向“城市轨道交通—市域 / 城际—高铁 / 普速铁路等”多网、“时间—空间—资源—信息”四域、“运输组织—安全保障—智能服务”多功能的复合系统。该系统是由理论及技术、管理组织和应用系统综合形成的有机系统，系统的核心本质是保证 OD 可达，解决手段是运输计划的协同与优化、运输秩序的保持与恢复、旅客信息发布与诱导深度融合。

区域轨道交通协同运输与服务系统定位于城市群、城市范围、主城区、各级中心功能节点、卫星城 / 区 / 县之间公共一体化轨道交通，通过实现多种轨道制式的协同运输为旅客提供区域环境下跨制式绿色、经济、高效、安全、便捷的交通，服务于政府、轨道交通企业、旅客及出行相关人员，是层次化网络化轨道交通体系的大脑和中枢神经，是城市及城市群规模化发展的融合多种制式的理想公共轨道交通管理系统。

1. 系统目标

区域轨道交通协同运输与服务系统的目标是突破现有单制式独立运营管理体制与

先进技术应用局限，形成适用于多制式的协同运输与服务一体化系统及成套装备，支撑区域轨道交通“总体运输能力提升，运输服务质量提升”总目标。

系统从运输组织业务出发，重点解决并实现多种轨道交通制式运输计划的协同编制。通过客流、点线网承载能力、协同运输方案编制等理论技术研究支撑实现区域轨道交通协同运输子系统装备研制，提高运输能力与旅客需求匹配度，提高运输组织的精细化程度，提高不同制式衔接顺畅度，增强行车计划的鲁棒性。

系统从综合安全保障业务出发，重点解决并实现全局跨制式安全保障水平提高。通过多制式全局 RAMSI 与运能关系、跨制式关键风险识别、预警感知—分析—响应—处置等的理论技术支撑实现区域轨道交通综合安全保障子系统装备研制，提高多制式全局系统安全冗余能力、增强系统容错能力、提高多制式应急响应效率、提高多制式应急维修效率，增强应急情况下运输组织水平，减少跨制式风险发生概率、控制运输秩序紊乱后时空影响范围，保障运输秩序良好运行和紊乱后的快速恢复。

系统从智能信息服务业务出发，重点解决旅客跨制式全出行链信息获取及服务。通过出行前的行程规划、出行中的票务管理及换乘引导、出行后的信息反馈收集等技术支撑实现区域轨道交通智能信息服务子系统装备研制，具备关键信息发布在时间、空间、对象等方面的覆盖度，支撑客流与运输组织的匹配度，以便旅客高效便捷出行。

系统从运输组织、综合安全保障、智能信息服务业务一体化要求出发，研制基于大数据的一体化平台，提供统一的系统状态管理、通信承载、数据访问接口，以及通用运算及存储等，完成各业务子系统的模块组装，形成一体化的区域轨道交通协同运输与服务系统及成套装备。

2. 系统结构

系统架构设计重点关注系统的逻辑架构，依托基于大数据的一体化平台，本系统包括主要的三大模块：协同运输、综合安全保障、智能信息服务，此外本系统还需要综合感知增强、出行信息服务平台等辅助模块的配合。设计系统分层架构，明确系统的层次结构，进一步设计一体化系统，明确系统核心模块的相关关系。

（1）系统分层架构

应用系统依托大数据中心和一体化平台，整合协同运输、综合安全保障、智能信息服务三大业务，提供集中化的信息加工处理和服务，形成区域轨道交通协同运输与服务中心。结合物联网的感知、网络、平台、应用四个层次，在现场部署增强感知终端，获取客流、关键设备状态等信息通过网络传递到大数据中心，由系统应用中心综合各种资源进行加工处理后，形成运输组织安排、综合安全保障指令、旅客智能信息服务等，通过网络提供给现场终端、用户侧终端或者相关业务系统使用或执行。

复合交通网络协同运输组织及综合安全保障中心（以下简称“中心”）为应用系统

的核心，中心搜集由综合感知增强模块提供的状态及事件感知信息，并获取出行信息服务平台为中心提供的旅客出行需求及相关信息，对信息进行加工处理，为出行信息服务平台提供旅客综合服务信息，出行信息服务平台公布的信息与旅客智能终端交互，为旅客出行提供更加便捷的服务信息。

复合交通网络协同调度指挥及综合安全保障中心的实现与列车调度紧密相关，中心生成的运输计划的实施需多制式轨道交通的调度指挥中心共同完成，包括有轨电车、地铁、市郊铁路及国家铁路，中心为调度指挥中心提供决策信息、指令信息等，实现多制式轨道交通调度指挥的协调联动，同时调度指挥中心为中心提供监控信息、请求信息和执行反馈。调度指挥中心对现场设备进行资源调度并提供指令信息，同时现场设备将现场信息和执行反馈传输给调度指挥中心。

此外，中心与市交通运行监测与应急调度平台紧密相关，中心为市交通运行监测与应急调度平台报送运输执行信息，市交通运行监测与应急调度平台为中心提供运输决策建议。

（2）一体化系统

区域轨道交通协同运输与服务系统是一个面向区域轨道交通，依托包含大数据中心的一体化平台，承载协同运输、综合安全保障和智能信息服务业务，构成的一体化系统。其中，一体化平台将各业务模块功能按技术类别进行分解，再按技术类别统一整合部署至一体化系统平台，达到资源共享、数据综合、界面统一、服务一体的效果，为各业务提供支撑。协同运输、综合安全保障和智能信息服务，基于一体化平台，从运输、安全保障和信息服务三大块业务出发，提供完善的区域轨道交通协同运输服务。

4.2.2 应用系统功能

应用系统分别从系统的主体以及系统核心组成部分设计功能。包括系统总体功能、区域协同运输功能、综合安全保障功能、智能信息服务功能、一体化平台功能以及接口功能。

1. 总体功能

系统依托一体化平台，包括区域协同运输、综合安全保障、智能信息服务三个核心业务（见图 4-1）。一体化平台基于大数据中心，需具备运算综合承载、综合数据接入、通信综合承载、数据存取承载、人机交互承载等功能。区域协同运输主要的功能包括出行需求分析、运输资源分析、运输组织匹配、综合运输计划、综合调度协同、综合运输监测和资源优化配置等。综合安全保障则具备全局安全分析、行为安全分析、应急预案、应急处置方案、应急响应、故障智能诊断和综合维护功能。智能信息服务主要提供行程规划、票务及清分、视频态势感知、公共信息服务、便捷登乘、在途信息服务和人员定位跟踪等功能。

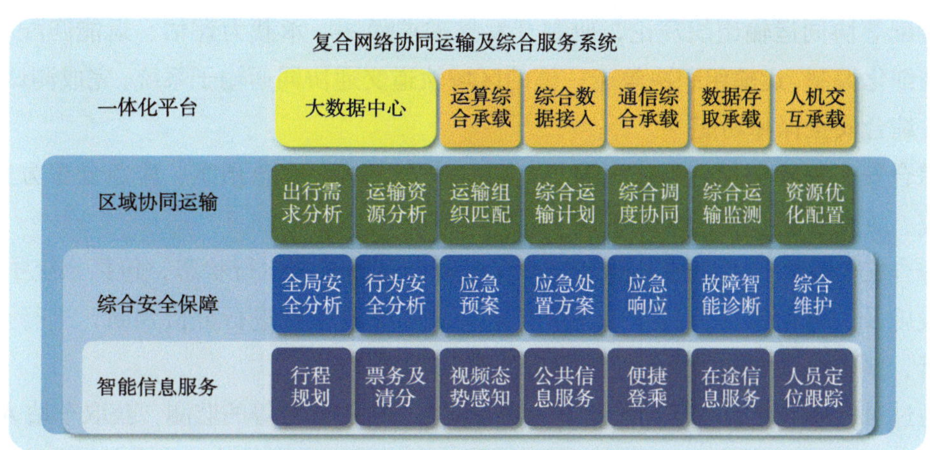

图 4-1 系统总体功能示意图

2. 区域协同运输功能

协同运输涉及的核心功能主要有出行需求分析功能、运输资源分析功能、运输组织匹配和综合运输计划生成调整功能。出行需求分析功能是针对多制式区域轨道交通复杂路网特点，建立基于出行链和大数据的区域轨道交通客流预测方法。运输资源功能是从网络特征、客流特征、服务水平、运营安全等方面入手，研究区域轨道交通有效承载力影响机理，构建面向旅客与运营部门等多主体的、服务水平与运营效益等多尺度的、点线网一体化的区域轨道交通有效承载能力评估体系。运输组织匹配功能是从多制式区域轨道交通运能匹配及路网总体运输能力最大化目标出发，研究区域轨道交通不同方式及枢纽间运能匹配机理和运能匹配度评价方法，形成保障旅客畅通出行的基于时空一体化的区域轨道交通运能匹配协调技术。综合运输计划生成调整功能是以区域轨道交通高效、快捷及无缝换乘为出发点，以运输方案编制这一区域轨道交通运输的核心关键为突破口，构建多制式区域轨道交通运输方案编制协同优化理论与技术。

此外，为了更好地实现核心功能，还需要综合调度协同、综合运输监测、资源优化配置等辅助功能配合，综合调度协同分别从综合运营作业调度和综合人员调度两个方面实现其功能，综合监测功能主要用于监测客流的状态、运输计划及执行情况，资源优化配置功能则是通过动态调整运输资源，实现运输资源的优化配置。

协同运输子系统包括中心功能和终端功能两大部分，中心通过接口采集线路、客流等基础数据，实现客流预测、点—线—网承载能力评估、运能匹配与动态规划，进行多制式计划协同编制、调整等功能，为了更好地实现协同运输功能高效运行，服务器为其提供硬件保障；业务人员通过终端进行业务操作处理，同时针对应急管理提供不带业务处理的复显终端。协同运输系统面向不同用户提供不同功能，从最大限度节省旅客跨方式旅行时间的目标出发，进一步深入研究区域轨道交通联程联运、枢纽换乘、运力调配等协同运输组织理论，研制开发集需求预测、承载力评估、运能匹配、运输方案精细化编制、运输组织决策于一体的区域轨道交通协同运输子系统，完成测试验证。

3. 综合安全保障功能

综合安全保障包括全局安全分析、行为安全分析、应急预案、应急处置方案、应急响应、故障智能诊断、综合维护等功能。

综合安全保障子系统通过感知终端获取复合运输系统运行状态，包括系统中人员、设备设施及关键衔接部位的状态，依托系统故障失效模型进行分析判断，进行全局安全分析、预防性日常维保或者应急响应处置。

通过对区域轨道交通复合系统中的设备设施、关键部位等的监测，获取车站 AFC 数据、进出口 / 站厅 / 站台 / 车厢的监测视频等，实时感知客流相关的安全关键信息，及时规避出现人流拥堵情况；通过对线路、桥梁、隧道等关键部位或跨制式衔接部位状态进行采集，对工务、机务、电务、牵引供电、运载工具以及电梯等关键设备的运行状态采集，感知设备设施健康状态；同时，对一些关键区域如换乘通道、站台等进行监测感知。

感知的数据通过有线或无线网络传递到中心，由系统进行数据融合分析判断，按照不同的等级模型进行预警和相应的处置；维修维护人员通过移动终端及时响应，按照系统提供的信息和维修建议 / 指导进行快速有效处置，缩短处置时间，使运输系统快速恢复正常秩序或可接受状态。

4. 智能信息服务功能

智能信息服务包括跨制式票程规划、票务及清分、视频态势感知、公共信息服务、便捷登程、在途信息服务、人员定位跟踪管理等功能。

智能信息服务子系统，以旅客出行链为主线，将旅客出行同轨道交通有效衔接，基于深度学习的大数据融合和挖掘技术，构建一站式出行智能信息服务。通过增强现实的智能行程规划、出行引导、“互联网 +”信息交互与定向推送，实现信息精准性、即时性和服务途径多元化。

智能信息服务系统面向运营工作人员和出行旅客分别提供相应的功能。智能信息服务子系统包括中心功能和终端功能两大部分，中心主要完成旅客信息服务各业务协同管理，终端主要面向公众和工作人员提供相应信息服务。

5. 一体化平台功能

一体化平台基于大数据中心，提供运算综合承载、综合数据接入、通信综合承载、数据存取承载、人机交互承载等功能。

依托区域轨道交通协同运输与服务系统总体架构，协同运输与服务一体化系统将各业务功能模块按照数据、深度运算、实时运算、通信、输入输出、驱动、外部通信接口、控制、视频等技术类别进行分解，再按技术类别整合部署到一体化系统平台中，实现运算、通信、存储资源共享、数据综合、统一界面、业务一体的目标。

6. 系统接口

区域轨道交通协同运输与服务系统需与外部多种系统产生连接，实现信息双向传输。

（1）内部数据接口

区域轨道交通协同运输与服务系统各业务模块根据各自业务的不同需要不同的数据，同时存在业务间以及跨制式间的信息交换。各业务产生的、且与其他业务密切相关的数据如图 4-2 所示。

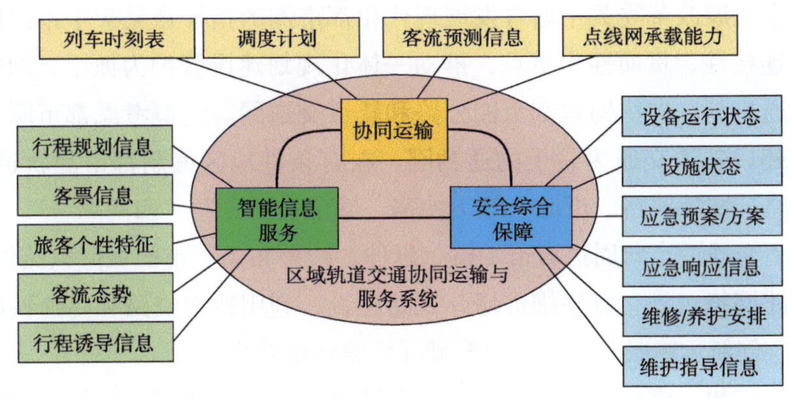

图 4-2　系统各模块主要业务数据

（2）对外采集接口

区域轨道交通协同运输与服务系统存在与既有轨道交通系统的衔接，同时也与区域内相关市政交通衔接。对于既有系统采集不足的，增加感知采集点进行增强感知。系统对外主要采集接口如图 4-3 所示。

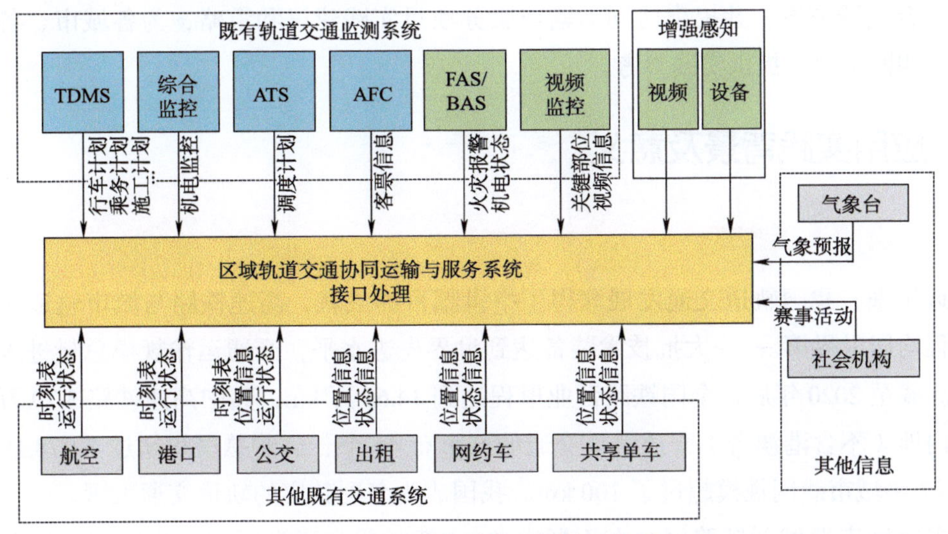

图 4-3　系统与其他系统接口关系

第 5 章　同制式跨线及跨制式协同运输与服务应用实践

在《国家发展改革委关于培育发展现代化都市圈的指导意见》中指出以增强都市圈基础设施连接性、贯通性为重点，推动一体化规划建设管护为抓手，织密网络、优化方式、畅通机制，加快构建都市圈公路和轨道交通网。统筹考虑都市圈轨道交通网络布局，构建以轨道交通为骨干的通勤圈。在有条件地区编制都市圈轨道交通规划，推动干线铁路、城际铁路、市域（郊）铁路、城市轨道交通“四网融合”。探索都市圈中心城市轨道交通适当向周边城市（镇）延伸。统筹布局都市圈城际铁路线路和站点，完善城际铁路网络规划，有序推进城际铁路建设，利用普速铁路和高速铁路等提供城际列车服务。创新运输服务方式，提升城际铁路运输效率。

以重庆、广州、成都、西安、温州五个城市为代表的地区，依托当前轨道交通发展需求和区域特色，开展了区域轨道交通协同运输与服务应用方面的先行先试，包括区域多制式复合路网规划、既有线路及车站补强、安检互信、票务互通、跨线运营、协同运输指挥等，积累了经验。由于不同典型区域之间的线网规划、发展阶段及发展模式等要素存在差异,各典型区域的特色实践方案各有侧重。通过对上述实践总结归纳，研究不同典型区域之间的共性需求，形成具备普适性的区域轨道交通协同运输与服务应用综合实践方案，并提出协同运输与服务项目实践建议和策略，为各城市、各地区开展“四网融合”提供实践参考。

5.1　应用实践背景及意义

5.1.1　当前发展态势

近年来，我国轨道交通发展取得了举世瞩目的成就，高速铁路与城市轨道交通运营里程均居世界第一,一大批技术装备达到世界先进水平，交通运输规模总量进入世界前列。截至 2020 年底，全国铁路营业里程达到 14.63 万 km，其中高速铁路 3.79 万 km，我国内地（不含港澳台）开通轨道交通的城市有 45 个、运营总里程超过 7 978.19 km，其中 22 座城市线网规模超过了 100 km。我国成为名副其实的轨道交通大国。

主要城市群城际铁路网也在不断完善,《新时代交通强国铁路先行规划纲要》提出，到 2035 年，高铁里程达 7 万 km 左右。各地城市轨道交通建设规划相继得到批复，重庆市线网规划提出，至 2035 年形成“二十四线一环”的线网布局，线网规模 1 358 km，2020 年重庆第四期第一批建设批复了 9 条线路 238 km。济南市城市轨道交通第二期建设规划（2020—2025 年）批复了 6 条线路 159.6 km。

由于区域内各制式间相对独立，区域内轨道交通网络化资源未能得到有效、充分和最大化的发挥和利用。各地已经迫切意识到发展多制式轨道交通协同的重要性，切实感受到构建综合立体交通的需要，并开展了相关研究和实践。

5.1.2 市场需求及协同现状分析

随着中国经济快速发展与城市群进程加快，轨道交通建设呈多制式和网络化发展趋势。成渝地区、关中城市群等轨道交通发展迅猛，这些地区已经切实感受到了多种轨道交通逐渐成网带来的协同运输与服务需求：

（1）成渝地区目前正积极推进“三铁融合”发展：通过规划新增轨道快线，实现轨道快线之间的同制式跨线运营，并与市域铁路之间实现不同制式跨线运营，构建国铁干线、市域铁路和城市轨道交通相互融合、功能互补、资源共享、便捷换乘的综合轨道交通运输体系，重点研究铁路公交化运营改造和城市轨道交通与国铁枢纽共享和互联互通。

（2）陕西关中城市群已被列入我国十大城市群之一，规划时就和铁路客运专线、干线铁路、高速公路、城市轨道交通以及关中骨干公路有机结合。在协同运输方面主要考虑国铁网、地铁网在大型枢纽节点引入和场站布设的便捷换乘，同时考虑并行通道各交通制式间的结构优化配置。

（3）温州地区市域铁路 S1 线工程正式列入“国家战略新兴产业示范线工程”，S 线重点解决了外部组团之间以及外部组团与中心城区之间快速联系问题，在 S 线网基础上建设 M 线，解决中心城区居民交通出行问题，并与 S 线换乘形成“S+M”网络，形成一张快慢结合、满足城区居民日常出行的大运量轨道交通骨干网络，因两种制式的线路供电制式不同无法进行跨线运行，只能通过研究同站枢纽换乘，以实现“S+M”的互联互通。

（4）广州地铁线网运营里程持续增长，客流需求旺盛，急需总结经验，弥补短板，提升整体线网服务水平及运输效率。粤港澳地区同城化网络，广州与佛山、东莞、珠海等区域将建成珠三角世界级城市群核心区和全国同城化发展示范区。同时需提升广州城市轨道交通与铁路枢纽的规划与衔接水平，尝试研究并开展城际线与城市轨道交通公交化运营。

受各种因素制约，上述地区不同制式轨道交通线路的衔接与乘客的换乘仍处于初级水平，各层级轨道线路规划和建设分离、协同性低，迫切需要构建综合轨道交通一体化运输模式。

5.1.3 应用实践目标及意义

由于不同区域之间的线网规划、发展阶段及发展模式等要素具有显著差异，在区域轨道交通协同运输系统建设与协同模式上存在不同。重庆、广州、成都、西安、温州五个典型地区，结合当前需求和自身特色，开展了区域轨道交通同制式跨线及跨制式协同运输与服务相关的特色实践，积累了一定的经验。

因此，依托区域轨道交通协同运输与服务相关理论及技术，结合各区域实际开展实践研究，同时进行归纳、总结和提炼，构建典型区域轨道交通协同运输与服务“1+*N*”应用实践方案——“1”是区域轨道交通协同运输与服务综合实践方案，“*N*”包括相关的各地区特色实践方案，为其他区域开展协同运营、综合安全保障、智能服务提供实践指导。

不难发现，区域轨道交通协同运输应用实践涉及多种轨道交通制式和多个专业领域，系统的设计、研发与集成存在一定的复杂性和难度，应用实践不仅有助于提升相关领域的技术水平，同时也可带动多专业复合型人才的培养，形成一批具有综合创新能力的研发人才。区域轨道交通综合应用实践的落地实施，可为其他区域的交通发展带来样板效应，不仅可推动我国跨制式轨道交通的运输服务一体化进程，同时也能促进相关产业的形成和发展。通过支撑构建安全、高效、经济、绿色、便捷的多制式轨道交通体系，着力提升区域轨道交通总体运能和运输服务质量，解决人民在区域轨道交通方面日益增长的美好生活需要和不平衡不充分发展之间的矛盾。

各地开展区域轨道交通协同运输与服务应用实践，适应国家区域综合交通发展需求和国家交通强国战略，在改善跨制式匹配性、提升区域整体运能、缩短应急响应时间、增强运维预测能力、提高信息服务智能化程度、向政府、企业、公众提供安全、高效、便捷的服务等方面，实践意义十分突出。具体体现在：

（1）通过应用实践，凸显多层次多主体协同交通优势，实现高效便捷出行，提高运输网络全局安全性。

（2）攻坚克难区域轨道交通运输领域核心技术，推动轨道交通产品自主创新，提升整体系统装备水平。

（3）构建长效的“产学研用”协同机制，实现研究成果高效快速转化，形成应用研究成果向工程转化的有效渠道。

（4）实践方案符合区域轨道交通技术发展方向，对产业发展进步、区域经济提升、绿色低碳出行具有极好的实践意义。对先进轨道交通科学研究、技术研发、产业发展等具有十分重要的理论与实用价值。

5.2 重庆地区应用实践

5.2.1 重庆市轨道交通基本情况

截至 2019 年 12 月，重庆轨道交通运营线路共有 10 条，包括 1、2、3、4、5、6、10 号线，环线，国博线，空港线，线网覆盖重庆主城区全域，共设车站 190 座、换乘站 21 个；运营里程 328.38 km，里程总长度位居中国第七位。其中，1、4、5、6、10 号线，环线，国博线为地铁系统，约 230 km；2 号线、3 号线、空港线为跨座式单轨系统，共 98.45 km。

重庆目前在建线路 11 条，共计 208 km，包括 5 号线一期（南段）、6 号线支线二期、10 号线二期、9 号线一期、9 号线二期、环线西南半环、1 号线轨道延长线（尖璧段）、江跳线、4 号线二期、5 号线北延伸段、18 号线。

2019 年国家发展改革委通过了《重庆市城市轨道交通第四期建设规划（2020—2025 年）》。其中，城市轨道交通第四期第一批建设规划线路项目包括轨道交通 7 号线一期、6 号线重庆东站延伸段、8 号线一期、18 号线渝中区延伸段、17 号线一期、轨道交通 27 号线、24 号线一期工程、轨道交通 15 号线、4 号线西延伸段，涉及 9 条线路 115 座车站，总里程达 238 km。

重庆市第四期规划不仅包含地铁线路，也包含轨道快线，致力发展“三铁融合”，通过快慢组合满足不同旅客出行需求，借助多种交通制式协同推进城市一体化发展。

1. 三铁融合，不同制式间的互联互通

结合重庆市特有地形条件，为实现各城区间协调发展，重庆市第四期轨道交通建设规划致力发展“三铁融合”，着眼于形成主城区都市圈布局合理、结构完善、分工协调的多层次轨道交通网络，实现区域轨道交通协同运输与服务。

2. 快慢组合，高质高效满足出行需求

由于主城区空间尺度大，原规划轨道线路长，站间距小，部分城市中心、副中心、对外交通枢纽之间列车运行时间过长，无法满足快速出行需求。第四期建设规划中，快线建设得以大力推进，横穿城市中心、长距离协同运输的特点保证了不同制式间贯通运营、便捷换乘的可能。

3. 线网优化，轨道交通引领城市格局

由于重庆发展受山、水地理特征阻隔，为了实现城市重庆都市区“一心多级网络状”的空间发展布局、支撑主城区的一体化发展，需要通过快线连接来实现外围组团到中部槽谷核心区半小时轨道交通在乘可达的规划目标，需要通过轨道交通的快速通达性来引导城市空间的拓展。

5.2.2 重庆市“三铁融合”规划

目前，重庆大都市区城市轨道和国铁仍处于各自独立发展阶段，两者的联系只能通过重庆北站、重庆西站、沙坪坝站等铁路综合交通枢纽换乘衔接，缺乏承上启下的轨道层次来实现与轨道的多点换乘、与铁路的贯通运营。因此，急需规划建设市域快轨，实现国铁、市域快轨、城市轨道的有机融合，功能互补。按照重庆市政府关于强化以轨道交通引领城市发展格局,实现“三铁融合”发展的重要指示以及市建委的安排，重庆铁路集团着手部署重庆市大都市区发展“三铁融合”模式，应发挥好“外联国铁、内接城轨”的重要桥梁和纽带作用。通过规划新增轨道快线，轨道快线之间可实现同制式跨线运营，轨道快线与市域铁路之间可实现不同制式跨线运营，运营组织和客流信息共享，最终实现区域轨道交通协同运输与服务。

5.2.2.1 “三铁融合”模式选择

根据国内外发展经验，市域铁路和城市轨道主要有以下三种衔接模式（见图 5-1）：

（1）市域铁路衔接外围铁路站点；

（2）市域铁路轨衔接城市中心铁路客站，换乘城市轨道；

（3）市域铁路与轨道快线贯通运营，直达城市中心、副中心。

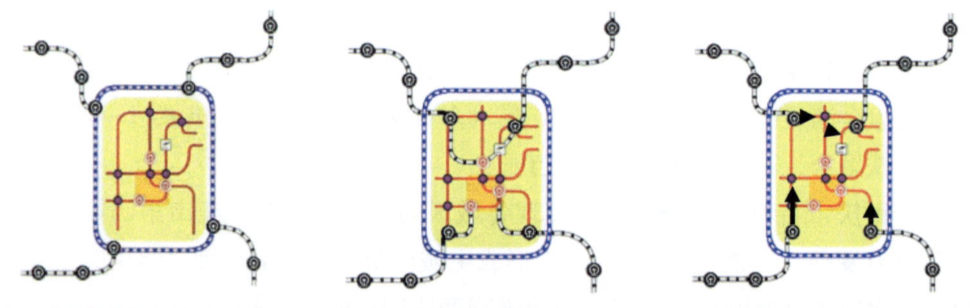

模式1：市域铁路衔接外围铁路站点　模式2：市域铁路衔接城市中心铁路客站，换乘城市轨道　模式3：市域铁路与轨道快线贯通运营，直达城市中心、副中心

图 5-1　市域快轨和城市轨道三种衔接模式

重庆大都市区“三铁融合”模式宜采用市域铁路独立成网并与地铁、铁路互联互通的模式（见图 5-2）。通过多点换乘的形式进行有效融合。市域快轨作为“三铁融合”承上启下之关键，首先需保障能够独立成网运营，满足大都市区一体化、同城化发展需求，同时，确保市域快轨能够与铁路贯通运营，充分利用铁路富裕能力，整合资源，在有效扩大市域快轨服务范围的同时，降低投资，以充分发挥系统效益，引领大都市区发展新格局。

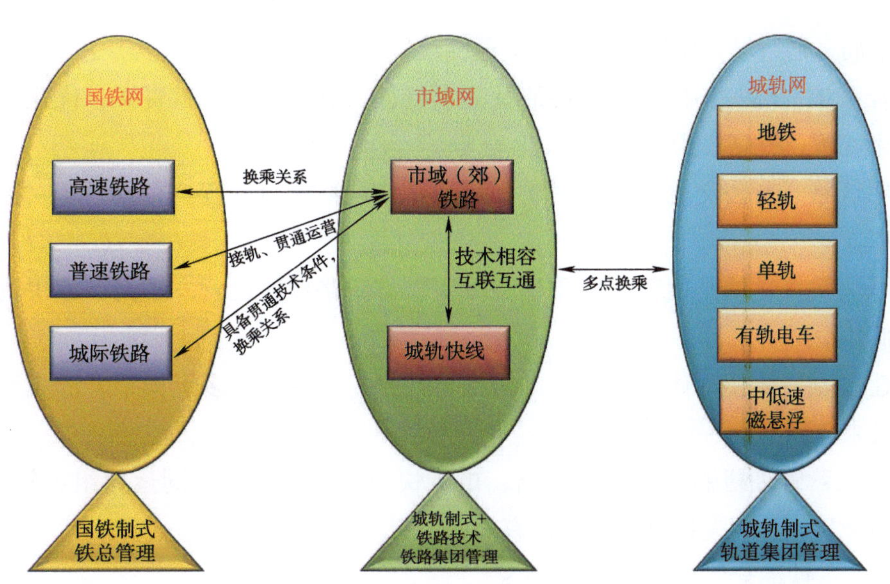

图 5-2　三铁融合模式示意图

5.2.2.2 “三铁融合”模式定位

重庆市大都市区构建市域快轨与铁路互联互通，与城市轨道多点换乘的“三铁融合”轨道交通体系。

铁路干线：承担中长途运输为主，同时利用富裕能力开行部分公交化列车，增强区域交通服务功能，是“三铁融合”轨道交通体系的辅助网；

城市轨道：承担中心城区内中短距离通勤为主的城市交通，通过换乘衔接铁路、市域快轨，是“三铁融合”轨道交通体系的广覆盖网；

市域快轨：与铁路互联互通，又独立成网，与城市轨道多点换乘，承担中心城区城市通勤交通，同时可以公交化服务周边经济据点，满足不同层次、不同距离的出行需求，是“三铁融合”轨道交通体系的骨干网。

5.2.2.3 “三铁融合”发展思路

围绕“两点”、“两地”战略定位，紧扣大都市区一体化发展，秉持轨道交通引领城市发展格局理念，加快铁路、市域快轨、城市轨道建设，整合优化“三铁”系统资源配置，通过铁路开行公交化列车，市域快轨与铁路直通运行，城市轨道与市域快轨、铁路多点无缝换乘等举措，实现“三铁”功能、设施、管理有机融合，最终形成全域覆盖、功能互补、互联互通、资源共享、高效集约的“三铁融合”轨道交通系统。

协调功能定位——以铁路、市域快轨、城市轨道功能特点为基础，结合大都市区发展特征，明确各自功能定位。

加快“三铁”建设——全面加快铁路、市域快轨、城市轨道建设，通过铁路构建对外战略大通道，支撑城市战略定位，通过市域快轨承上启下，重塑大都市区一体化发展新格局，通过城市轨道缓解城市交通拥堵。

整合系统资源——根据功能特征及需求特征，有机整合通道资源，优化布局，共享网络化资源，提高集约节约水平。

利用铁路开行公交化列车——充分利用铁路富裕能力开行公交化列车，提高资源利用效率。

市域快轨贯通铁路运营——通过市域快轨与铁路贯通运营，扩大市域快轨服务范围，降低建设成本。

构建多点便捷换乘体系——城市轨道与铁路、市域快轨多点换乘，形成无缝衔接的高效换乘体系。

创新运营管理机制——创新铁路、市域快轨、城市轨道协同运营组织管理体系，突破体制障碍，为“三铁融合”提供有效制度保障。

5.2.2.4 “三铁融合”工作进展及意义

重庆市大都市区目前已经形成国铁干线、城市轨道两层次的轨道交通网络，规划编制了市域快轨线网。两层次的轨道交通网络在促进社会经济发展、改善区域交通结构发挥了重大作用。但是根据重庆市“两点”“两地”的定位，重庆市仍需加快干线大通道建设，根据大都市区一体化、同城化发展要求，仍需加快构建覆盖大都市区的市域快轨网络，为了实现资源整合，发挥不同层次轨道交通的整体效能，应加快推动“三铁融合”。

重庆市规划和自然资源局公布的“重庆市主城区轨道交通线网规划(2019—2035年)环境影响报告书征求意见稿”（简称《规划》）显示，到2035年，重庆市主城区将形成“22线1环”的线网布局，线网规模将达到1 252 km。规划新增轨道快线层级，其中主城区轨道快线网由6条快线（26号线、27号线、28号线、15号线、19号线、20号线）组成，规划至远景年将形成“四纵四横”的轨道快线网络骨架，总长度为459 km。459 km线路所构成的轨道快线网，高效便捷的串联了主城区重要中心、副中心、对外交通枢纽、重要文化游憩设施，衔接了环主城地区市域铁路，有利于主城区与环主城地区联系，实现了效率提升目标。

《重庆市轨道交通线网规划（2018—2035年）》使主城区内线网密度由0.66 km/km²，规划至2035年达到0.85 km/km²，规划至远景年达到0.96 km/km²；内环以内线网密度由1.03 km/km²，规划至2035年达到1.50 km/km²，规划至远景年达到1.59 km/km²。规划提高了规划人口、用地覆盖率，提高了主城区重要区域间的换乘效率，完善了轨道交通线网结构，支持了大都市区一体化发展的战略。

5.2.3 市域铁路江跳线与地铁 5 号线跨制式运营

新建市郊铁路（轨道交通延长线）跳磴至江津线位于重庆市西南部，由东向西，分别将 5 号线、18 号线、17 号线串联在一起，是重庆市市郊铁路线网规划的重要组成部分，是江津区连接主城区的一条便捷、快速通道。江跳线一期工程线路长 28.22 km，共设 7 座车站，其中跳磴站为 5 号线修建，新建建桥 C 区站、九龙园站、双福东站、双福西站、滨江新城北站和江津 6 座高架车站，车辆基地与控制中心合建于双福车辆段，采用 As 双流制型车，初、近、远期为 6-6-7 辆编组，采用交流 25 kV 及直流 1 500 V 接触网供电制式，交流牵引供电系统采用 110/27.5 kV 两级电压供电方式，最高设计速度 120 km/h。

重庆轨道交通 5 号线一期工程起于两江新区园博中心，止于大渡口区跳磴，线路长 39.75 km；设车站 25 座，设大竹林停车场、中梁山车辆段，设大竹林控制中心；采用山地城市 As 型（直流）车，初、近、远期为 6-6-7 辆编组；1 500 V 架空接触网供电工程，新建金渝大道、华岩寺 2 座主变电所，与 1 号线共享高庙村主变电所；最高设计速度 100 km/h。

1. 运营组织方案

根据线网规划，江跳线将经跳磴站接入 5 号线，江跳线的列车经江跳线线路运行至跳磴站；同时江跳线的列车经沿 5 号线的线路经跳磴站返回至江跳线。江跳线经跳磴站接入 5 号线的示意图如图 5-3 所示。

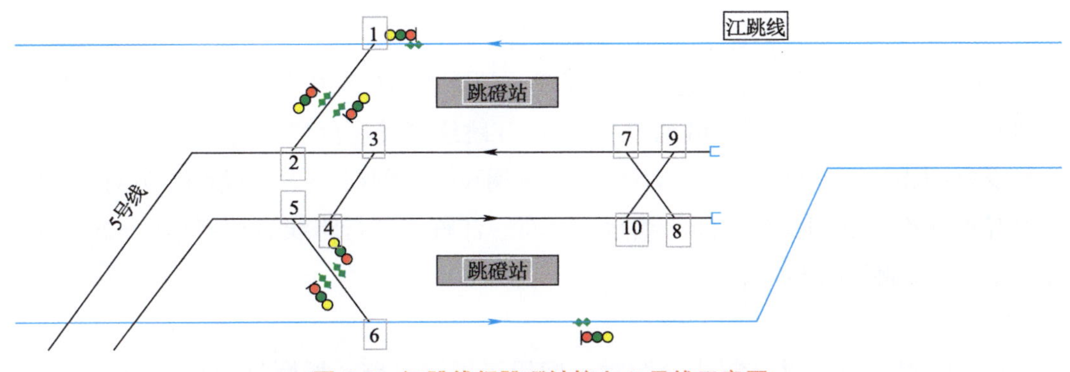

图 5-3 江跳线经跳磴站接入 5 号线示意图

根据多方综合研究及商讨，为尽量避免跨线运营对 5 号线的建设、整体服务水平等方面的影响，选用 5 号线一期终点——园博中心站作为江跳线跨线运营列车的折返站。

综合考虑城市空间结构、本线功能定位、客流需求、车辆基地布局等因素，初、近、远期均考虑开行两个交路，各设计年度高峰小时本线交路分别开行 4 对 /h（6 辆编组）、

6 对 /h（6 辆编组）及 8 对 /h（7 辆编组），跨线交路分别开行 2 对 /h（6 辆编组）、3 对 /h（6 辆编组）及 4 对 /h（7 辆编组）。图 5-4 所示为江跳线运行交路图。

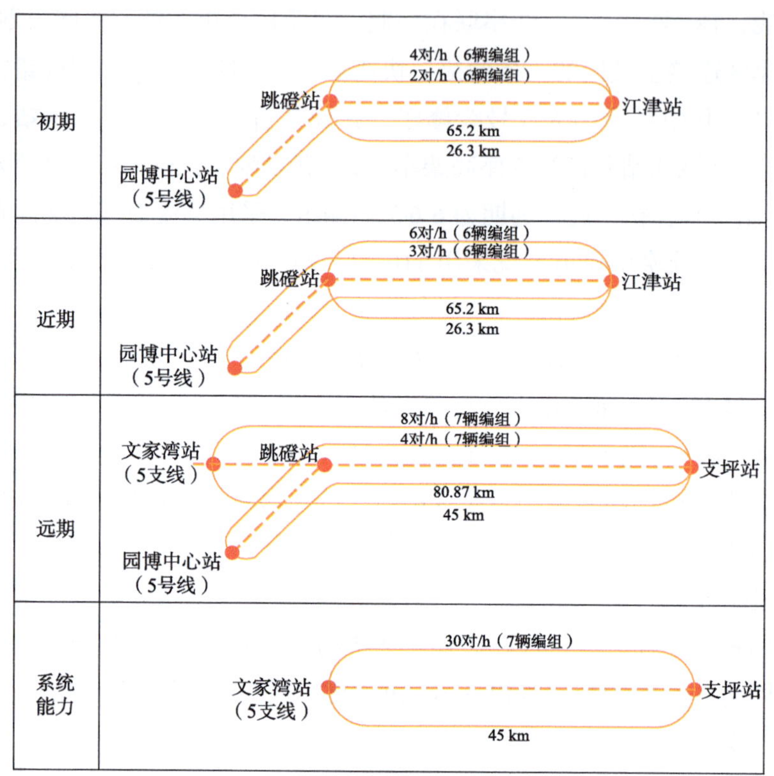

图 5-4　江跳线运行交路图

考虑江跳线开行跨线（贯通）运营列车后尽量减小对 5 号线的影响，5 号线高峰小时初期开行 16 对 /h（5 号线 14 对 /h+2 对 /h 江跳线跨线运营列车）、近期开行 24 对 /h（5 号线 21 对 /h+3 对 /h 江跳线跨线运营列车），远期开行对数保持 5 号线设计的 26 对 /h 不变，其中有 4 对 /h 为利用江跳线的跨线运营列车。江跳线开行跨线运营列车后，5 号线设计年度运行交路如图 5-5 所示。

2. 车辆方案

我国轨道交通的供电制式分两种，即用于国铁铁路、城际铁路或市域铁路的交流 25 kV/50 Hz 供电和用于城市轨道交通地铁、轻轨的直流 1 500 V（或 750 V）供电。本书所述是国内首个将双流制车辆应用实际线路中的项目。江跳线供电系统采用 DC 1 500 V 和 AC 25 kV 双流制式，采用山地 As 双流制车。车辆最高设计速度 120 km/h，双供电制式的受电弓具有动态自动切换功能。

3. 牵引供电方案

供电系统采用 DC 1 500 V 及 AC 25 kV 双流制式。供电分界位于建桥 C 区同九龙园站区间的中梁山隧道口处。

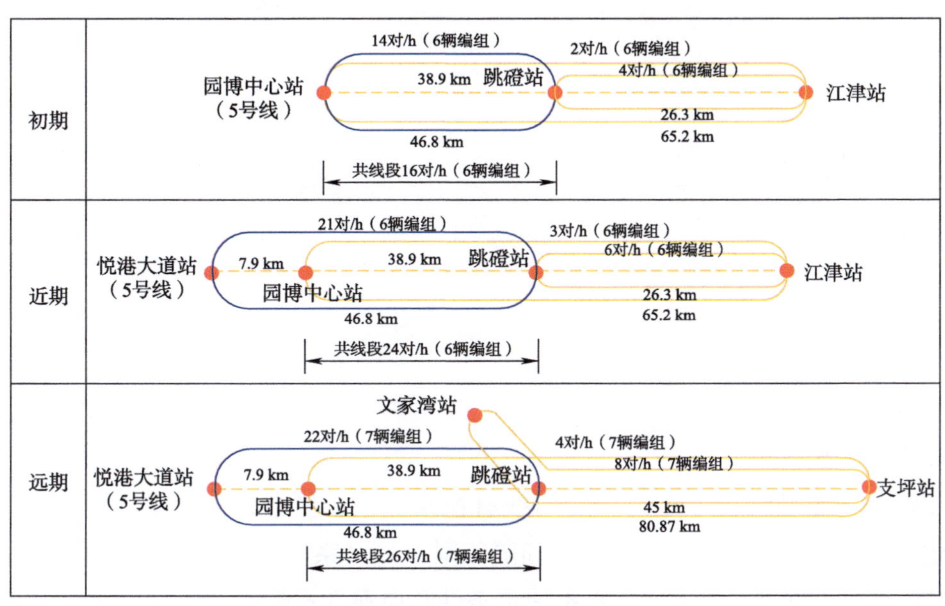

图 5-5 跨线（贯通）运营列车运行交路图

4. 信号方案

根据重庆地铁 5 号线信号系统的现状，结合江跳线工程的特点和运营需求特点，信号系统采用 CBTC 移动闭塞系统方案。通过车—地双向通信设备进行地面 ATP 与车载设备之间的信息交换，实现连续式 ATP 防护功能。正线区间一般可实现 90 s 的追踪间隔，原则上车站及折返站实现 2 min 的行车间隔。

根据线网规划，江跳线将经跳磴站接入 5 号线，江跳线的列车经江跳线线路运行至跳磴站；同时江跳线的列车经沿 5 号线的线路经跳磴站返回至江跳线。对于江跳线和跳磴线贯通运营，江跳线采用 TIAS 系统，通过与重庆地铁 5 号线 ATS 系统接口连接，实现两线运营数据的交互。

根据车站配线设置，跳磴站 2 号和 5 号道岔纳入 5 号线联锁控制，1 号、6 号道岔纳入江跳线联锁控制，两线的联锁控制分界点如图 5-6 所示。

5. 通信方案

重庆市轨道交通延长线跳磴至江津段工程通信系统是一个由专用通信、公安通信组成的综合通信系统，专用通信系统包括传输、无线、公务及专用电话、视频监控、广播、乘客信息、通信电源、集中网络管理、专用通信线路等多个子系统。系统的组网应满足运营管理模式及功能的要求，同时满足江跳线与 5 号线通信系统的贯通运营，并为后续线路的接入预留一定的条件。

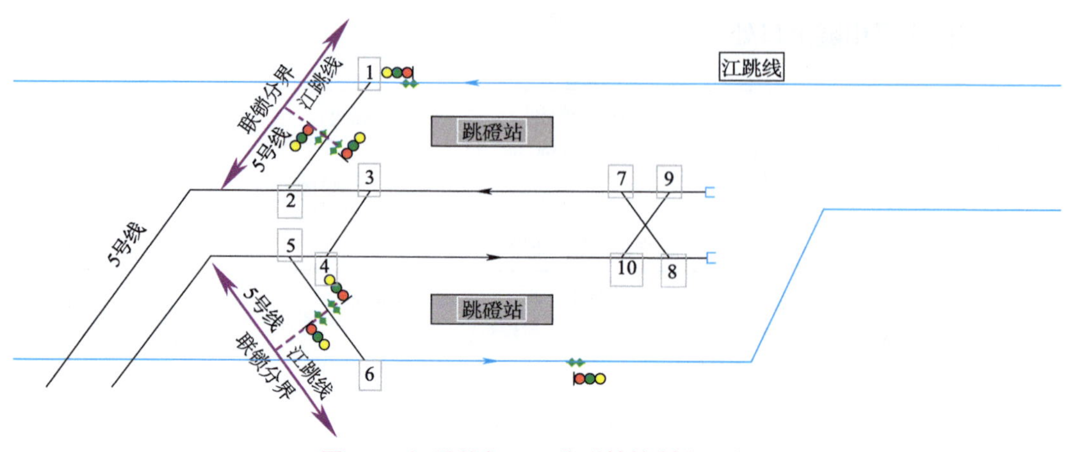

图 5-6　江跳线与 5 号线联锁控制分界点

6. 票务方案

江跳线与 5 号线、18 号线、17 号线有换乘关系，换乘站共 3 座。根据换乘站的车站建筑条件及换乘线路工程实施的间隔年限，AFC 系统可采用合设和分设车站计算机系统的两种方案，最终方案将根据建筑条件和换乘方式确定。跳磴站与 5 号线换乘，车站建筑为换乘两线共用站厅，车控室及 AFC 用房合设，5 号线 AFC 系统设计按换乘两线合设车站计算机系统考虑并先期实施，预留后续线路终端设备接入条件，本工程终端设备将接入 5 号线车站计算机系统。

江跳线 AFC 系统采用的 IC 卡自动售检票系统与重庆市轨道交通收费系统互联互通，可实现重庆市轨道交通线网内无障碍换乘以及与重庆市“宜居畅通卡”一卡通用的要求。江跳线与 5 号线贯通运营，AFC 系统可正常使用。江跳线贯通运营 5 号线，一定程度上会引起 5 号线客流的增加，根据江跳线的客流预测，跳磴站将相应增加一定数量售检票设备。

5.2.4　市域快线璧铜线同轨道快线 27 号线同制式跨线运营

1. 璧铜线和 27 号线工程概况

重庆市域快线璧山至铜梁线是东西向轨道快线，支撑铜梁区和璧山区及沿线城镇的发展，东端与规划的轨道快线 27 号线贯通运营，构建铜梁、璧山至主城的快线联系，带动沿线城镇用地开发，促进铜梁、璧山融入主城一体化的进程。线路全长 37.35 km，设车站 9 座，包含高架站 3 座，地下站 1 座，其余 5 座均为地面站。其中，铜梁西站为高架岛式车站；铜梁站为高架二层侧式车站；铜梁新城站为地下侧式站台；蒲吕站、大路站、青龙湖站、河边站、黛山大道站为地面侧式站台;璧山站为高架二层岛式车站，预留与 27 号线贯通运营条件。铜梁新城站、璧山站为换乘车站，设铜梁新城、璧山主变电所 2 座，其中璧山主变电所与规划轨道快线 27 号线共享。

轨道快线 27 号线构建三大槽谷东西向快线联系，支撑科学城及茶园城市副中心等区域发展，串联沙坪坝站、重庆站、重庆东站等重要对外枢纽，实现城市内外交通快速转换，提升轨道交通效率。27 号线路全长 52.637 km，设车站 14 座，平均站间距 4.02 km。总体走向为璧山—沙坪坝—重庆站—重庆东。采用轨道快线车，最高速度 140 km/h。设一段一场，重庆东车辆段、璧山停车场。

2. 运营组织方案

璧铜线开通年独立运营，初期 27 号线开通运营时，将与 27 号线贯通运营形成 88.9 km 长大线路，实现外围都市圈与主城线路互联互通，并根据不同区段需求组织 6 辆编组列车和 4 辆编组列车混跑、多交路套跑等多样运营组织方案，以适应不同区段、不同客流水平、不同出行特征的需求特征。

为实现近远期与 27 号线贯通运营，并避免在相同发车密度的情况下因编组不同对 27 号线运输能力造成影响；同时也避免 27 号线出现不同编组混跑的情况，增大运营组织难度、乘客也不方便。采用轨道快线车（140 km/h）璧铜线开通年采用 4 辆固定编组（3 动 1 拖）；初期按与 27 号线贯通运营考虑，采用 4 辆固定编组（3 动 1 拖），6 辆编组（4 动 2 拖）混跑；近期采用 4 辆编组、6 辆编组混跑，远期采用 6 辆编组。小交路采用 4 辆编组，贯通大交路采用 6 辆编组。列车最高运行速度 140 km/h。

璧铜线近远期与 27 号线贯通运营，采用列车运行交路见表 5-1。

表 5-1　列车运行交路

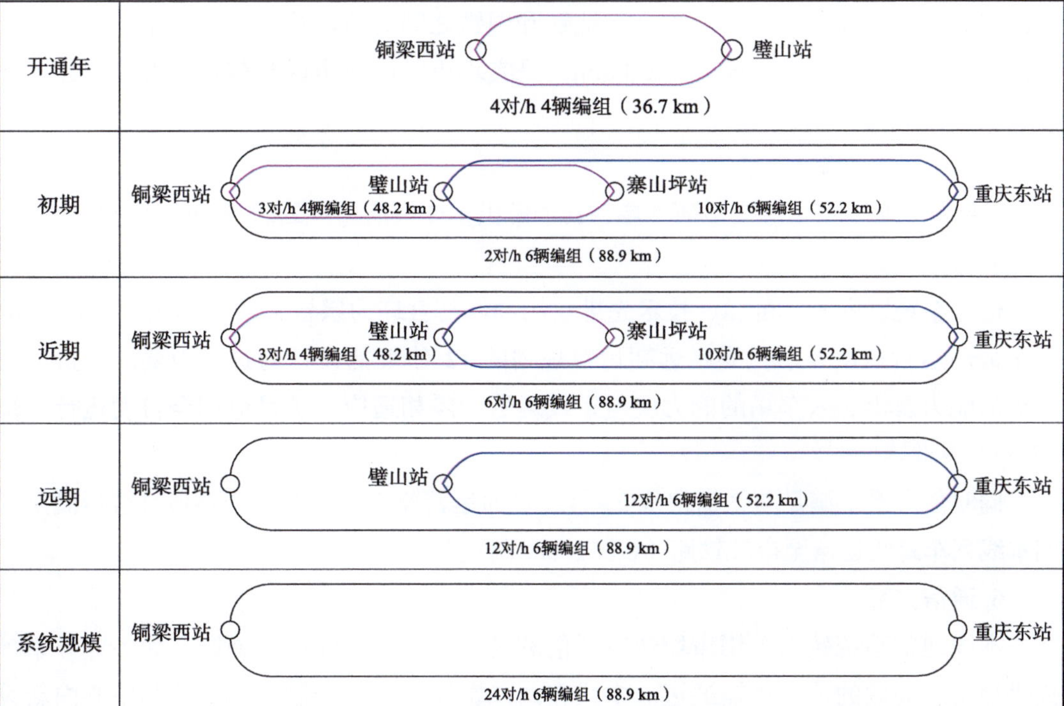

为了应对突发客流、线路故障等突发状况，同时考虑到与璧铜线与 27 号线运营全长为 88.9 km，为了给运营预留更大的灵活性，尽量减少客流特征的差异带来的运营风险，在 27 号线的寨山坪站、烈士墓站、石桥铺站、南坪站等车站设有停车线，兼具折返功能。在运营时，可根据实际情况利用兼顾折返功能停车线开行不同的列车运行交路。可开行的部分列车运行交路见表 5-2。

表 5-2　璧铜线与 27 号线备用交路方案

方案	交路
方案 1	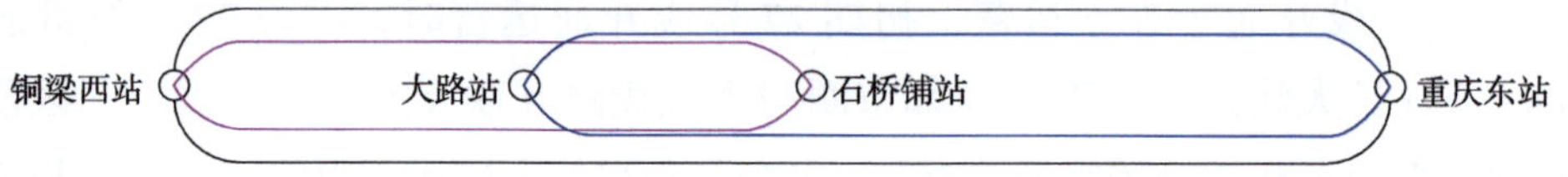 铜梁西站　大路站　石桥铺站　重庆东站
方案 2	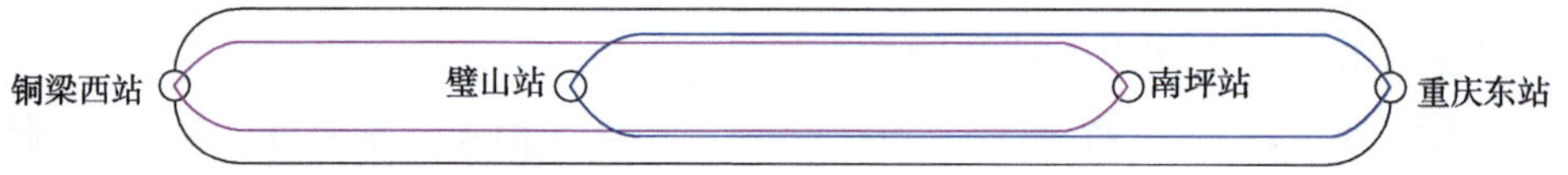 铜梁西站　璧山站　南坪站　重庆东站
方案 3	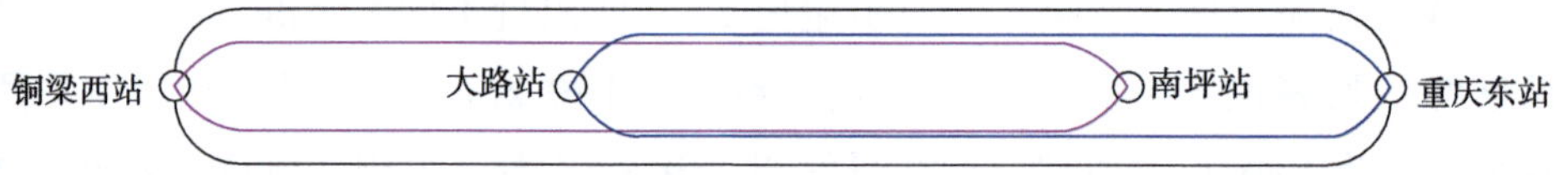 铜梁西站　大路站　南坪站　重庆东站

3. 车辆方案

结合璧铜线客流情况，4 辆编组列车足以满足小交路客流需求，近远期为了与轨道快线 27 号线贯通运营，同时避免不同编组混跑的情况发生，故璧铜线近远期大交路选择与城轨 27 号线相同的编组制式，即 6 辆编组列车。因此，综合线网规划，从满足与外围市域快线联通的条件，选用介于地铁和国铁之间的轨道快线车辆，采用 25 kV 交流供电制式、最高运营速度为 140 km/h，是实现市区内或市区与郊区间客流快速通达最理想的车型。

4. 牵引供电方案

设铜梁新城、璧山主变电所 2 座，其中璧山主变电所与规划轨道快线 27 号线共享。

5. 信号方案

信号系统以安全、可靠、技术先进实用和经济合理为宗旨，适应本线 140 km/h 的列车最高运行速度要求，满足远期运营规划的 12 对 /h 的设计通过能力要求，折返站的折返能力及出、入车场的能力应与正线运营间隔相适应，满足应用全自动运行系统（FAO）需求。

同时信号系统满足与轨道快线 27 号线贯通运营要求，车载系统具备升级后满足远期本线列车跨线运营至市域铁路（CTCS-0/2 制式）需要。

6. 通信方案

本线通信系统建设采用市域快线通信的统一标准及总体部署原则，为各业务系统提供稳定、高效的信息传输通道。本线在两江影视城新设控制中心，控制中心内新设各系统中心设备，为市域快线线网提供中心系统功能服务。

5.2.5 重庆“三铁”云控制中心

5.2.5.1 重庆“三铁融合”现状

重庆市的轨道交通网，目前已经形成了轨道快线、轨道普线、市域 / 市郊铁路和高速铁路四种快慢结合、高效衔接、功能互补的轨道交通一体化网络。

（1）轨道快线

①服务于重庆市域范围内通勤、通学、通商等规律性客流；

②高密度、小编组、快捷运营组织；

③速度：120 km/h、140 km/h 及 160 km/h；

④供电制式：交流 25 kV；

⑤运营商：重庆铁路集团。

（2）城市轨道交通（轨道普线）

①服务于重庆市内部通勤、通学、通商等规律性客流；

②地铁、轻轨、磁悬浮、有轨电车等；

③速度：100 km/h；

④供电制式：直流 750 V 或 1 500 V；

⑤运营商：重庆轨道集团、重庆轨道 18 号线建设运营有限公司、重庆轨道 9 号线建设运营有限公司等。

（3）市域 / 市郊铁路

①服务于重庆市域范围通勤、通学、通商等规律性客流；

②高密度、小编组、快捷的公交化运营组织；

③速度：120 km/h、140 km/h 及 160 km/h；

④供电制式：交流 25 kV；

⑤运营商：重庆铁路集团。

（4）高速铁路

①服务于重庆与其他城市之间的高速铁路；

②速度：250 km/h、300 km/h 及 350 km/h；

③供电制式：接触网交流 25 kV；

④运营商：成都铁路局。

（5）地方铁路

①服务于重庆与其他城市之间的高速铁路；

②速度：250 km/h、300 km/h 及 350 km/h；

③供电制式：接触网交流 25 kV；

④运营商：重庆铁路集团、成都铁路局。

各制式分别设置了控制中心，情况如下：

（1）轨道快线、市郊铁路

规划在张家湾车辆段一期建设轨道快线线网控制大楼，用于轨道快线 6 条线路的集中控制。二期建设市域铁路调度大楼，用于市域（郊）铁路线路的集中运营管理。

（2）轨道普线

远景形成 4 座控制中心：两路口、大竹林、西永、广阳，主要功能为运营监控。

（3）市域内普铁和高铁

市域内普铁和高铁是由成都铁路局调度中心进行运营调度指挥。

5.2.5.2 重庆“三铁融合”控制中心需求

1. 乘客服务方面

重庆铁路集团所辖的轨道快线、市郊铁路，主要向常驻居民、通勤通学人员、来渝旅客提供出行服务。伴随新一代信息技术广泛应用、“互联网 + 交通”蓬勃发展、交通新模式新业态不断涌现以及人民物质生活水平的不断提高，乘客对基于端到端出行链的信息服务也朝着智能智慧、综合全面、定制互动、透明开放、经济高效等更高的要求发展。将多种制式轨道交通形成整体的大交通网络，从购票、进出站、乘车、换乘、信息服务等多个方面提供一体化、智能化、精准化服务是新一代轨道交通乘客服务的发展趋势。

2. 调度指挥方面

从重庆市轨道交通路网的建设现状及后期规划，重庆市轨道交通目前缺少重庆铁路集团管内的轨道快线、市郊铁路的控制中心。

随着轨道快线线网规模的逐步扩大，客流量也将成几何级数增长，日常运营情况下的运营监视、运营计划管理、联合调度指挥，以及应急情况下的风险源监视、应急会商、物资调配、应急处置，都需要轨道快线、市郊铁路等多种制式轨道交通间一体化协调联动，高效配合。充分运用信息化手段，创新调度指挥模式，提升安全运营服务水平。

3. 运维管理方面

运维管理包括综合运维和资产管理两大部分，轨道交通设备设施资产数以亿计，大规模的设备设施需要信息化手段进行管理和维护。目前国铁、地铁大都采用各专业单独建立维修系统，坏了什么修什么，资产管理与维修系统无关联。统一建设综合运维管理系统，与资产管理关联，通过信息共享、机器学习等多种技术，实现预测修和全生命周期的动态资产管理。将轨道交通资产动态监管和协同监管，提升国有资产利用效率，有助国有资产的保值增值。

4. 建设管理方面

目前，重铁集团在建的有江跳线、璧铜线、渝合线、关坝支线等线路，而重庆市轨道交通第四期建设规划正在批复，包括 15 号线、27 号线、26 号线等在内的一批轨道快线即将开工建设，以项目管理为核心的基于 BIM 的建设管理是各线路建设的必备支撑，同时也是运营期设备设施全生命周期管理基础数据的源头。

5. 企业管理方面

通过完善重铁集团管理制度，借助信息化手段着力强化董事会核心地位，激发经营管理活力，营造监事会监督履职良好环境，提高战略规划执行力度。科学的构建集团管控体系，兼顾集团管控的力度和管控的效率，提高资源配置效率，增强整体协同效应，严控经营、建设、运营管理风险，依据不同分子公司的管控界面，将总部职能响应的各个信息化系统模块按照不同分子公司的管控界面进行响应的部署和对接。全盘考虑重庆铁路集团现有业务及未来业务发展需要。

6. 大数据服务方面

轨道交通从规划、建设到运营的阶段将产生大量多种类数据，将分散的数据进行集中存储，通过大数据开放、信息共享形成用数据说话、决策、管理、创新的治理模式，切实提升管理的科学决策水平，同时也为政府提供一体化的信息支撑，为公众提供便捷出行服务，促进区域交通一体化发展的要求实现。

5.2.5.3 重庆“三铁”云控制中心总体方案

1. 重庆地区轨道交通控制中心架构

重庆地区轨道交通控制中心架构如图 5-7 所示，其中，重庆“三铁”云控制中心与国铁（成都局）调度中心、地铁控制中心在同一层级，通过重庆轨道交通联合应急指挥中心进行交互。

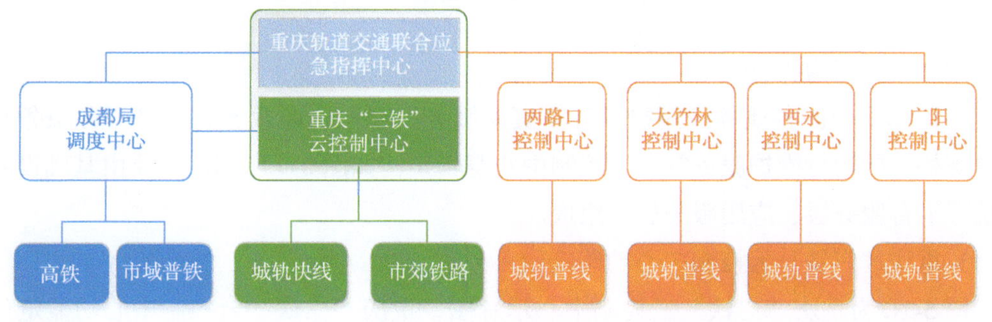

图 5-7　重庆轨道交通控制中心架构

2. 重庆“三铁”云控制中心架构

重庆“三铁”云控制中心（以下简称云控制中心）搭建适应重庆铁路集团管内综合云平台，采用虚拟化技术、分布式存储技术、云资源管理技术、信息安全技术等，承载包含第四期规划的城轨快线、市郊铁路、市域普铁多种制式，覆盖7大业务领域（建设管理、运营管理、生产管理、集团管控、经营管理、开发管理、公众服务）的应用。

（1）两级架构规划

依据智慧快轨信息化总体规划方案，云平台架构如图5-8所示，分为中心云平台和车站/车辆段云平台两级。其中中心云计算平台部署企业管理、调度指挥、乘客服务、视频监控、票务管理、安防管理、专用电话、公务电话、运维管理等中心级业务应用；车站/车辆段云计算平台根据控制系统建设需要部署车站、车辆段级业务应用。

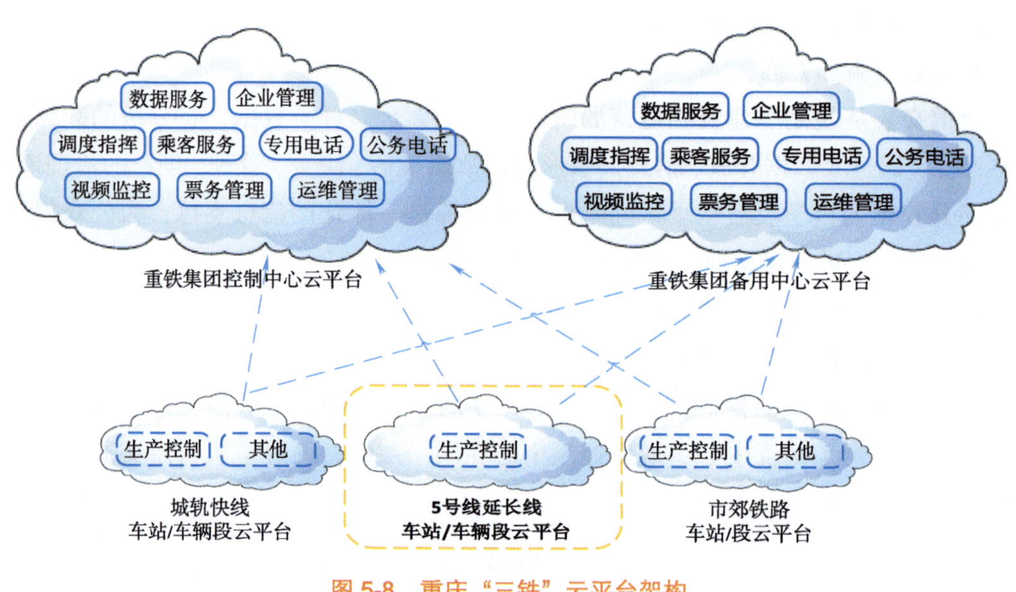

图5-8　重庆“三铁”云平台架构

（2）逻辑架构

云计算平台向各业务应用提供计算资源服务、存储资源服务、网络资源服务及上述资源相关的运行维护服务等。云控制中心逻辑架构如图5-9所示。主要由基础设施服务层、平台服务层、应用服务层等组成。

3. 重庆“三铁”云控制中心功能定位

图5-10为重庆“三铁”云控制中心示意图，重庆“三铁”云控制中心功能定位包括2大主要功能：

（1）重庆铁路集团管内城轨快线、市郊铁路和市域普铁多制式轨道交通的云控制中心。实现重庆铁路集团信息化规划的生产指挥中心、企业管理中心、大数据服务中心三个中心的功能。

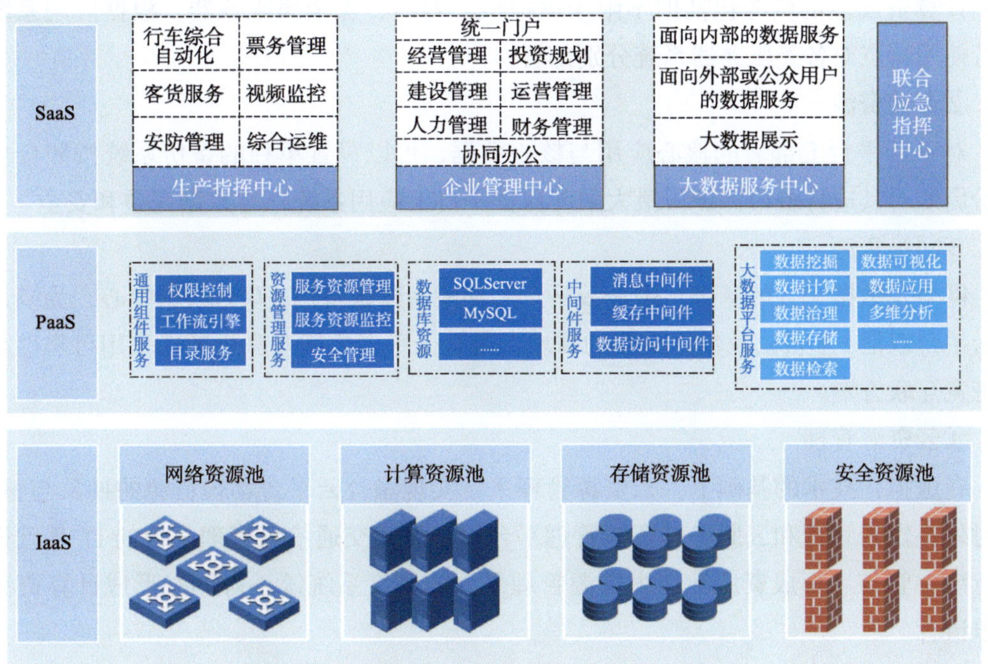

图 5-9　云计算平台逻辑架构

（2）为重庆城轨普线、城轨快线、市郊铁路、市域普铁、高铁等重庆市轨道交通联合应急指挥中心提供硬件基础条件，并在后期建设联合应急指挥中心。

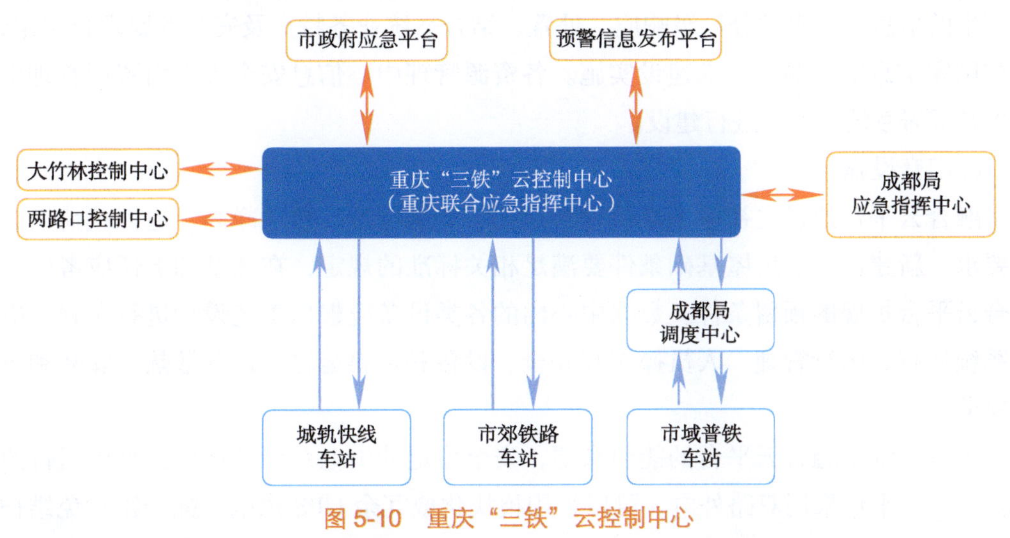

图 5-10　重庆“三铁”云控制中心

4. 融合云控制平台及资源管理

①计算资源

计算资源池的资源包括但不限于虚拟机、容器、裸金属服务器，根据应用系统的运行使用特点对各类服务器系统分别部署。

②存储资源

对于云平台上部署的核心应用与核心数据，可以设置单独的备份系统按照合理的备份周期对其进行备份保护，最大限度保证平台上应用系统核心数据完整和安全。

③网络资源

网络是数据交互的基础，融合云平台远期考虑建设备用/双活数据中心，为满足异地云平台双活/互备以及数据交互的需求，融合云平台之间互联要考虑采用可靠性高的大带宽互联方案。

④云资源管理

在虚拟化技术的基础上，云资源管理平台实现融合云平台物理资源的抽象与整合，并对外提供云管理和云服务。资源管理平台可将轨道交通信息管理平台的 IT 基础设施进行统一管控、形成资源池，由资源管理平台的调度系统统一协调并形成计算资源交付申请者。

5. 信息安全

以重庆铁路集团的实际情况和现实问题为基础，遵照国家的法律法规和标准规范，参照国际的安全标准和最佳实践，依据相应等级信息系统的基本要求和安全目标，设计出等级化、符合系统特点、融管理和技术为一体的整体安全保障体系。对信息系统中产生的信息安全事件分等级响应、处置。结合系统业务特点及安全性要求自主定级。并按国家信息安全等级要求建设实施。各资源管理中心信息安全方案由资源管理中心考虑其部署系统，统一进行建设。

6. 配套设施

融合云平台建设之初应考虑机房对面积、楼层位置、楼层净高、地面载荷等方面的要求。新建机房的房屋基础条件要满足相关标准的规定，在此基础上还应考虑未来融合云平台扩展的预留条件。数据中心内的各类设备应根据工艺设计进行布置，应满足系统运行、运行管理、人员操作和安全、设备和物料运输、设备散热、安装和维护的要求。

供电系统是融合云平台的能源来源，安全稳定的供电系统是融合云平台运行的基础。融合云平台采用双路外电，可以采用模块化或冗余 UPS 供电，配合密封免维护蓄电池，为电子设备提供稳定的双路电力供应。

空气调节系统包括融合云平台机房专用空调机设备、新风机设备等组成的气流发生系统以及气流组织、配送系统。应选用先进的空气调节设备，合理组织气流配合机柜、密闭通道等其他设施形成高效率冷通道或热通道，提高设备散热效率，达到绿色节能的效果。

融合云平台机柜系统应采用模块化方式建设，采用模块化机柜组合配合空气调节系统提高融合云平台能源利用效率。机柜系统建设时要预留好设备接入线缆、配线架和 PDU，安装设备时要考虑机柜的配风能力和配电能力。

监控系统在机柜内和机房空间内安装烟雾、门禁、水浸等各种传感器等硬件设备，收集传感器信号并实时监控，通过软件实现对传感器的管理，监控系统能够对融合云平台机房中出现的紧急情况进行预警和报警。

5.2.5.4 云控制中心总体功能

1. 生产指挥

云控制中心建设 1 个生产指挥中心，用于协同管理重铁集团所辖的轨道快线、市郊铁路、市域普铁的乘客服务、调度指挥、票务、视频、安防以及综合运维。

如图 5-11 所示，生产指挥中心包含了客货服务系统、行车综合自动化、票务管理系统、视频管理系统、安防管理系统、综合运维系统。

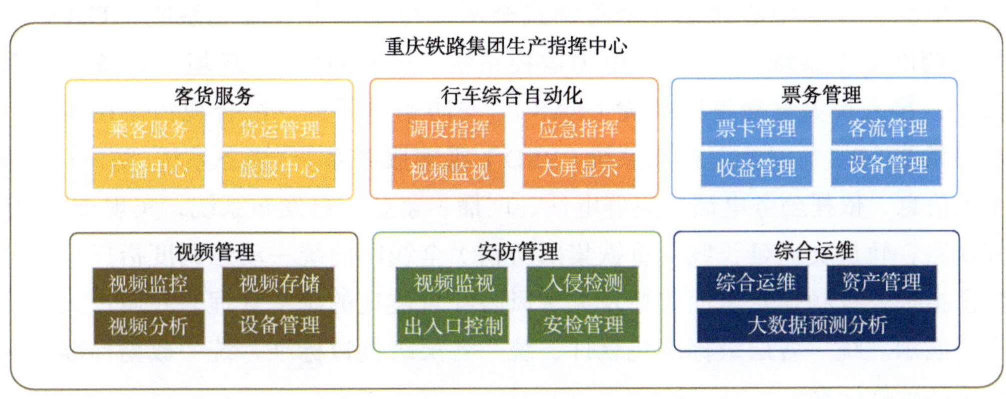

图 5-11 重庆铁路集团生产指挥中心

①客货服务系统中的乘客服务系统：用于统一乘客服务平台，实现乘客信息统一发布，统一呼叫中心，统一投诉建议，定制化的出行服务，最终提升乘客服务水平。

②行车综合自动化：统一动态运输调度、高效融合应急指挥、视频信息全面监控、灾害风险综合监视。

③票务管理：统一票卡管理、客流管理、收益管理、设备管理、报表管理。

④视频管理：视频信息统一监视、综合分析，集中向调度指挥、安防管理等系统提供视频服务，向政府、公安及相关企业提供统一视频服务。

⑤安防管理：安防资源实时可视，安防体系一体联动，重点环节全面掌握，应急

处置科学有效，实现多种防护，统一管理。

⑥综合运维：以 BIM 为基础，利用物联网、GIS、大数据等新技术，与采购、财务、维修等系统联动，实现动态全生命周期资产管理。

2. 生产控制

①乘客服务

乘客服务采用两级管理架构，主要包括线网中心层和车站层。

集中在云控制中心建设 1 个跨制式全网级乘客服务管理中心系统，统一管理城市快线、市郊铁路、市域普铁（重铁集团所辖）全线网乘客信息（PIS）、广播等业务，并与成都局旅服系统对接，实现统一信息发布、统一播控；利用互联网与手机 APP 实现信息发布、信息查询、站内导程、投诉咨询等增值服务来提高乘客体验和服务质量。乘客服务中心系统收集乘客服务系统相关设备的运维信息，并将信息发送至综合运维系统。统一各层级标准化软件、统一各层级接口标准、统一数据标准、统一终端设备硬件标准。

②行车综合自动化

行车综合自动化采用两级管理架构，线网中心层和车站层。

集中在云控制中心建设 1 个跨制式全网级行车综合自动化系统（TIAS），深度集成调度集中系统（CTC）、电力监控系统（PSCADA）、环境与设备监控系统（BAS），接入火灾自动报警系统（FAS）、安防集成平台、综合视频监控系统、移动通信系统（RC）、安全门控制系统（PSD）、乘客服务系统、票务系统、防淹门（FG）等系统信息，依托公务电话、集群电话、广播、紧急信息发布系统，实现市域快线、市郊铁路、轨道交通延长线（重铁集团所辖）全线网的统一动态调度指挥、高效融合应急指挥、视频信息全面监控及灾害风险综合监视的统一管理，并通过大屏幕系统进行展示。统一各层级标准化软件、统一各层级接口标准、统一数据标准、统一终端设备硬件标准。

③防灾

采用两级管理架构，主要包括线网中心层和车站层。

中心层为重铁集团行车综合自动化系统（TIAS），设置于云控制中心，对重庆铁路集团内部不同制式轨道交通的统一动态调度指挥、高效融合应急指挥、视频信息全面监控及灾害风险综合监视的统一管理，并通过大屏幕系统进行展示。统一各层级标准化软件、统一各层级接口标准、统一数据标准、统一终端设备硬件标准。

④售检票

售检票系统采用两级管理架构，主要包括线网中心层和车站层。

集中在云控制中心建设 1 个跨制式全网级票务管理中心系统，统一对市域快线、市郊铁路、轨道交通延长线（重铁集团所辖）全线网的车票、客流、收益、售检票设备进行管理，并通过大屏系统进行展示。票务管理中心系统收集售检票系统相关设备的运维信息，并发送至综合运维系统。清分清算、票务管理、参数设置、模式信息等纳入开投集团清分清算中心统一管理。市域快线、市郊铁路统一采用地铁票卡、宜居畅通卡、交通部互联互通卡。支付方式考虑 IC 卡、移动支付、二维码、银联、人脸识别等多种智能支付方式。统一各层级标准化软件、统一各层级接口标准、统一数据标准、统一终端设备硬件标准。

⑤视频管理

综合视频系统采用两级管理架构，主要包括线网中心层和车站层。

中心层：集中在云控制中心建设 1 个跨制式全网级视频监控集中管理系统，统一管理市域快线、市郊铁路、轨道交通延长线（重铁集团所辖）全线网视频业务，通过人脸识别、以图搜图、视频巡控等视频分析手段，实现视频图像统一监视和综合分析。视频监控集中管理系统对内向调度指挥、安防管理等系统提供视频服务，对外向政府、公安及相关企业提供统一视频服务。

车站层：在市域快线、市郊铁路、轨道交通延长线（重铁集团所辖）各线选择集中站设置小容量视频存储设备，短期存储车站视频。在各车站设置视频监控终端设备。终端设备运维信息上传至视频管理中心系统。统一各层级标准化软件、统一各层级接口标准、统一数据标准、统一终端设备硬件标准。

⑥公务电话

公务电话系统采用两级管理架构，线网中心层和车站层。采用软交换技术构建公务电话系统网络。中心层在云控制中心集中设置线网级公务电话软交换中心系统，统一向重庆铁路集团内部不同制式轨道交通提供公务电话服务。同时，在中心设置统一的市话出局通道，与城市轨道交通公务电话系统可通过市话局转接，或设置直达中继。

⑦专用电话

专用电话系统采用两级管理架构，线网中心层和车站层。采用软交换技术构建专用电话系统网络。中心层集中设置线网级专用电话软交换中心系统，统一向重庆铁路集团内部不同制式轨道交通提供专用电话服务。

⑧无线调度

无线调度系统采用两级架构，主要包括线网中心层和车站层。

中心层集中设置宽带集群和无线列调调度指挥中心系统，实现对重庆铁路集团内部不同制式轨道交通提供统一的无线调度、可视化调度。

⑨安防

安防系统采用两级管理架构，主要包括线网中心层和车站层。

集中建设1个跨制式全网级安防管理中心系统，统一管理市域快线、市郊铁路、轨道交通延长线（重铁集团所辖）全线网视频、门禁、安检、入侵防范、电子巡更等安防资源，并通过大屏系统进行展示。实现安防信息实时可视，安防体系一体联动，重点环节全面掌握，应急处置科学有效，实现多种防护，统一管理全方位保证的安全运营统一平台。

⑩综合运维

集中建设1个跨制式全网级运维中心系统，统一管理市域快线、市郊铁路、轨道交通延长线（重铁集团所辖）全线网信号、车辆、供电、通信、售检票等各专业及IT通用设备的设备综合运维和资产管理。信号、车辆、通信、售检票等各专业系统设备信息通过各自故障管理子系统收集发送至综合运维管理中心系统，综合运维可跟踪到最小可更换单元。

将综合运维与资产管理关联，实现从建设、移交、运维、报废全生命周期的动态资产管理，并通过大屏幕系统进行展示。

3. 企业管理

强化重庆铁路集团综合管控能力、提升协同工作管理效率，保证重庆铁路集团信息化建设可持续发展，统筹规划重庆铁路集团企业信息化管理，规划建设包括投融资管理、规划建设管理、运营管理、财务管理、人力资源管理、档案管理、安全管理等功能的信息化系统（见图5-12）。企业管理应用覆盖全部重庆铁路集团现有业务，并同时考虑未来业务发展需要。

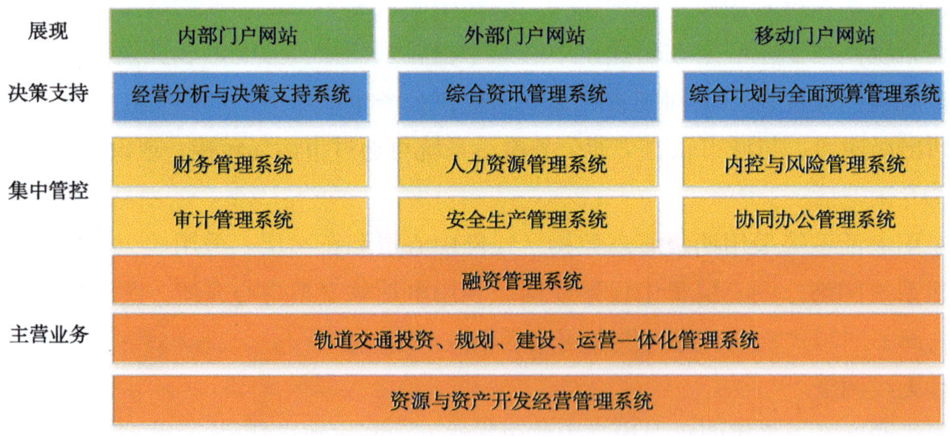

图5-12　企业信息化管理

以BIM为基础，利用物联网、GIS、大数据等新技术，将资产管理数据与采购、财务、维修等数据融合，实现动态全生命周期资产管理。

4. 大数据服务

建设大数据服务中心，作为第三方数据资源和交换平台，对内为重铁集团内部新线建设全过程管理、协调网络化运营、调度指挥、乘客服务、设备设施维修维护、企业客观评估评价等提供数据支撑，对外向政府、乘客、其他行业部门、其他交通接驳等提供一体化数据支撑服务。

大数据平台采用通用、开放、先进的大数据技术，加强各类数据资源的整合，构建统一的技术架构和标准规范，建设支撑智慧轨道应用的数据平台，满足智慧轨道领域数据的统一管理、协同共享、分析决策、指挥管理、服务社会的需要。

①数据采集

数据采集是数据处理的必备条件，数据采集利用各类传感设备等硬软件设施外，对数据进行清洗、过滤、校验、转换等各种预处理，为了支持多元异构也就是非结构化数据的采集和存储访问，还应设计数据总线，方便媒体内部各个应用和服务之间数据的交换和共享。

②数据存储

数据经过采集和转换之后，需要存储归档。针对海量用户，一般采用分布式文件系统和分布式数据库的存储方式，把数据分布到多个存储节点上，同时还需指定备份、安全、访问接口及协议等机制。

③数据计算

数据查询、统计、分析、预测、挖掘、图谱处理及 BI 商业智能等相关技术统称为数据计算技术，数据计算技术涵盖数据处理的方方面面，也是大数据技术的核心。

④数据利用

数据展示与交互在大数据技术中也至关重要，因为数据最终要为人们所用，为生产、运营、规划提供决策支持，选择恰当的、生动直观的展示方式能够帮助我们更好地理解数据的内涵及其关联关系，也能更有效地解释和运用数据，发挥其价值。

5. 仿真培训及开发测试

在融合云平台部署仿真测试与培训系统，仿真测试系统设置最小规模的云平台硬件、全部所承载业务的应用软件和数据库软件，满足系统创新应用软件测试及运营部门培训使用需求。

设置仿真培训区域，设置培训系统，建设用于模拟真实线路运行状态的运营多岗位培训仿真系统，提高运营关键岗位人员的实际操作能力和突发事件处理能力，增强运营重点岗位的实训效果。包括模拟调度中心调度员、车站值班员以及列车驾驶员培训系统。

设置软件测试区域，为创新应用软件开辟出专用测试区，其可在上线应用前进行配置部署调测之用，便于提高软硬件环境的适配性及稳定性。

6. 参观演示

云控制中心设置参观演示预案，并根据参观性质和类型不同设置不同的演示预案，如大屏显示预案、广播预案等。

7. 大屏综合显示

显示重庆市轨道交通 TIAS、PSCADA、CCTV、AFC、FAS/BAS 等信息，并利用异构数据源整合、可视化图标、基于 GIS 的地图、BIM 等的三维展示、数据钻取等多种展现形式，制定多种大屏幕综合显示预案，在规划管理、建设管理、运营管理、参观演示等不同展示场景下，按预案进行综合信息展示，并可实现综合显示预案的便捷切换。

8. 联合应急指挥

联合应急指挥作为重庆市轨道交通应急指挥的最高机构，具有监视、协调、管理和应急指挥重庆市城轨快速网和城轨普速网的职能。对轨道交通网自然灾害、突发事件等进行统一的应急抢险救援指挥。正常运营时，联合应急调度指挥中心只是监视、掌握各线运营情况，为各线提供帮助及协调指导信息，各线的运营指挥控制由各自控制中心完成；在非正常、影响到两条线路以上或两家运营企业的情况下，由联合应急调度指挥中心行使指挥权。作为重庆市轨道交通的主要窗口，在预定范畴内，代表轨道交通与其他部门或单位联系和协调，如应急办、气象、公安、消防、公交部门等联系和协调。为重庆市政府提供轨道交通的运营统计决策信息，为各运营商、乘客等提供资讯服务信息。

各控制中心负责控制、组织管辖范围内的线路运营，监视管辖范围内环境监控、自然灾害等信息，常态时，负责运营组织、设备状态监控；在紧急情况下，及时上报联合应急调度指挥中心，协助联合应急调度指挥中心实施所辖线路的指挥控制。各企业生产指挥中心负责组织所辖车站相关人员、物资调配。

根据重庆市轨道交通联合应急指挥的总体架构（见图 3-13），结合数据共享、联合分析、辅助决策、移动应急等要点，重庆轨道交通联合应急指挥系统应具有日常监视、应急会商、应急指挥、应急保障、应急评估、应急演练、移动应急等七大主要功能。

5.2.5.5 云控制中心实施方案

1. 云平台中心建设方案

云平台采用中心云计算平台（含备用中心云计算平台）、车站 / 车辆段云计算平台两级架构。为保证业务连续性及容灾要求，中心云平台采用控制中心、同城备用中心部署方案。中心云计算平台部署企业管理、调度指挥、乘客服务、视频监控、票务管理、安防管理、专用电话、公务电话、运维管理等中心级业务应用；对各业务系统的业务数据进行集中收集、处理与存储，同时部署业务云桌面系统。此外，设置统一云管理平台管理各类 IT 资源。

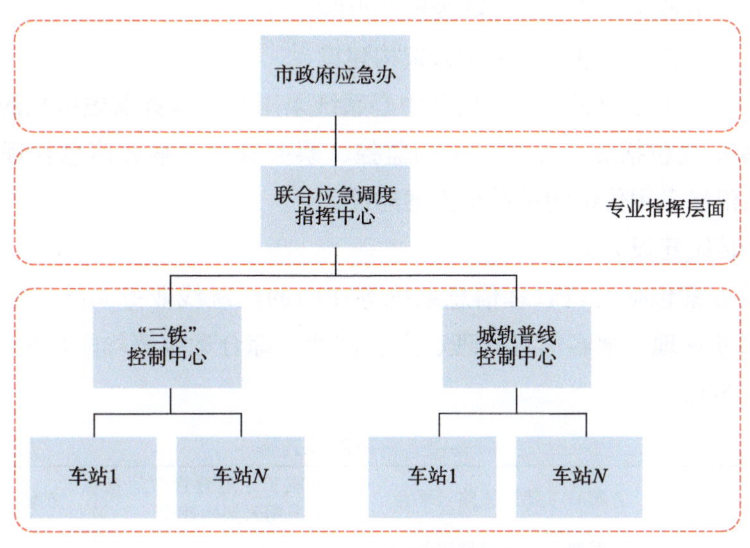

图 5-13　联合应急指挥架构

根据各类应用系统的应用架构和网络互联需求，在站段级云节点与控制中心、备用中心云平台之间构建纵向贯通的安全生产网、内部管理网、外部服务网网络。构建独立的带外管理网，统一管理安全生产网、内部管理网、外部服务网。横向建设安全生产云、内部管理云、外部服务云“三朵云”，不同业务区相互隔离。纵向打造重铁控制中心、站段两级云计算平台，控制中心内业务种类多，资源需求量大，应采用计算、存储分离的云计算平台架构，单独构建满足不同需求的计算资源池和存储资源池。

在实施层面上，考虑了两个方案：

方案一：单独立项建设重铁集团控制中心云平台及备用中心云平台。

方案二：依托 15 号线、25 号线等第四批规划，随线路建设重铁集团控制中心云平台及备用中心云平台。

2. 线路云平台建设方案

①江跳线信息化建设

对于江跳线的云平台建设，有如下三个方案：

方案一：建设线路云平台

云计算平台按线路中心、站段（车站 / 车辆段）两级架构建设，在双福控制中心部署线路中心级云平台，在各站段部署站段级云计算平台。云平台部署综合监控、CCTV、AFC、PIS、安防、灾害监测、综合运维、建设及运营管理、电源监控、视频会议、接入网、企业门户网站、互联网售票平台、移动支付、手机 App、运营信息发布等业务系统。

两级云平台部署，具备容灾保障机制，保证系统可用性，当车站与控制中心之间通信中断时，车站各业务系统进入降级模式继续工作。

方案二：运营管理信息系统采用云架构建设

将设置于控制中心的运营管理信息中心系统采用基于服务器虚拟化的云架构建设，其他生产业务系统包括综合监控、视频监控、票务管理、乘客信息管理、灾害监测、综合运维等系依然采用传统的单系统方案建设。

方案三：传统建设方案

传统建设方案包括运营管理信息系统等在内的江跳线业务系统，包括综合监控、视频监控、票务管理、乘客信息管理、灾害监测、综合运维等均采用传统的单系统方案建设，见表 5-3。

表 5–3　传统建设方案

	方案一：建设线路云平台	方案二：运营管理信息系统采用云架构建设	方案三：传统建设方案
技术先进性	线路级云平台及路网级云平台是目前的技术发展方向	小范围采用先进技术	技术较落后
设备运营维护	能够实现统一规格的 IT 基础设备，并能够提供便捷的运维管理手段，方便设备统一运维管理	小范围能够实现统一便捷的运维管理	各系统采用传统方式运营维护
向规划中的重铁集团控制中心云平台迁移	便于迁移，软件改动量很小，且迁移后服务器等通用 IT 硬件设备可纳入重铁集团控制中心云平台继续使用	运营管理信息系统可方便的迁移，其他业务系统需要进行软硬件的适应性改造	所有业务系统迁移时均要进行软硬件适应性改造
批复方案调整	对批复的既有方案有较大调整	对批复的既有方案调整较小	无需调整

在技术方面，线路云方案虽然对既有批复初设方案有较大调整，但其从技术先进性、设备运营维护以及兼容性等方面均是最优方案；在工程投资方面，通过建设线路云平台可以在统一架构下最大程度的提高 IT 基础硬件资源的利用率。

②璧铜线信息化建设

对于璧铜线，可以根据已获得批复的璧铜线可研文件中的方案进行建设。该方案与江跳线的建议方案类似，其迁移工作也可参照江跳线的方案进行实施。

5.3　广州地区应用实践

5.3.1　广州地区轨道交通基本情况

5.3.1.1　粤港澳大湾区铁路

广州所在的粤港澳大湾区城际铁路线网呈“四向拓展、三极三轴放射”的总体格局，规划城际项目共计 26 项，规划总里程为 3 133 km，其中湾区内里程 1 904 km；“四向拓展”对外高铁通道规划项目 5 项，总里程为 1 590 km，其中湾区内里程 457 km；“三极三轴放射”大湾区城际规划城际项目 21 项，总里程为 1 543 km，其中湾区内里程 1 447 km。

粤港澳大湾区既有铁路可分为目前仅承担客运的干线铁路、珠三角城际轨道、普速铁路三类，目前仅承担客运的干线铁路有京广高铁、广深港高铁、贵广高铁、南广铁路、厦深铁路、广深Ⅰ、Ⅱ线等；已开通运营的珠三角城际轨道主要有广珠城际、佛肇城际、莞惠城际道滘至小金口段；普速铁路主要有京广线、广深Ⅲ、Ⅳ线、京九线、广珠铁路、广茂线等。

5.3.1.2 珠三角城际

《珠江三角洲地区城际轨道交通网规划》中珠三角城际轨道交通共规划有广珠、广佛、穗莞深、莞惠、广佛肇、广清、广佛环线、佛莞、珠海市区至珠海机场、广佛江珠、中南虎、深惠、肇庆至南沙、广惠、江恩等线路，线网里程约 1 430 km。目前，已建成通车广珠城际和广佛城际一期佛山魁奇路至广州西朗段，运营里程约 165 km。

广珠城际目前最繁忙的广州南至小榄段开行动车组 88 对，通过能力有一定富余，但趋于紧张。佛肇城际目前全日开行 17 对城际列车，通过能力有较大富余。莞惠城际道滘至小金口段目前全日开行 30 对城际列车，通过能力有较大富余。

5.3.1.3 广州市城市轨道交通

广州市城市轨道交通远期规划线网规模共计 23 条线路、1 025 km。目前，广州市共有 14 条（段）、共 345.3 km 线路正在建设，待“十三五”已批复线路全部建成后，累计运营里程将达到 823.0 km，434 座车站（广州市境内轨道交通运营里程为 790.2 km，412 座车站；均不含 8 号线北延段白云湖—广州北站）。

广州地铁控制中心规划采用与运营调度管理模式相适应的资源共享模式：“1 座线网指挥中心 + 多座区域控制中心”方式。目前设置线网控制中心（COCC）一座，设置区域控制中心（OCC）5 处。其中，已运营区域控制中心 3 处，分别是公园前区域控制中心、大石区域控制中心、镇龙区域控制中心；在建区域控制中心 2 处，分别是赤沙区域控制中心、陇枕区域控制中心。

目前广州地铁运营里程已达到 553.2 km，车站数量 282 座，2017 年日均客运量 767.8 万人次，地铁占公交比例已超过 40%。广州地铁线路和广佛两市衔接线路（广佛线）均由广州地铁集团有限公司全权负责建设和运营，同时经营与地铁相关资源开发为主的多元化产业。

5.3.1.4 佛山市城市轨道交通

佛山市提出了“内编织 + 外放射”的城市轨道线网结构，远景规划了 14 条线路

562 km，其中市域骨干线 6 条，市区加密线 4 条，外围加密线 4 条，另有城际轨道线共 343.2 km。佛山已开通 1 条线路即广佛线，由广州地铁集团有限公司全权负责建设和运营。在建线路 3 条包括 2 号线一期工程、3 号线和 7 号线西延。

佛山目前仅开通 1 条线路，由广州地铁集团有限公司全权负责建设和运营，同时经营与地铁相关资源开发为主的多元化产业。运营管理模式与广州地铁运营管理模式一致。

广佛线首通段于 2010 年底开通后，日均客运量从 2010 年开通时约 8 万人次快速增至目前 29 万人次，最小行车间隔从初期 8 min 压缩至目前 4 分半；广佛线客流呈现以跨市交互为主、两市市内交互为辅的特点，跨市交互量达 13.8 万人次 / 日，占客运量 50.2%，在满足广佛两市间乘客出行需求的同时，有力推进了广佛同城化发展。

5.3.1.5 东莞市城市轨道交通

东莞市轨道交通网络由市域快线和轨道普线两个层次构成，共规划线路 17 条。到远期 2035 年，规划形成 4 条城市轨道快线（224 km），8 条城市轨道通勤普线（242 km），深圳延伸线路在东莞境内线路 1 段（7 km），规划总里程 473 km。

东莞 2 号线首期工程（东莞火车站—虎门火车站段）线路总长 37.743 km，共设车站 15 座，实现了广深铁路、中心城区、西南经济发达重镇、广深港客运专线的互联互通。

5.3.1.6 中山市城市轨道交通

中山市轨道交通线网远期推荐由 3 条线路构成“一纵两横”线网形态，与 BRT 整体构建形成“一环一纵两横”公共交通主骨架网络，城市轨道交通线网总长 95.9 km，设站 61 座，其中轨道内部换乘站 3 座，与区域轨道车站换乘站 4 座。

中山市正在组织编制轨道交通建设规划，拟选取 2 条共 43.6 km 线路纳入《中山市城市轨道交通建设规划（2017—2022 年）》，包括 1 号线一期、2 号线一期。目前，该规划已通过广东省发展和改革委员会组织的初审。

5.3.2 铁路与城际协同运输典型工程—广珠城际

广珠城际线现阶段的功能定位是城际铁路，按照《中长期铁路网规划》纳入国家干线高铁，为京港澳通道的一部分。广珠城际于 2011 年 1 月 7 日开通运营广州南—珠海北和新会—小榄段，于 2012 年 12 月 31 日开通运营珠海北—珠海段。全线分主线和支线段，其中主线段为广州南—珠海，由北向南依次经过广州、佛山、中山和珠海四座城市，长约 154.5 km；支线段为新会—小榄，自西向东依次经过江门和中山两座城市，长约 26.5 km。

图 5-14 为广珠城轨站点分布图。

广珠城际由广珠城际轨道交通有限责任公司建设，建成后委托广铁集团运营管理，同时约定把票务和运输服务（包括旅客发送、到达服务、旅客列车服务等）委托给广深铁路股份有限公司。

目前，广珠线日常每天开行 132 对，最小行车间隔约 3 min，其中每天从珠海发出经广珠线开往北京、上海（途经深圳）、重庆、郑州（途经武汉）、昆明、桂林、南宁、怀化、潮汕等 9 条跨线列车；从湛江、茂名发出经广珠线开往广州、北京、上海、深圳、怀化、长沙和佛山方向共 38 列跨线列车。

1. 协同运输组织概况

广珠城际与京广、南广、贵广、广深港、江湛线等国家干线铁路在广州南、新会站衔接，为满足不同类型客流出行需求，从 2015 年 11 月 28 日开始，广珠城际开行珠海站至北京西站、珠海至桂林北站跨省列车各一对，2017 年 3 月广珠城际陆续开通由珠海站至潮汕、郑州东、昆明南和南宁东的动车组。至 2018 年底，广珠城际在上述基础上，继续增加开通由珠海至佛山西、怀化南、成都东、上海虹桥方向的动车组；开通经广州南去往湛江西、茂名、深圳等方向的跨线动车组。

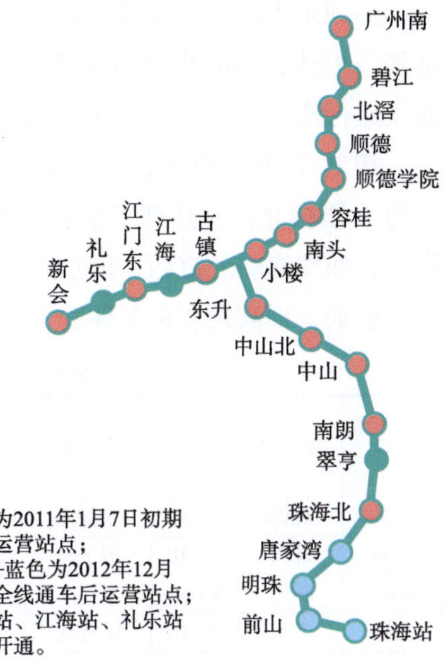

图 5-14　广珠城轨站点分布图

广珠线自 2011 年 1 月初开通以来，旅客发送量从当年的 1 698 万人次，连年攀升，至 2018 年全年发送旅客量超 4 300 万人次，日均发送约 12 万人次。以 2019 年春节期间为例，广珠城际从 2 月 8 日（正月初四）开始客流量超过了 17 万人次，2 月 10 日（正月初六）创造了日发送旅客量 178 930 人次的新纪录。

2. 行车组织

广珠城际铁路本线主要按主线（广州南—珠海）和支线（广州南—新会）的 Y 形交路开行，同时开行广州南—中山的小交路，交路示意图如图 5-15 所示。

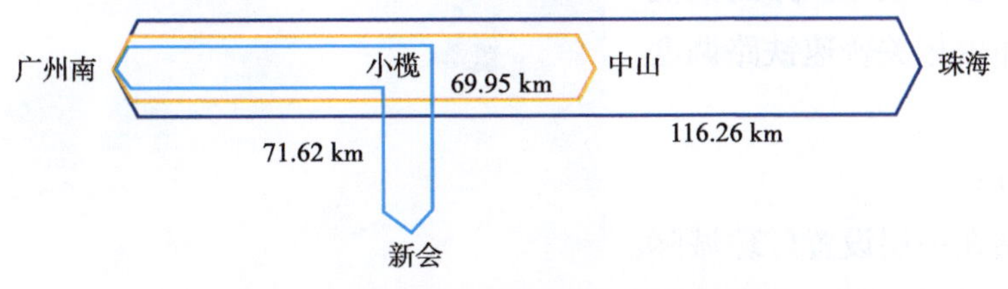

图 5-15　广珠城际铁路列车交路示意图

为满足不同类型客流出行需求，广珠城际线采用两种运营模式，即“大站停”和“站站停”模式，同时也开行珠海至广州南的双向一站直达列车。此外，广珠城际轨道交通还运行武广客专、贵广线、南广线至珠海的跨线车（见表 5-4）。

相对于接续换乘，部分跨线列车的开行有效减少了乘客旅程的总历时间，如珠海—桂林北，直达列车节省乘客 31 min；也有部分直达列车总历时较接续换乘方案增加，如珠海—北京西，增加乘客旅程时间 1 h 51 min，但有效减少乘客在线路衔接车站的换乘，提高乘客乘车体验。

表 5-4　广珠城际铁路跨线车开行情况

车次	始发站	发点	终到站	到点	全天开行列数	直达列车总历时	接续换乘总历时（最少）	历时变化（直达—接续）
D1842	珠海	7：43	成都东	18：40	1 列	10：57	9：50	1：07
D3604	珠海	8：10	南宁东	12：53	1 列	4：43	4：53	-0：10
G542	珠海	8：45	郑州东	16：21	1 列	7：36	7：32	0：04
D2368	珠海	9：10	桂林北	12：55	1 列	3：45	4：16	-0：31
D3838	珠海	10：24	昆明南	20：20	1 列	9：56	9：09	0：47
G6340	珠海	11：40	潮汕	15：54	1 列	4：10	4：26	-0：16
G6156	珠海	13：40	怀化南	19：26	1 列	5：46	6：01	-0：15
D942	珠海	18：18	上海虹桥	次日 7：00	1 列	12：42	9：20	3：22
D924	珠海	19：10	北京西	次日 6：51	1 列	11：41	9：50	1：51

注：接续换乘总历时（最少）指同一始发站和终到站，通过一次换乘的接续方案中总历时最少的全程时间，含换乘等候时间。

3. 调度指挥

目前广珠城际铁路由广州局集团有限公司（以下简称“广铁集团”）调度指挥，行车组织调度工作由调度所下设的高铁调度室负责，实行分级管理，集中统一指挥原则。

按照分级管理、集中统一指挥原则，国铁集团设调度处（调度指挥中心），广铁集团设调度所。国铁集团调度处设值班处长、行车、动车调度台，涉及城际铁路的其他工种调度工作由相关普速铁路调度台兼任；广铁集团调度所设值班主任、值班副主任、计划、列车、客运、动车、供电、施工调度台，涉及城际铁路的其他工种调度工作由相关普速铁路调度台兼任。

4. 换乘方式

广州南站在一层设置广珠城际专用候车室（见图 5-16），位于车站一楼西北角，有 2 000 m^2 候乘面

图 5-16　广珠城际候车室

积，旅客从广州南站搭乘城轨列车去往珠海、新会方向，可直接在一楼广珠城际候车室候车、检票、进站。

广珠城际在高铁广州南站可实现不同线路间的快捷换乘（见图 5-17），旅客持联程车票（联程指两段车程，联程车票即两段车程的两张票），在接续站不需要办理出站，只需要持联程车票或电子票，即可由站台直接进入候车室候车，减少出站、验证、安检环节，大大缩短了中转时间。

图 5-17　广珠城际在高铁广州南站换乘图

广珠城际铁路客运服务标准，按国家交通运输部关于《铁路运输服务质量监督管理办法》有关规定执行。广珠城际铁路与国铁共用广州南站，由广铁集团统一管理并制定大客流组织预案和联动控制措施，确保客流顺畅，尽量使进、出站客流不交叉，车站设备和设施得到充分利用，保障车站不同情况下客运组织安全有序。

5. 票务组织

城际铁路票务系统按国铁标准设计，乘客须经国铁车票发售渠道购票，并接入12306 售票系统。由于珠三角城际铁路与国铁存在部分共线和共站现象，因此，运营公司与国铁集团必须按规定进行清分清算。

6. 安全保障

城际铁路与国铁安检标准与要求一致，按《铁路旅客运输安全检查管理办法》执行。乘客在广珠城际任何车站安检后，如需在广州南站转乘其他高铁列车，可直接通过站台到候车室候车转乘，不需要进行二次安检，方便乘客出行。

7. 施工维修组织

广珠城际铁路按照与国铁一致的要求进行施工维修组织，根据《广铁集团铁路营业线施工安全管理实施细则》《广铁集团建设工程营业线施工安全现场盯控管理办法》的要求执行。按照作业复杂程度和设备影响范围分级进行组织。各类施工、维修项目的等级，施工由所属主体专业处室审核施工方案（计划）时明确，维修由设备管理单位在提报维修计划时明确。

5.3.3 珠三角城际与城市轨道交通协同运输典型工程

随着近年来轨道交通的蓬勃发展，区域内高铁、城际铁路和各城市轨道交通线路的衔接越加紧密，不同制式的轨道交通之间的协同运营，构建区域轨道交通一体化协同运输体系，建立综合安全保障机制，创新跨多制式的综合信息服务，是我国轨道交通发展的迫切需要。地铁线网与城际线网融合运营的实现，对“地铁 + 城际”运营模式的探讨和研究，以及对国内城市轨道多制式、区域化运营具有重大的借鉴意义。

广州地铁作为全国首家“地铁 + 城际”的运营单位，广清城际铁路已由广州地铁负责接管和筹备，于 2020 年 11 月 30 日开通运营。

5.3.3.1 广清城际线工程概况

广清城际铁路正线全长 38.363 km，其中广州市境内正线长 18.606 km，清远市境内 19.757 km。线路为南北走向，自武广客专和京广铁路的广州北站西侧并场设置城际广州北站，出站后向北四线（广清正线外包广佛环线）并行武广客专跨过迎宾大道的新都大桥，再沿京广线西侧跨广清高速公路。广清城际下穿拟建平步大道后至石陂村东侧设地面石陂站，之后继续沿京广线向北至雄狮西路与京广线交叉口南侧设狮岭站，出站先后跨过山前大道、肇花高速公路、大功率机车基地联络线、京广线及广清高速公路，至银盏温泉度假村南侧设银盏站，出站后两跨银盏河及 G107 国道和佛清从高速公路（拟建），至龙塘镇东侧设龙塘站；出站跨过大燕河，先后沿规划荔枝公园（西侧）、新围村（东侧）前行至清远大道南侧设清远站。

区间设无缝线路，无砟轨道，速度目标值 200 km/h。机车及列车运行控制采用 CRH6A 型城际动车组和 CTCS-2+ATO 功能的自动控制系统。桥梁长度 26.998 km（含高架车站），占正线总长的 70.8%；路基长度 5.713 km（含地面车站），占正线总长 14.9%；隧道长度 5.743 km（双线隧道 3 座），占正线总长的 15.1%。牵引供电采用单相工频 25 kV 交流制，接触网采用全补偿简单链型悬挂，导线类型为 JTM95+CTS120。全线共设 6 个车站，其中广州北、石陂 2 个地面站，狮岭、银盏、龙塘、清远 4 个高架站。

5.3.3.2 运输组织

广清城际采用双线单方向运行，设计为左侧行车，清远至广州北站为上行，反之为下行。广州北站设计采用站后折返（也具备站前折返条件），清远站采用站前折返运行方式，狮岭、龙塘站设越行线允许大站列车越行站站停列车。图 5-18 为狮岭站场图。

广清线开通初期预计日均旅客发送量约 9.1 万人，高峰小时最大断面约 0.77 万人。本线按清远—广州北开行“大站停”（200 km/h，单程 13 min）+“站站停”（160 km/h，单程 23 min）列车的模式运行，全天 06：00~24：00 运营，共计开行约 54 对（21+33）列车。

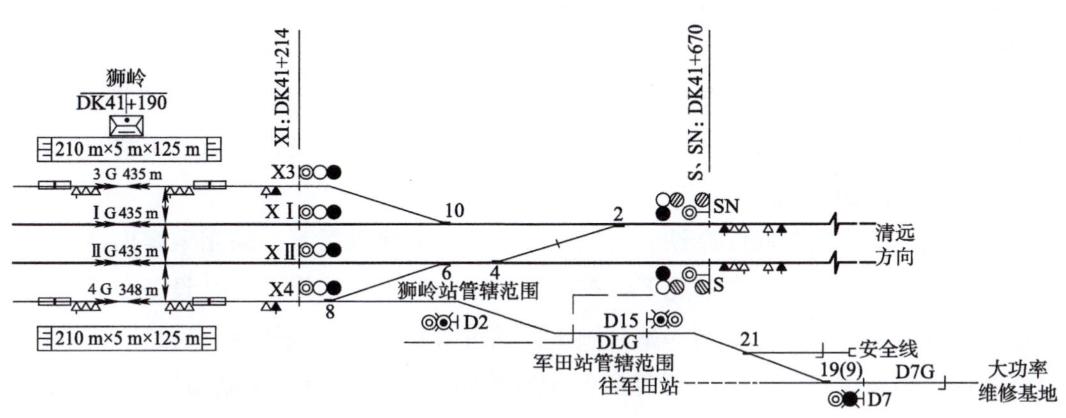

图 5-18　狮岭站场图

为实现地铁线网与城际线网的融合运营，广清城际铁路计划按照“公交化”模式运作。同时，广清线参照地铁的模式，建立和完善服务质量管理及保障体系，实现服务质量的有效管理和服务水平的不断提升。

清远站采用站前折返运行方式，广州北站“站站停”列车采用站前折返换端（通过站）、“大站停”列车采用站后折返，机场T2站采用站前反向折返（非常规方式），如图5-19所示。

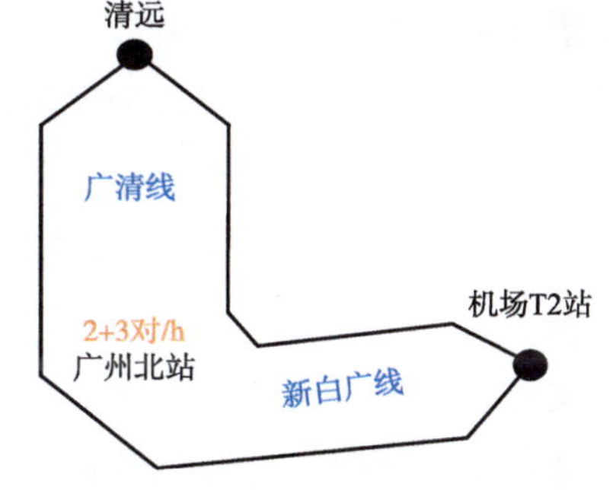

图 5-19　广清线及新白广线（广州北站—机场 T2 站段）开通初期行车交路

开通初期，“大站停”列车最高速度达200 km/h，列车在广州北站与清远站之间中间直达终点站（各站均不停车），单程旅行时间34 min；站站停列车最高速度达160 km/h，单程旅行时间44 min。

5.3.3.3　调度指挥

广清线日常运作管理由指挥中心集中统一协调和指挥，建议设置值班主任、行车调度、电力调度、综合调度岗位，采用“日夜休休”四班二运转方式轮班。行车调度定员9人，值班主任和电力、设备调度各定员5人。结合广清线设计FAS、BAS等环控设备不接入中央，建议暂不设环控调度岗位，将环控调度的防灾系统监控等职责由综合调度负责。

运营指挥分为一级、二级两层，一级为线路控制层、二级为站场控制层，二级服从一级指挥，各级人员要根据自身职责任务独立开展工作，并服从OCC值班主任总体协调和指挥。其中，一级线路控制层包括值班主任、行车调度、电力调度、综合调度；

二级站场控制层包括动车所调度、机械师 / 维修人员、动车司机、行车值班员等。

5.3.3.4 客运组织

客运组织的基本原则为安全、及时、有效，现场遵循“能疏导，不控制”的原则。为实现客流组织安全、有序、可控，保障乘客出行安全、顺畅，应做好正常情况及大客流情况下的客运组织。

广清线广州北站与武广高铁、与地铁 9 号线均有换乘关系，采用乘客出站后再进站的有障碍方式换乘。正常情况下各车站结合本站的土建结构、AFC 设备布局、客流特点及设备能力等情况，编制一站一预案，通过分析车站客流规律、通过能力，明确客流瓶颈及客运关键点，有针对性的制定客流组织措施，确保客流顺畅，尽量使进、出站客流不交叉，车站设备和设施得到充分利用，保障车站不同情况下客运组织安全有序。大客流情况下，对于邻近客运枢纽、社区、商圈等大客流站点，以及车站应急情况下的突发大客流组织予以重点关注。

5.3.3.5 票务管理

广清线票务系统按国铁标准设计，乘客须经国铁车票发售渠道购票。鉴于广清线票务系统已招标及召开设计联络，为保障广清线按期开通，目前已明确采用国铁标准开通，后续对票务系统进行优化，满足“公交化”、“同城化”运营，满足乘客出行“一卡通”需求，实现票务系统兼容“国铁票”与“地铁票”。

目前国铁、城际铁路与地铁的安检标准存在差异，如大件行李尺寸、禁带物品、限带物品种类等，乘客在不同制式轨道交通衔接车站换乘时需二次安检，不利于乘客出行体验，降低出行便捷性。需从政策层面，协调规范区域内各城市间和各制式轨道交通间的安检标准，就安检互认的可行性和运营风险进行研究并明确相关责任，同时建立沟通协调机制，确保地铁、城际的安全管理和运营秩序。

针对票务安全管理，安装监控系统。车站票据室（票务值班室）、售票区域须安装监控系统，监控系统功能、使用和管理根据广清线城际轨道交通票务收益安全监控管理规定执行。车站根据广清城际轨道交通车站及票务运作管理制度组织开展票务日常运作。开展票务安全教育、审核。票务管理各层级根据广清及新白广城际轨道交通票务收益安全管理办法的相关规定，组织开展票务安全教育及票务审核检查，强化票务安全意识及安全管理。

5.3.3.6 运营维修

结合线路设计、维修资质和设备基础等先天条件，考虑线路运营初期的维修模式。

1. 机车车辆专业

动车组一级、二级维修以自修为主，三级修以上维修委外（场地和设备不具备条件）。车辆检修专用设备日常保养和月检自修，故障及中大修委外（技术能力暂时达不到要求）。工程机车驾修一体化，中修及以上委外。

2. 通信信号专业

设置在广铁集团的中央级设备委托广铁集团，其他设备自主维修。

3. 线路与路桥专业

线路和路桥（含防灾安全报警系统）专业以自修为主，线路专业涉及的大机检测检修作业，建议初期采取租赁的方式或委托广州基础设施维修基地、既有广铁（集团）公司负责，路桥专业涉及水文观测、桥涵基础沉降观测、水下检查、桥梁孔跨拱度测量等专项检查检测工作或桥隧涵加固等工作量大或技术复杂的大修工作委托有资质的公司实施，防灾安全监测设备维保采用委外模式。

4. 供电专业

接触网、变电、电力均自主维修。

5. 车站设备及房建公寓专业

建议全部委外（市场化条件成熟），包括站台门、电扶梯、通风空调、给排水、低压配电、BAS、FAS、AFC、房建公寓等专业。

5.3.3.7 施工组织

广清线施工组织按照如下原则执行：

（1）广清线正线的夜间施工时间原则上不应少于 240 min/d。

（2）线路长大区间的施工作业，施工作业人员可利用救援疏散通道处进出作业区域。救援疏散通道处应设置包括视频监控、语音联系及远程控制电子锁等功能的安防设施，保证正线区域的施工安全。

（3）广清线参考目前同行的城际铁路运作，巡道工作每天由各区段首班动车执行巡道作业任务。

（4）考虑到广清线狮岭站与京广线军田站设有联络线，涉及联络线的施工作业规定须与广铁集团进行联控确认。

在施工计划安排与审批方面，参照地铁模式，开展施工维修组织，具体如下：

（1）施工计划分为月、周、日施工计划及临时补修计划。

（2）按施工作业地点和性质分为 A、B、C 三类：A 类为影响正线、配线行车的施工，B 类为在动车段内的施工，C 类为车站、主所、指挥中心范围内的施工。

（3）各类施工计划由需求单位提交给生产调度部进行审批。

（4）施工作业的请销点管理工作：施工作业在正线区间及调度所范围的由调度所调度负责；施工作业在车站范围的由车站值班员负责；施工作业在综合维修基地范围的由综合维修基地调度负责；施工作业在动车运用所范围的由动车运用所调度负责。

（5）施工作业人员须在救援疏散通道处进入施工区域的，施工单位应安排施工负

责人在调度所 / 车站进行请销点作业，施工作业人员在获得授权后，方可通过救援疏散通道处进出施工作业区域。

5.3.4 广州和佛山两市轨道交通互联互通典型工程

5.3.4.1 广州和佛山两市轨道交通概况

广州和佛山两市轨道交通互联互通的共同愿景是形成两城一网。以广州和佛山中心城区乘客需求为导向，实现广州和佛山中心城区内轨道交通系统互通互联、换乘便捷、一票通达的“一张网”目标。

广州和佛山两市作为全国同城化发展示范区，于 2009 年正式启动了官方层面上的同城化进程。2010 年国内首条城际地铁广佛线的开通大大加速了两地融合的趋势，2014 年佛山地铁 2 号线开工建设，在缓解佛山东西方向骨干线路交通的情况下，强化了交通牵引功能，2017 年广州地铁 7 号线西延段的开工建设进一步强化了广佛都市圈核心区对沿线的辐射带动效应。

目前，广佛线已开通运营 11 年，日客运量超过 50 万人次，其中 40% 的客流是两市之间的交互客流，最小行车间隔 4 min，已基本构成了广佛都市圈轨道交通的基础骨架，有力的促进了广佛同城化的发展。

5.3.4.2 广州和佛山两市协同规划及建设机制

随着广州和佛山两市同城步伐的迈进及两市轨道交通的蓬勃发展，两市轨道交通互联互通的需求日趋紧迫。亟需基于目前广州和佛山两地城际互联互通既有经验，建立一种指导广州和佛山两市城际轨道交通从规划到建设和运营协调发展的成套系统操作指南，以使两市城市轨道交通互联互通网络建设标准化、流程化，更快更好地带动两市经济发展。

广州和佛山两市的城市轨道交通互联互通发展按照“整合规划、统筹建设、协同运营”为总体原则，在服务、功能、网络、体制等方面协同发展。

1. 规划方面

契合上层次规划要求。本次线网衔接规划应与粤港澳大湾区规划、珠三角城际轨道线网规划、广州市城市总体规划、佛山市城市总体规划等上层次规划相协调，契合珠三角一体化发展趋势，在广佛两市各自既有的轨道交通线网规划方案、2016 年《广佛两市轨道交通衔接规划》的基础上进行调整和优化。

落实广佛同城化发展要求。两市轨道交通线网视为统一整体，从宏观层面分析两市轨道交通的衔接模式、需求。分析核心区内部的轨道交通结构以及外围区域至核心区的轨道交通模式及时空目标，制定满足各圈层范围内轨道交通需求的具体衔接方案。

合理划分线网层次。轨道交通是公共客运体系的主体，轨道交通线网应从单一层次地铁网扩展至由市域线、城区线、组团线等构成的多层次轨道交通线网，带动交通结构的转型，优化交通资源的配置。

实现与城市主要客流集散点的良好衔接。轨道交通作为城市交通的主体，实现与两市现有或规划铁路枢纽、机场枢纽的直接联系，与国铁、机场、长途客运站等无缝衔接组成城市交通枢纽，方便客流疏散。

2. 立项模式

轨道交通互联互通项目立项模式按照“主导方统筹、另一方配合，双方协同报批”的原则确定。

项目主导方的确定原则：通过对经过有关城市区域内的投资强度、线路长度、车站数，以及项目建成后带来的经济效益及社会效益等进行对比分析，确定各城市在“投入”与“受益”方面的主次地位，明确项目的主导方。

在项目实施过程中，项目主导方负责统筹做好前期工作策划，经项目配合方确认后作为后续工作的依据。项目主导方协同项目配合方按此共同开展项目前期研究报告编制及报批各项工作。

项目的技术方案由项目实施单位（主导方）组织编制并主持审查，项目经过有关区域的城市主管部门及轨道公司参与审查。如线路途径城市区域部分占全线投资比例较少的、或仅为实现线路合理布局而提供途径便利的、对区域客流及经济发展并未体现明显关联的，为提高报批效率，可仅对项目可行性研究报告及初步设计等主要报告参与审查。

项目的用地控制方面，由双方做好所属区域的场站综合体（含交通衔接）的开发研究工作。考虑按照各城市在“投入”与“受益”方面比例关系（通过对线路长度、车站数以及项目建成后带来的经济效益及社会效益等进行对比分析确定）控制车辆段、主变电站等轨道交通设施用地规模。经行政主管部门审批后的线路、场站、资源共享、大型交通接驳等设施用地，双方做好用地预留和控制，并与城市控制性详细规划紧密结合、相互协调，纳入城市规划管理体系，如未经其他相关城市及共同上级行政主管部门的同意，不能调整作其他用途。

3. 投融资方面

保证财政资金稳定投入。发挥两市政府主导作用，落实并优化市、区资金负担机制，积极争取上级政府资金支持，落实国家对轨道交通项目的资本金要求。

推动沿线土地综合开发。按照国家倡导的“多式衔接，立体开发，功能融合，节约集约”的原则，建立规划报批、土地使用、税费收取等方面的政策支持机制，对互联互通线路站点周边、车辆段上盖进行 TOD 综合开发，形成沿线土地综合开发收益对轨道交通建设运营的反哺机制。

开拓项目多元融资渠道。规范应用政府与社会资本合作（PPP）模式，择优采用银行贷款、银团贷款、企业债券、公司债券、融资租赁和各类非金融企业债务融资工具，拓宽境外资本市场融资渠道，降低融资成本，优化债务结构。

4. 建设方面

轨道交通互联互通项目建设模式按照“属地建设，统一协调”的原则确定。特殊情况经两市双方协调同意后，也可以采用“代建模式”或者其他建设管理模式。

属地建设协调原则：建立项目建设协调机制，广州市政府和佛山市政府共同成立建设领导小组或在广佛同城化市长联席会机制下新增两市轨道交通互联互通协调小组，负责研究、协调和解决项目推进过程中的重大问题。领导小组下设办公室，成员由两地发改部门及相关部门人员共同组成，负责具体协调解决工程报批和建设实施的有关问题。广州地铁集团和佛山市铁路投资建设集团有限公司联合成立建设项目部，负责统筹工程报批、建设实施、综合联调等具体工作。

属地建设技术原则：由建设项目部统筹确定工程建设全线性的设计原则、技术标准及技术要求，实现全线技术标准及要求的统一：由建设项目部统筹协调和处理全线工程中各系统、各专业的重大技术接口。

为保证续建项目与已建工程贯通运营，续建项目的机电设备、车辆须与已建工程保持技术标准统一、制式统一、维护操作界面统一、设备界面统一、系统兼容或保持一致。

5.3.4.3 广州和佛山两市协同运营机制

1. 运营管理模式

广州和佛山两市衔接线路按照“贯通运营”的原则由一家运营单位负责运营管理。

结合衔接换乘车站的结构布局情况，在管控界面能够划分清晰时，分别由双方运营单位各自负责管理;在管控界面难以划分清晰时，从运营服务整体性角度考虑，按“谁先开通，谁运营”的原则，由先开通运营的一方运营单位统一负责管理。

2. 沟通协调机制

建立两市衔接线路的运营协调机制。定期互通运营信息，协调解决运营管理中存在的问题，使两市衔接线路安全有序运营。

成立互联互通运营管理工作组。由广州地铁和佛山铁投运营单位领导，各专业模块负责人参与，推进实施两市衔接线路运营管理各项工作，指导和协调各专业开展互联互通相关工作，定期沟通衔接线路运营情况，协调运营管理事宜。

成立互联互通专业协调小组。由广州地铁和佛山铁投工作小组成员和相关专业模块成员参与，推进实施互联互通运营管理工作组布置的各项工作，定期组织开展运营管理对接协调工作。

3. 运输匹配原则

合理配置运力，协调网络衔接。结合两市衔接线路客流需求及对各自线网的影响，合理设置两市衔接线路行车间隔，使运能与需求服务水平相匹配；同时，充分考虑衔接站点的换乘便捷性和运营服务需求，实现首末班车的有效衔接，方便广州和佛山两市乘客出行。

线路运能设计原则。两市衔接线路的列车选型和车辆编组要尽量一致，避免衔接线路换乘时出现运力不匹配的情况；同时，鉴于两市间衔接线路属于跨市线路，乘客乘坐距离长，在车辆选型设计时可考虑提高列车站立标准，适度提升乘客跨市出行舒适度。

行车交路设计原则。两市衔接线路应预留满足本市区域多交路运行的条件，考虑在市区核心区域内设置满足本市客流需求的多交路；同时，结合衔接线路的建设时序，在两市接壤附近预留交路折返条件，满足两市衔接线路分段建设和开通运营的条件。

运力配置原则。两市衔接线路的运力配置原则上要与客流特征相匹配，同时兼顾衔接线路间的换乘匹配；在高峰时段按“以需定运”原则安排运力，当运能不能满足乘客需求时，按照设备能力安排运力；非高峰时段在满足客流需求同时兼顾运输成本安排运力；在列车运行计划编制时应考虑衔接线路的换乘匹配，协调换乘站列车到、发时刻，缩短乘客的换乘等待时间，提高跨市乘客的出行便捷性和乘客服务水平。

运营服务时间设置原则。两市衔接线路的服务时间按照国标《城市轨道交通运营管理规范》要求，全天运营时间不少于 15 h，同时，衔接线路应统筹考虑两市需求，按不低于两市城轨运营单位服务时间标准进行设置。

首末班车衔接原则。两市衔接线路的首末班车时间设置应匹配乘客出行特征，尽量满足两市乘客乘坐跨市衔接线路的出行需求；首班车尽量满足市郊乘客往市区方向的出行需求，末班车尽量满足市区乘客返回郊区的出行需求，同时考虑与各自线网其他线路的协调匹配。

4. 互联互通运行原则

广州和佛山两市线网间相邻线路设置联络线时，原则上运营期间不组织列车跨线运营；为实现两市线网互联互通网络化运营时，需满足以下设备条件。

①统一过线运营车辆的车型、限界和受电方式。

②衔接线路之间设置过轨道岔或联络线，实现列车从一条线路行驶到另一条线路的跨线运行；衔接换乘站按照同站台换乘过轨站的要求，设置渡线道岔，满足列车跨线运行条件。

③实现衔接线路信号系统兼容，形成统一的配置标准，使不同厂商提供的信号系统的车载设备、车地接口以及传输系统等能够相互兼容。

5. 乘客服务机制

两市城轨运营单位在保留各自线网导向标识系统特点的基础上，应统一、协调衔接线路和衔接换乘站点的导向设计与设置原则。

①衔接换乘站站外导向标识（路引柱），按“谁先开通，谁主导”的原则进行设置，需包含如运营单位徽标（logo）、线路图标、车站编码等信息。

②衔接换乘站出入口、站内导向标识及服务用品，管控界面能够划分清晰时，根据管辖区域划分，分别按各自导向标准设置；管控界面不能划分清晰时，以先开通车站部分所属城市导向标识标准设置。

6. 票务清分机制

两市城轨运营单位应互相认可对方的票价与票务政策，采用一致的票价计算原则以及优惠政策（优惠政策必须经过双方认可方可实施）、一致的票务事务处理规则和相近的自动售检票设备服务界面。

遵循方便乘客出行的原则，两市城轨运营单位之间使用的车票应实现互认互通，应实现黑名单统一管理等。两市城轨运营单位发行的票卡应实现兼容互用，包括采用相同的安全密钥体系。

7. 设备管理机制

线路衔接点联通原则。结合技术复杂性、经济效益和实施必要性，两市衔接线路应重点做好衔接换乘站的关键设备信息互通或设备互控，包括：防灾报警、机电设备实现监控信息共享；给排水专业实现消防水共享；通信电话实现互通；视频监控实现关键区域的视频镜头共享等。

控制权限相互独立原则。本线路控制中心负责管理本线路设备，对邻线设备只监不控，保证控制信息不冲突，确保设备的安全、稳定运行。

信息共享，及时报送原则。双方应实现信息同时报送，涉及互联设备的故障信息应与邻线控制中心共享，保障信息一致性，提升处置效率。

统一技术标准，便于设备互联原则。双方所采用的设备应尽量采用统一的技术标准和制式，便于不同线路设备之间的信息交互，降低各线路设备互联互通的技术障碍。

8. 应急组织机制

两市衔接线路应急信息互通应遵循以下原则：

①及时准确、协调动作原则：应急情况下及时向对方报送应急信息，最大程度减少突发事件对乘客造成的影响。

②信息通报渠道：以电话通报为主，传真、邮件通报为辅，禁止使用微信等公共通信软件进行报送，避免信息外泄。

③效率原则：为保证突发事件信息传递的时效性，应急事件可以先进行初报，进

一步了解事件的关键信息后再进行续报。

④分级报送原则：发生突发事件时，衔接换乘车站需将信息通报给本线路控制中心及另外一条线路车站，控制中心收到信息后，及时通知另外一条线路的控制中心；事件影响达到报送上级单位条件时（如市应急办，市交通管理部门等），由事发线路运营管理单位的控制中心或线网指挥中心对口报送。

9. 附属资源开发机制

附属资源是指车站空间及其延伸资源，包括媒体广告、商业、民用通信、移动互联网、增值业务等多种资源。

两市衔接线路的附属资源按照“谁投资、谁建设”的原则进行投资建设；按照“谁运营，谁经营”的原则，由该线路的运营单位负责开发和经营，经营收益应全部用于弥补该线路的运营亏损。

10. 互联互通工作组织

为及时解决项目推进过程中出现的重大问题，广州、佛山两地在政府层面和公司层面须明确沟通机制，建立工作组织（见图 5-20），以更好地推进解决在互联互通工作中遇到的问题。

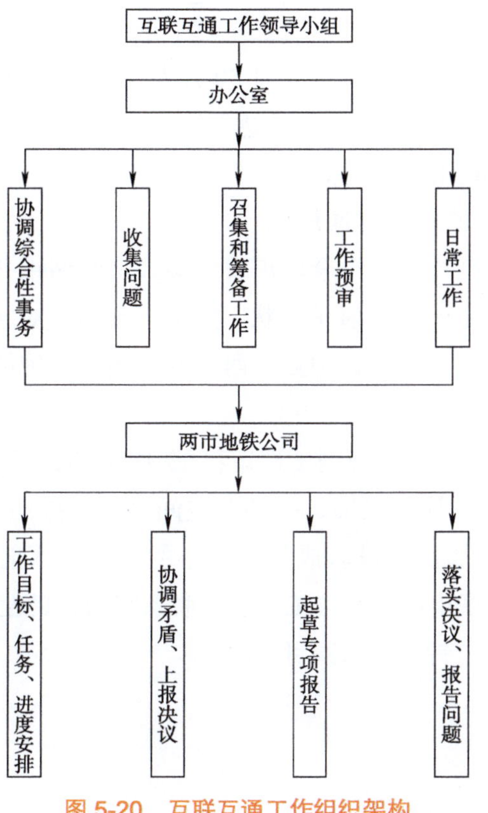

图 5-20　互联互通工作组织架构

5.4 成都地区应用实践

5.4.1 成都地区轨道交通基本情况

5.4.1.1 成渝地区城际铁路规划

根据《成渝地区城际铁路建设规划（2015—2020 年）》（2015 年 9 月），成渝地区城际铁路网规划统计见表 5-5。

表 5-5 成渝地区城际铁路网规划统计表

<table>
<tr><th>层 次</th><th>线路名称</th><th>区 段</th><th>速度标准（km/h）</th><th>建设进度</th><th>长度（km）</th></tr>
<tr><td rowspan="4">骨架网</td><td rowspan="3">绵遂内宜铁路</td><td>绵阳—遂宁</td><td>250</td><td>规划建设</td><td>126</td></tr>
<tr><td>遂宁—内江</td><td>250</td><td>规划建设</td><td>124</td></tr>
<tr><td>内江—自贡—宜宾</td><td>250、350</td><td>2022 年建成</td><td>120</td></tr>
<tr><td>达渝城际</td><td>达州—广安（邻水）—重庆</td><td>350</td><td>规划建设</td><td>239</td></tr>
<tr><td rowspan="6">辅助线和市域线</td><td rowspan="2">成都—新机场—自贡—泸州城际</td><td>成都—新机场（含成都东联络线）</td><td>350</td><td>2022 年建成</td><td>34</td></tr>
<tr><td>自贡—泸州</td><td>350</td><td>2022 年建成</td><td>88</td></tr>
<tr><td rowspan="3">重庆市域铁路</td><td>重庆—合川</td><td>200</td><td>规划建设</td><td>75</td></tr>
<tr><td>重庆—江津</td><td>200</td><td>规划建设</td><td>32</td></tr>
<tr><td>重庆—璧山—铜梁</td><td>200</td><td>规划建设</td><td>39</td></tr>
<tr><td>重庆都市圈环线</td><td>合川—铜梁—大足—永川</td><td>250</td><td>规划建设</td><td>131</td></tr>
</table>

规划实现后，将覆盖区域内常住人口 50 万人及以上城市和大部分常住人口 20 万人以上的城市，实现以成渝双核间 1 h 到达、核心城市与次级中心城市 1 h 到达、城市群内所有次级中心间 2 h 到达的目标。

5.4.1.2 成都平原城市群轨道交通规划

国家《中长期铁路网规划》结合四川省社会经济和城镇化发展，规划在成都平原城市群构建以成都为中心的“放射 + 环状”路网，并形成对接京津冀、长三角、粤港澳等经济区，通达东南亚、南亚、中亚、西亚及欧洲、蒙俄等地区的“四向八廊”进出川铁路格局。

《成都平原城市群轨道交通规划（送审稿）》中强调，结合成渝城际铁路网规划，立足成都平原城市群“一核、三轴、一环”空间格局，按照省委省政府“一干多支，五区协同”战略部署，加快建设以成都为核心的“一环八射三联”城际铁路网（见表 5-6），推动成都平原城市群形成分工合理、联系密切、良性互动的一体化发展格局，实现城市群内各市“45 分钟”交通圈目标。

表 5-6 “一环八射三联”城际网一览表

层 次	径 路	铁路项目
一环	蒲江—资阳—德阳—都江堰—大邑—蒲江	成都都市圈环线城际铁路
八射	成都—绵阳—广元	西成客专、西成新通道（成都—绵阳—广元段）
	成都—三台—巴中	成都—金堂—三台铁路、三台—阆中—巴中—安康铁路
	成都—资阳 / 遂宁—南充 / 广安—巴中 / 达州	成南达万客专、成遂铁路
	成都—资阳—重庆	成渝中线铁路
	成都—资阳—内江	成渝客专
	成都—眉山—乐山	成都至昆明铁路、成贵新通道（成都—乐山段）
	成都—资阳—自贡	成都—新机场—自贡铁路
	成都—雅安	成蒲铁路、成雅铁路
三联	绵阳—遂宁—内江—自贡	绵阳至遂宁至内江铁路
	雅安—乐山—自贡—隆昌	雅安至眉山至乐山至自贡至隆昌铁路
	彭州—什邡—绵竹	彭州—绵竹铁路

在充分利用既有铁路的基础上，有序新建部分线路，优化完善市域（郊）铁路网络。规划成都至凯州 S1、德阳至仁寿 S2、淮州至凯州 S2 支线、成都至淮州新城 S4、新津至蒲江 S6、成都至邛崃 S7、成都至大邑 S8、成都至都江堰 S9、彭州至广汉 S10、成都至淮州 S15、成都至简州 S16、淮州至简阳 S18。

大力推进成德、成眉、成资同城化，充分发挥成都引领辐射带动作用，全面对接成都市域线网。规划 S2、S11、S12 至德阳，规划 S5、S5 仁寿支线、S13 至眉山，规划 S3、S14、S17 至资阳。

5.4.1.3 成都城市轨道交通线网规划

成都城市轨道交通线网层次划分为市域铁路（S 线）、城市轨道交通（普线 + 城轨快线）层次。

1. 市域铁路（S 线）

《成都市快速轨道交通线网规划修编》（2018 年）新增市域铁路层级。其是服务区域中心城与中心城之间的快速出行以及邻接县市与成都中心城、东部新城区之间的出行，加强区域中心城、邻接县市与成都中心城和东部新城的联系，促进成都都市圈一体化均衡发展。市域铁路与中心城的城市轨道交通网络相衔接，实现区域中心城至老城中心和天府新中心边缘 30 min 出行目标。规划市域铁路线路采用市域铁路制式，部分线路具备与城市轨道交通线路互联互通条件，未来可组织跨线客运服务。

承担市域范围内的“点到点”中短途客流的轨道，如成灌、成彭、成蒲铁路；中心城区至大邑、邛崃、都江堰、金堂等市域轨道交通 S 线等等。

2. 城市轨道交通（普线 + 城轨快线）

规划城市轨道交通所服务的空间为中心城、东部新城区及与中心城和东部新城区紧密相连的近郊城镇，是城市功能的核心承载区，成都市提供高频次、大运量的轨道交通客运服务，实现中心城区与东部新城区间 30 min，老城中心和天府新区新中心间 30 min，构建老城中心和天府新中心为核心的双 30 min 圈。承担中心城区至二圈层的城市内部通勤客流的普线及联系大型空港、铁路枢纽的快速轨道交通。

5.4.2 成都“三铁融合”及互联互通规划

5.4.2.1 成都“三铁融合”规划

受国铁长期以来的运输组织方式、运输能力、票制、安检等方面的限制，国铁干线、市域铁路与城市轨道交通相互分割，在轨道交通总体规划中对“一体化”考虑较少，资源共享和相互衔接等考虑不足，统筹和融合不够。主要体现在：三铁系统现状及规划存在资源共享不足，互通互联不够、换乘效率较低；市域三铁系统部分存在存量资产闲置、运力利用不足，服务水平有待进一步提高；城市主要交通走廊布局轨道交通线路较多，城市轨道交通承担了过多的市域功能，既不经济，也不合理，轨道交通的层次和布局有待完善。

借鉴东京都市圈、巴黎大区和莫斯科公共交通系统的“三铁融合”经验，在打造成都国家中心城市宏观目标指导下，按照“顶层设计、一体发展、重点突破、机制创新”的研究理念，整合运输资源，充分发掘资源潜力，落实精准规划，构建国铁干线、市域铁路和城市轨道交通相互融合、功能互补、分工明确、互联互通、资源共享、便捷换乘的综合轨道交通运输体系，在全国率先全面实施“三铁融合”工程。

通过对“三铁融合”存在问题的研究梳理，在构建国铁干线、市域铁路和城市轨道交通相互融合、功能互补、分工明确、互联互通、资源共享、便捷换乘的综合轨道交通运输体系的指导思想下，开展了铁路公交化运营改造、城市轨道交通与国铁枢纽共享和互联互通、城市轨道交通与国铁廊道整合三方面的工作。

1. 铁路公交化运营改造方案

为支撑“1+7”成都平原城市群联动发展，弥补目前成都平原城市群城际铁路尚未成体系的缺陷，充分利用既有铁路资源，成都市提出了通过对既有能力有富余的铁路进行公交化改造，使这些铁路具备公交化的服务标准，以服务于成都平原城市群城际交通需求，服务于成都市域远郊区县的交通需求。

利用国铁干线通道富余能力加密开行公交化动车；对市域铁路实施加站、一卡通设备安装、增加整备设施等公交化改造工程，实现票制协同和安检互信。远期线路规划预留，完善轨道交通线网体系功能。同时加强相互之间的衔接换乘。

通过铁路公交化改造，发挥首位城市带头引领辐射示范带动作用，支撑成都平原城市群协同发展；构建分层定位、有机融合的轨道交通体系，重塑城市空间结构和经济地理；构建市域 30 min 交通圈：外围市县快速到达中心；构建成都平原城市群 60 min 交通圈。

方案分两期。一期方案为 1 环 7 射，分别为成绵乐北段、成绵乐南段、遂成、成渝客专、成自客专、成灌（彭）、成雅、枢纽环线，共计 850 km（市域内 560 km）。

一期工程改造后，实施效果如下：

①动车加密开行效果明显：成都至德阳自 2016 年 9 月 28 日开始公交化运行，发车密度从 16 对 / 日提高到目前的 25 对 / 日，2017 年上半年日均客流 10 100 人次，较公交化开行前增长 150%；

②高铁地铁同台换乘创新突破：成灌（彭）铁路公交化运营实现创新突破，2017 年 7 月 25 日起犀浦站在全国率先实现铁路与地铁安检互信、同台换乘，换乘时间缩短至 2 min，日均客流增长 32%；

③低投入、高回报：约 100 亿的投资，实现线网规模 850 km（市域 560 km），辐射成都平原城市群全部 8 个城市、8.7 万 km^2、3 700 万人口；

④服务更多群众出行：日均吸引客流从 9.1 万人次增加到近 70 万人次；都江堰、彭州、崇州、大邑、邛崃、蒲江与主城区间市域铁路出行占比 60% 以上。

二期方案包括 6 条线路，分别为成昆铁路、货车外绕线、成都至绵阳城际、彭州至什邡铁路、青城山至新津铁路、天府站经新津至蒲江铁路，共计 420 km（市域内 300 km）。二期工程大多为新建线路，将直接按公交化运营的标准进行设计和建设。

2. 城市轨道交通与国铁枢纽共享和互联互通

统筹铁路枢纽布局、铁路公交化改造，落实三网融合，实现枢纽共享、互联互通和衔接换乘，提出了对城市轨道交通车站方案进行优化调整。

其中：

（1）24 座在建、规划城轨车站与铁路车站预留零换乘实施条件；

（2）10 座在建、规划城轨车站与铁路车站预留通道衔接条件；

（3）4 座城轨车站站位调整。

三个层次的轨道交通通过枢纽共享、互联互通、衔接换乘、票制协同、安检互信等多种方式实现功能互补、换乘便利、资源共享，形成一体化运营。成都六个主要铁路枢纽（成都北站、成都东站、成都南站、成都西站、十陵站、天府新站）均已实现多条轨道交通连通。

3. 城市轨道交通与国铁廊道整合方案

依托铁路公交化，对走向、功能基本相同的线路进行整合，整合方案总结如下：

（1）取消 12-2 号线、12-4 号线、35 号线，合计 81 km；

（2）调整 23 号线彭州段、34 号线金堂段、36 号线、37 号线、38 号线、39 号线、

40 号线为远景规划线路，并优化线、站位方案，优化后合计 307 km；

（3）调整 20 号线天府新区段起点和走向，合计缩短约 8 km。

5.4.2.2 成都市域快线互联互通规划

成都市域快线网络包括轨道快线、市域铁路。全网互联互通分为轨道快线内部的互联互通、轨道快线与市域铁路的互联互通、市域铁路内部互联互通三种情况。具体如下。

1. 轨道快线内部互联互通

19 号线具备与 17、18 号线互联互通条件。

2. 轨道快线与市域铁路的互联互通

S1 线具备与 16 号线互联互通条件，S3 具备与 18 号线、13 号线互联互通条件，S4 线具备与 17 号线互联互通条件，S9 线具备与 19 号线互联互通条件。

3. 市域铁路内部互联互通

S6、S8 线可作为 S7 线的支线，具备与 S7 互联互通运行至天府新站的条件。此外，S6、S7、S8 还具备进一步与国铁公交化线路整合的条件。

实现跨线运营，最基本的前提条件就是要预留线路连接点，并保证相关技术标准的统一，包括车辆、供电制式、信号系统、限界等。全网预留跨线运营条件的车站方案见表 5-7。

表 5-7 全网预留跨线运营条件的车站汇总

序 号	车站名称	跨线线路	过轨形式
1	龙潭商务区站	17 号线与 S12 线	双岛四线
2	高大路站	S6 线与 S7 线	双岛四线
3	九江北站	17 号线与 19 号线	双岛四线
4	鹅鹅山站	S8 线与 S7 线	双岛四线
5	天府新站	18 号线与 19 号线	双岛四线
6	香炉山站	17 号线与 S4	双岛四线
7	新东站	16 号线与 S1 线	双岛四线
8	金星站	19 号线与 S9 线	双岛四线
9	福田站	18 号线与 S3 线	双岛四线
10	吕家咀站	13 号线与 S3 线	双岛四线

目前成都市市域快线系统中，10 号线一期工程已开通运营；9 号线、17 号线、18 号线正在建设中；13 号线、19 号线正开展前期设计工作；其他还处于线网规划阶段。

17 号线、19 号线在九江北站预留了的跨线运营条件，将来可视客流情况，开行一定比例温江至龙潭商务区和温江至双流方向的跨线列车，从而提升温江、龙潭商务区和双流组团的乘客可达性。

19 号线与 18 号线在天府新站—天府国际机场段共线运营约 38 km。规划 19 号线与

18 号线共轨，充分利用通道能力，实现双机场联络功能，提升机场与轨道交通的可达性。

5.4.3 成都 18、19 号线同制式跨线运营实践方案

5.4.3.1 线路基本情况

18 号线：火车北站—简阳南站，线路全长约 86.6 km，设站 20 座，为南北向贯穿老城中心、天府新中心的市域快线，兼有联系天府国际机场的双重复合功能。

19 号线：金星站—合江站，线路全长约 62.8 km，设站 19 座，为东西向贯穿天府新中心、双流、温江市域快线，兼有过轨 18 号线，联系双流机场和天府国际机场的功能。

除去市域快线功能，18 号线、19 号线最主要的功能定位为解决中心城区、温江、双流和天府新区与天府国际机场的快速轨道交通联系。

5.4.3.2 制式选择

1. 车辆系统

为满足跨线运营车辆技术要求，成都轨道交通 18 号线、19 号线采用相同车辆选型与列车编组：均采用基于地铁 A 型车（直流 1 500 V，5 车门）改造为交流供电 25 kV，最高运行速度可达 140 km/h 的市域 A 型车（每侧 4 个车门）；初、近、远期均采用 8 辆编组（6M2T），站席标准采用 4 人 /m^2。列车定员为 1 520 人 / 列。车厢座席布置如图 5-21 所示。

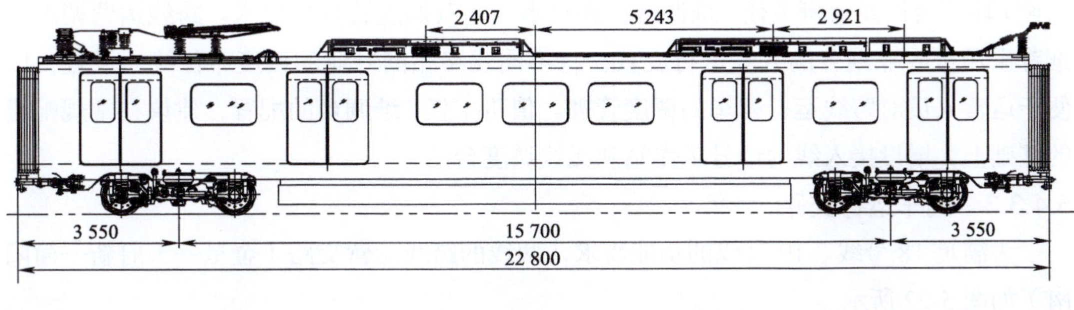

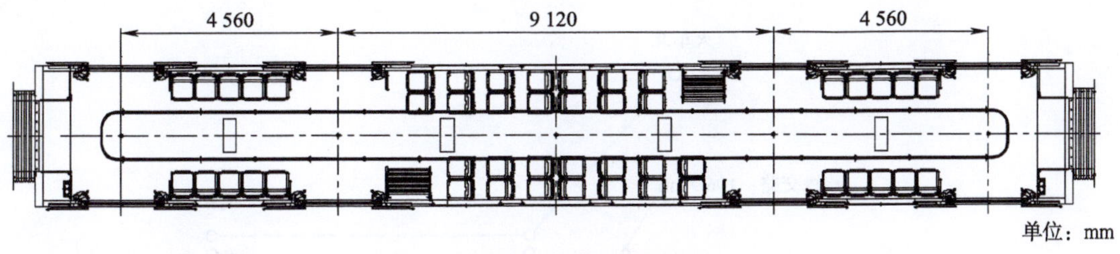

图 5-21　18 号线车辆座席布置平面图

2. 牵引供电系统

结合成都轨道交通 18 号线、19 号线的功能定位及所采用车型，为满足互联互通功能需求，两线均采用单相工频 25 kV 交流制。

3. 信号系统

信号系统遵循互联互通的相关技术要求进行系统设计，统一运行模式、统一轨旁设备布置原则、标准化系统的人机界面、实现信号系统的标准化。互联互通包括但不限于：车载控制设备和轨旁控制设备的互联互通；相邻轨旁控制设备在边界处的互联互通；ATS 和车载控制设备的互联互通；数据通信子系统和相关子系统的互联互通。

信号系统应为互联互通提供相应的条件，包括但不限于：信号各子系统执行的功能应标准化；信号各子系统的接口应标准化，采用国际标准接口协议、接口类型等；信号系统的车地通信内容标准化；所有子系统间的通信连接应使用国际标准协议，相互间交换的数据信息应一致，以实现各子系统间的信息透明传输。

4. 通信系统

专用无线通信建议采用相同的系统设备供货商，18 号线工程新设一套交换中心，满足 18 号线、19 号线接入的容量。在条件许可情况下，可将同期实施的线路统一招标。

5. 控制中心

18 号线、19 号线的控制中心合设于新苗控制中心内，既可以最好的满足跨线运营调度管理的功能需求，又可实现最大限度的资源共享。控制中心大楼对各系统工艺布置和安排统一规划，统一预留，实现土建及常规机电设备的资源的共享。

调度大厅常规调度台配置一般按线路划分，分别为每条线路配置相应的行调台、电调 / 环调台以及值班主任 / 维调台，满足本线运营调度管理的要求。跨线运营调度台推荐采用按专业划分的方式进行设置，将不同线路相同专业的调度席位统一设置，以便于运营人员对跨线运行列车的调度管理。值班主任 / 维调台的配置，建议在常规配置的基础上，增设接入线的信号工作站和无线调度台。

5.4.3.3 列车运行交路

为满足 18 号线、19 号线的功能需求，两线的跨线运营交路（金星—天府新—简阳南）如图 5-22 所示。

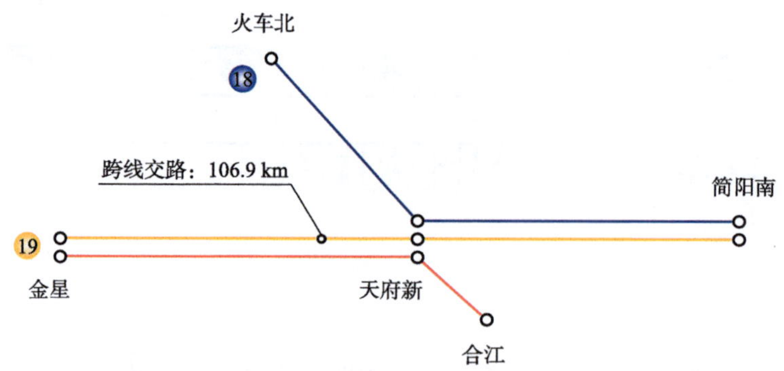

图 5-22　18 号线、19 号线互联互通规划交路示意图

5.4.3.4 跨线运营节点

天府新站将作为 18 号线、19 号线的接轨站，车站配线设计采用 18 号线线路在中间，19 号线线路外包的一岛两侧方案（见图 5-23），该站配线设计的主要功能有：

（1）18 号线、19 号线慢车停站功能；

（2）18 号线、19 号线快车 100 km/h 高速通过功能；

（3）18 号线、19 号线共线运营功能；

（4）18 号线列车出入段和小交路折返功能。

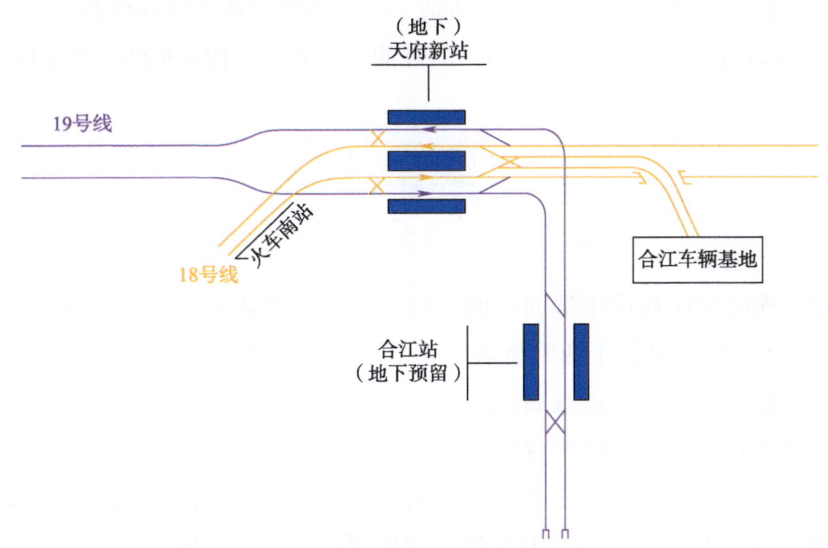

图 5-23 天府新站配线方案

5.4.4 成灌铁路公交化与犀浦站三铁融合实践

5.4.4.1 成灌铁路公交化改造

成灌铁路原设计即为市域铁路，选线设计和站点分布符合市域铁路的功能定位。成灌铁路由成都—青城山主线以及离堆和成彭两条支线组成。线路全长 96.425 km，现状共分布 21 个车站，另有崇义、中兴 2 个预留车站，平均站间距 4.82 km。

成灌铁路公交化的运营现状和改造内容见表 5-8。

表 5–8 成灌铁路发车频率及运输能力统计表

项　目	现　状	目　标
开行对数（对 / 日）	32	60
平均发车间隔（min）	28	15
日均客流（万人 / 日）	2.2	12.6

此外，为实现国铁与地铁及公交计费系统的统一，进出站闸机还需加装可读取成都市天府通系统的识别模块。共改造既有闸机 103 台，设计专用通道并实现地铁和国

铁的安检互信。设置自动售票系统，方便散客临时购票。

安靖等 18 个站既有站台安全门系统改造为适用于 CRH6 型车的安全门系统；新增适用 CRH6 型车的青城山、彭州 2 个车站站台安全门系统。

5.4.4.2 犀浦站“三铁”融合

犀浦站既是成灌铁路的一个重要中间站，又是成都地铁 2 号线西端的终点站，在该站全国首次实现了地铁与国铁的双向同台换乘和安检互信。

成灌铁路靠左行车，地铁 2 号线靠右行车，为解决不同制式轨道交通行车方向不同的问题，地铁 2 号线在西区站（现天河路站）—外语学校站（现百草路站）区间实现左右线换边，犀浦站地铁线路调整为靠左行车，犀浦站—外语学校站配线方案如图 5-24 所示。

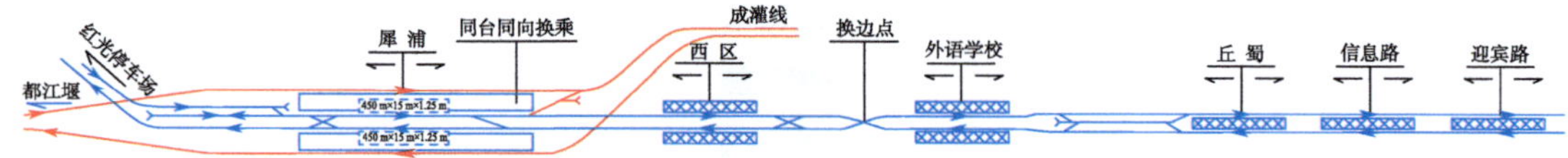

图 5-24　犀浦站—外语学校站配线方案图

国铁和地铁的站厅均位于地面。原设计两个站厅分别设置，既避免国铁和地铁乘客间的相互干扰，同时也便于两家轨道交通单位按不同模式各自管理。

国铁和地铁两线合用高架双岛式站台，其中：成灌铁路两股道位于双岛站式站台的外侧，地铁 2 号线两轨道位于双岛式站台的内侧。由于地铁 2 号线设计时，国铁和地铁的运营管理和票制尚未统一，因此，原设计在犀浦站两站台中间设置了玻璃栏板（临时隔离），将国铁与地铁隔离开，并采用设置售票过渡区的客流组织方式。

为提升地铁 2 号线和成灌铁路的换乘效率，经成都市交委、成都轨道集团和成都铁路局的多方共同努力，2017 年 7 月 25 日，完成了对犀浦站国铁—地铁双方向同台换乘和安检互信的技术改造。

改造后，国铁和地铁共用高架站台层，实现了国内首例国铁和地铁安检互信及双向同台交互式换乘，站台设计和换乘流线如图 5-25 所示。

图 5-25　犀浦站同台换乘流线示意图

为实施国铁和地铁同站台交互换乘，在龙泉驿至犀浦方向站台中部设置国铁自助取票购票机，地铁乘客经过铁路自助验票机后（见图 5-26），进入国铁站台。

图 5-26　地铁 2 号线换乘成灌铁路实景图

在犀浦至龙泉驿方向站台头端设置地铁购票区，国铁乘客在通过国铁验票机出站后进入地铁购票区（见图 5-27），持天府通或单程票刷卡后进入地铁站台。

图 5-27　成灌铁路换乘地铁 2 号线实景图

犀浦地铁站与犀浦国铁站共用站台，是全国首例地铁与国铁双向同台换乘，并率先实现地铁与国铁安检互信的车站。安检互信改造后，地铁 2 号线换乘成灌铁路全程耗时缩短至 2 min 以内，节省换乘时间在 80% 以上。

5.4.5 成都站城一体化融合发展

5.4.5.1 成都市站城一体化开发规划与构想

成都轨道城市发展集团有限公司成立于 2018 年 3 月，注册资本 10 亿元人民币，是成都轨道交通集团有限公司下属具有独立法人资格的全资子公司，主要负责成都轨道集团交通车站综合开发、资产经营管理和地铁接口管理等业务。

成都轨道城市发展集团有限公司制定了成都市站城一体化的发展目标，将综合开发站点分为四级：城市级、片区级、组团级及一般站点。

目前，成都市站城一体化站与轨道交通融合方面，针对陆肖站、行政学院站、进行了规划实践。

1. 陆肖站（6 号线、22 号线）

车站选址：陆肖站为 6 号线与 22 号线的换乘站，车站位于成都南部高新区中柏大道与中和一线交叉路口，沿中柏大道敷设。车站周边现状均为空地，中柏大道道路两侧均为 20 m 宽规划绿带。

周边规划：车站周边规划主要为商业、居住用地建筑用地。柏大道规划道路红线宽 40 m，为双向 6 车道。中和一线规划道路红线宽 40 m，为双向 6 车道，道路均已实现规划。图 5-28 为陆肖站总平面图。

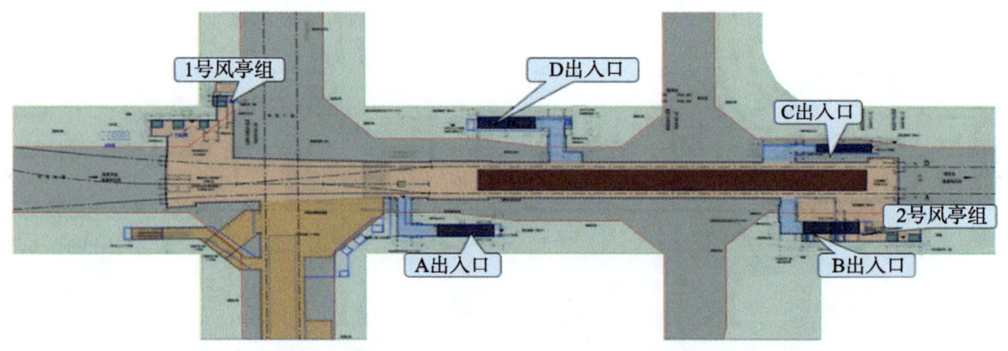

图 5-28 陆肖站总平面图

车站换乘组织：22 号线车站出入口结合下沉广场设置，非付费区换乘须经过负一层商业空间，通过下沉广场进入 22 号线车站。形成一环多射的地下步行空间结构。图 5-29 为陆肖站轨道交通融合发展效果图。

图 5-29　陆肖站轨道交通融合发展效果图

2. 行政学院站（2 号线、9 号线）

行政学院站位于成都东部龙泉驿区，为 2 号线、9 号线的换乘车站，其中，2 号线已经开通运营。为便于换乘组织，考虑将 9 号线与 2 号线十字交叉，兼顾过街功能；优化改造既有 2 号线站厅形象，改造前后站厅如图 5-30 所示；优化区域道路系统，打造慢行系统，将轨道交通与周边环境完美有机结合。

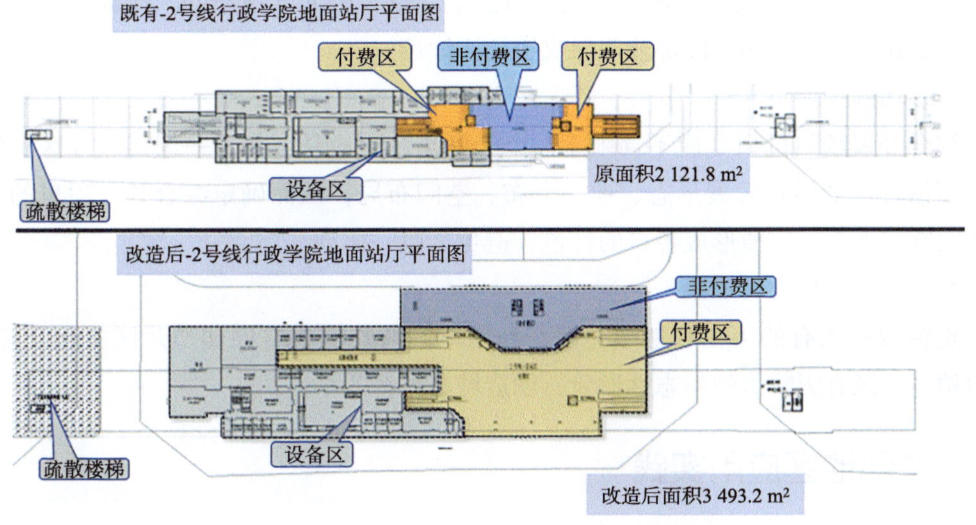

图 5-30　行政学院站站厅改造示意图

行政学院站完成改造后，形成容纳多样活动的中心公园，构建为交通便捷、宜居宜业的区域中心，打造出环境舒适的宜人街区，其效果图如图 5-31 所示。

图 5-31 行政学院站轨道交通融合发展效果图

5.4.5.2 站城一体化与城轨融合的思考与建议

1. 重点打造枢纽节点及规划轨道交通新片区中心

根据已有的城市枢纽，通过以车站为中心的高密度开发，提高城市便利性及运送转换力，完善相关的城市功能和公共服务设施。

根据轨道交通远期规划，在轨道交通沿线规划打造城市新的片区中心，并有意识的引入相关产业、特色商业、生活配套等设施。

2. 通过站城一体化建设，提高城市片区的便利性

以车站为中心建设完整的步行者网络。结合地形特征、道路布局及城市建设，多层次的布置步行者流线。在横向流线的节点上，设置竖向流线空间，保证通向各区域的畅通；在开发的不同阶段都能确保流线的连续性。

3. 多功能集聚

综合开发项目的研究应不局限于一个个站点，更应从“站点—组团—片区”的层面分析该片区的城市发展形态、业态分布、空间布局，从而确定综合开发项目的业态组成、空间形态，以便形成各自的特色，避免千篇一律。

4. 塑造片区标志性形象

重视城市固有的历史和地域特征，利用车站特殊的大空间塑造片区文化及标志。通过塑造片区有影响力的标志性形象，创造城市独特的个性。

5.5 陕西地区应用实践

5.5.1 陕西地区基本情况介绍

5.5.1.1 陕西地区高速铁路

根据国家《中长期铁路网规划》和“十三五”规划，陕西省米字形高铁网以西安为中心，联通周边 8 个省会城市，由 9 条线路组成，省内规划建设总里程 2 170 km。目前，西安至郑州、太原、兰州、成都 4 条高铁线路已经开通，省内营业总里程

856 km。西安至银川高铁，省内建设里程 163 km，投资 224 亿元，于 2020 年 12 月 26 日建成。西安至包头高铁西安至延安段、延安至榆林段，西安至武汉高铁西安至十堰段，西安至重庆高铁西安至安康段正在开展项目前期工作，陕西省内建设总里程 863 km，计划总投资 1 693 亿元。其中，西安至延安、西安至十堰高铁由铁路总公司主导实施，已列为铁总 2019 年计划开工项目；西安至安康、延安至榆林高铁为陕西省主导先行建设项目，分别列为铁总 2019 年计划开工项目和储备开工项目。

截至目前，西安至延安高铁项目控制性工程已开工建设；西安至十堰高铁可研报告已取得国家发改委批复，初步设计正在鉴修；西安至安康高铁可研报告、初步设计已取得批复；延安至榆林高铁：审批前置专项手续全部办理完成。

5.5.1.2　关中城市群城际铁路网

2014 年，国家发改委批复同意建设以西安为中心的关中城际铁路网，规划线路 13 条，规划里程 1 484 km。其中 6 条线路已由高铁通道替代。西安北至机场城际轨道项目（以下简称“机场城际”）于 2019 年 9 月 29 日开通，其余城际铁路控制性工程已开工 4 个，分别是西安至韩城、阎良至机场、西安至法门寺、机场至法门寺城际铁路。

5.5.1.3　西安市城市轨道交通

西安市城市轨道交通线网规划 2005 年编制完成，共由 6 条线路组成，总长度 251.8 km。按照建设国际化大都市的目标要求，2016 年修编完成《关中城市群都市区城市轨道交通线网规划》，规划总规模 23 条线，总长 986 km。

目前，西安地铁已建成运营 1 号线、2 号线、3 号线、4 号线、5 号线、6 号线、9 号线和 14 号线 8 条线路，总运营里程 258 km。在建 7 条线路，分别为 1 号线三期、2 号线二期、6 号线二期、8 号线、10 号线一期、15 号线一期和 16 号线一期，主城区地下轨道交通网络基本形成。

5.5.1.4　陕西省相关轨道交通衔接情况

西安高铁北站接入郑西、西兰、大西、包西、银西、西成等高铁，可引入西安至韩城城际、西安至法门寺城际，并与机场城际及西安地铁 2 号线、4 号线、14 号线衔接。其中机场城际与西安地铁 14 号线在北客站（北广场）接轨贯通运营，与西安地铁 4 号线同台换成，与西安地铁 2 号线通道连接。

西安火车站可办理西兰高铁—西武、西渝、包西高铁动车通过作业，同时引入西安至潼关城际，并与西安地铁 4 号线、7 号线衔接。

新西安南站以关中城际动车始发终到作业为主，可引入西安至法门寺城际、机场经新西安南至西安东城际，远期规划办理部分西成、西武、西渝高铁动车作业，同时与在建的西安地铁 6 号线以及规划的 12 号线、16 号线衔接。

西安东站作为西武、西渝高铁的主要始发站，可引入西安至潼关城际、西安至韩城城际、机场经新西安南至西安东城际与在建的西安地铁 5 号线以及规划的 13 号线衔接。

阿房宫站主要办理郑西、大西、包西、银西、西兰高铁—西成高铁动车通过作业，可引入阎良至咸阳机场城际、与规划的 11 号线、16 号线相衔接。

5.5.2 机场城际与西安地铁 14 号线同制式跨线方案

5.5.2.1 机场城际线路情况

机场城际连接西安北站及西安咸阳国际机场，途经西安市未央区、经开区、西咸新区秦汉新城及空港新城。线路起自西安北站北广场，折向北沿明光路、大唐电厂管桥跨越渭河、机场专用高速后转向西，沿北环线铁路经西咸新区秦汉新城、空港新城核心区，向北以地下敷设方式经西安咸阳国际机场规划 T5 航站楼后，绕过机场跑道东端折向西，沿机场东进场路至终点 T1、T2、T3 航站楼，线路全长 29.31 km（其中，高架线长度 17.92 km，地下线长度 8.49 km，地面线长度 2.90 km）。共设车站 10 座，其中地下站 3 座：北客站（北广场）站、机场（T5）站、机场西（T1、T2、T3）站；高架站 6 座：渭河南站、秦宫站、长陵站、摆旗寨站、艺术中心站和空港新城站；地面站 1 座：秦汉新城站。设置车辆段 1 处，控制中心 1 处，主变电站 2 座。车辆选用 B 型车 6 辆编组，最高运行速度 100 km/h，单程运行时间 29 min。线路起点向东与地铁 14 号线贯通运营，终点预留向西延伸条件。投资概算约 124.79 亿元。项目于 2015 年 8 月全线开工建设，已与 2019 年 9 月 29 日开通初期运营。

5.5.2.2 西安地铁 14 号线概况

西安地铁 14 号线东起国际港务区贺韶村，西止北客站（北广场），先后串联国际港务区、浐灞区、未央区，依次沿向东路—学府中路—开发大道敷设。线路全长 13.65 km，均为地下线，设车站 8 座，其中换乘站 3 座，分别为港务大道站、双寨站、学府路站与 13 号线、3 号线、10 号线换乘；最大站间距 3.19 km，最小站间距 1.06 km，平均站间距 1.79 km。设骏马村停车场 1 座，位于港务区向东路以南、西禹高速以西的地块内，车辆段及控制中心与机场城际共用。主变电所 1 座，位于太华北路与学府中路交叉口东北象限内。西安地铁 14 号线由西安市轨道交通集团有限公司建设运营管理，为西安市轨道交通建设项目。

5.5.2.3 机场城际与西安地铁 14 号线贯通后情况

机场城际与西安地铁 14 号线在北客站（北广场）接轨，贯通后线路全长 43.11 km，共设车站 18 座，两线共用机场城际车辆段、机场城际控制中心及西安地铁 14 号线停车场。两线共设主变电站 3 处，其中，机场城际设主变电站 2 处，地铁 14 号线设主变 1 处。两线车辆大架修由西安地铁 10 号线大架修基地负责。根据机场城际与西安地铁 14 号线技术标准，两线贯通运营属同制式跨线运营。目前，一期工程于 2021 年 6 月 29 日开通运营。机场城际与西安地铁 14 号线贯通线路示意图如图 5-32 所示。

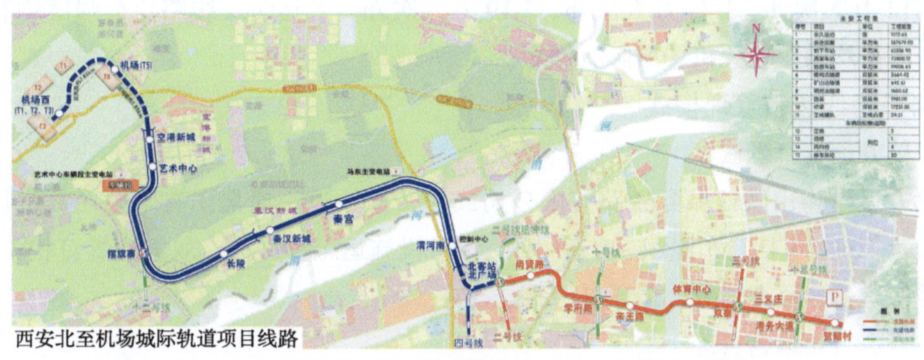

图 5-32　机场城际与西安地铁 14 号线贯通线路示意图

机场城际与西安地铁 14 号线贯通后，初期全日总运量为 30.15 万人次，平均乘距 19.08 km，高峰小时最大断面客流为 1.12 万人次；近期全日客运总量 44.64 万人次，平均乘距 18.98 km，高峰小时最大断面客流为 1.74 万人次；远期全日总运量达到 52.85 万人次，平均乘距 18.90 km，高峰小时最大断面客流为 2.19 万人次。机场城际与西安地铁 14 号线贯通后各设计年度客流预测汇总表见表 5-9。

表 5-9　贯通后各设计年度客流预测汇总表

指　标	全　日			（早）高峰小时		
	2024 年	2031 年	2046 年	2024 年	2031 年	2046 年
线路长度（km）	43.08					
客运量（万人次）	30.15	44.64	52.85	3.33	5.05	6.26
客运周转量（万人 · km）	575.30	847.08	998.92	55.40	86.37	107.20
最高断面单向客流量（万人）	10.70	16.07	18.97	1.12	1.74	2.19
平均乘距（km）	19.08	18.98	18.90	16.65	17.12	17.12
负荷强度（万人 /km）	0.73	1.08	1.28	0.08	0.12	0.15

机场城际的预测年度与西安地铁 14 号线预测年度相差 3 年，其客流指标对比分析见表 5-10。

表 5-10　各特征年客流指标对比表

	初　期		近　期		远　期	
	机场城际	贯通后全线	机场城际	贯通后全线	机场城际	贯通后全线
设计年限	2021 年	2024 年	2028 年	2031 年	2043 年	2046 年
线路长度（km）	28.54	43.08	43.08	43.08	28.54	43.08
客运量（万人次）	7.97	30.15	16.92	44.64	33.09	52.85
平均乘距（万人次 · km）	21.12	19.08	18.16	18.98	16.04	18.90
线路负荷（万人次 /km）	0.28	0.73	0.59	1.08	1.15	1.28
高峰断面流量（万人次 /h）	0.47	1.12	0.87	1.74	1.58	2.19

由表 5-10 可以看出，机场城际与西安地铁 14 号线贯通后将对机场城际客流产生较大的影响，高峰小时客流由原来的 0.47 万人次 /h、0.87 万人次 /h、1.58 万人次 /h 变化为 1.12 万人次 /h、1.74 万人次 /h、2.19 万人次 /h，客运量、线路负荷强度均有大幅度提高，平均乘距较原机场城际有缩短。

5.5.2.4 跨线运营管理模式

1. 单方运营管理

单方运营指由陕西城际铁路有限公司或西安市轨道交通集团有限公司负责贯通线路的运营管理，包括行车组织、客运组织、设备设施运维等工作。双方应签订相关协议，包括委托运营、资金清分、运营补亏等。

2. 合资公司运营管理

合资公司运营管理是指由双方成立合资公司，根据各自固定资产确定股权比例，负责贯通线路的运营管理。双方应签订相关协议，包括股东协议、公司章程、运营补亏、资金清算等协议，明确责权利。

3. 双方独立运营管理

贯通运营后双方对各自建设的线路进行独立运营管理，在双方接轨站进行调度权交接。运营指挥方案包括两种情况：一是双方共用机场城际控制中心统一进行调度指挥管理；二是双方各自建设控制中心独立进行各自线路调度指挥管理。因后者在行车组织、应急处置等方面管理难度大，故推荐第一种。双方须签订行车指挥、应急联动、资金清算、维护界面等协议。

经对以上三种模式的比较分析，三种模式均可实施，关于最终模式的确定，政府决策是模式确定的主要因素。由于模式一、模式二均只由一方运营管理，为常规运营管理模式；模式三双方独立运营管理，双方存在协同要求。

5.5.2.5 行车组织

由于西安地铁 14 号线（贺韶村—北客站）接入后，高峰小时单向最大断面流量增加，初、近、远期高峰小时列车对数由原来 8 对 /h、14 对 /h、24 对 /h 提高到 12 对 /h、18 对 /h、24 对 /h。远期高峰小时列车对数 24 对 /h，能力富余 6.60%，但全线能力富余小于 10% 的区间仅一处，且定员标准按 4 人 /m^2 计算，可满足贯通后客流需求。

5.5.2.6 运行交路

机场城际与西安地铁 14 号线贯通后，机场西（T1、T2、T3）站至贺韶村站采用单一交路运行。早出车、晚回段由艺术中心车辆段、贺韶村停车场共同组织运行。初期运营期间列车在机场西（T1、T2、T3）站折返线Ⅱ道、贺韶村站返线Ⅰ道均采用站后折返。

5.5.2.7 车站配线

贯通运营后列车折返从北客站（北广场）站后调整至贺韶村站后，北客站（北广场）站后交叉渡线保留，机场城际其他车站维持原设计不变。

5.5.2.8 车辆配属

根据列车编组及高峰小时列车对数，各年度车辆配属见表 5-11。

表 5-11 机场城际全线车辆配属数量

项 目	初期（列 / 辆）	近期（列 / 辆）	远期（列 / 辆）
运用车数	26/156	35/210	47/282
检修车	3/18	5/30	6/36
备用车	3/18	4/24	4/24
配属车	32/192	44/264	57/342
注：其中机场城际初期配属 19 列，14 号线初期配属 13 列。			

5.5.2.9 协同调度指挥管理

1. 运行图编制

结合机场城际与西安地铁 14 号线贯通客流预测，根据各区间运行时间、停站时间、折返时间，艺术中心车辆段及贺韶村停车场出入段时间、轨道车运行时间及车辆配属，共同编制完成贯通线路列车运行图。

2. 应急管理

双方建立统一应急管理机制，制定各项应急预案，签订应急联动协议。按照统一指挥、有机配合的原则，按属地管理的原则由属地方主导开展应急处置。车辆故障检修按照车辆所属权原则进行检修。

3. 司机换乘安排

鉴于双方司乘人员分别由各公司车辆部门管理，规章制度，信息报送、人员派班管理、应急处置流程不尽相同。易造成责任划分不明晰，应急处置不及时等问题，建议在接轨站北客站（北广场）实行司乘人员交接班，便于各自调度指挥管理，或双方按照车辆所属权对车辆进行全线路管理，不在接轨站实行司乘人员交接班。

4. 车站组织

按照属地管理原则双方公司对各自的车站实施管理，按照规章制度，服从各自业务部门管理。

各车站日常管理以车站为单位，由各车站班组分别组织管理。

按照信息互通、协调配合的原则，双方车站之间应建立信息互通机制，密切配合，协调工作。

双方应制定统一的票务政策，执行各自的票价。出现票务纠纷时，按既定的票务政策及时处理，提升服务水平。

车站安全管理，按照相关制度包括班前交底、客伤处理、应急演练、信息报送等组织管理。

5.5.3 机场城际与西安地铁 14 号线同制式跨线建设实践

5.5.3.1 供电

主变电所的数量及容量按机场城际与西安地铁 14 号线贯通运营考虑。当一座主变电所退出运行时，由相邻主变电所承担其供电范围内的一、二级负荷。

供电系统主要由外部电源、主变电站、供电系统、牵引降压混合变电所、降压变电所、接触网、电力监控、杂散电流防护及接地、供电车间系统组成。

机场城际设马东和艺术中心车辆段 2 座主变电站，安装容量由原设计的 2×16MVA 调整为 2×25MVA 主变压器。机场城际全线共设置 12 座牵引变电所（其中正线 11 座，车辆段 1 座）。西安地铁 14 号线设主变电一座。

5.5.3.2 信号

信号系统包括正线列车自动控制系统（ATC）和车辆段信号设备构成。列车自动控制系统（ATC）包括列车自动保护子系统（ATP）、列车自动驾驶子系统（ATO）、列车自动监控子系统（ATS）和正线计算机联锁系统（CBI）。车辆段信号设备主要包括车辆段联锁设备、监测设备以及维修设备和培训设备等。

机场城际已按照行业最新《城市轨道交通基于通信的列车运行控制系统（CBTC）互联互通接口规范》建设，可实现不同信号系统的相互兼容和互通。西安地铁 14 号线接入机场城际贯通运营后可选用其他符合互联互通标准的信号系统，或采用与机场城际一致的信号系统实现信号系统有效的衔接及整合。

5.5.3.3 自动售检票

机场城际北客站（北广场）与西安地铁 4 号线同台换乘，机场城际 AFC 系统接入西安轨道集团 AFC 清分系统，实现和西安市轨道交通 AFC 系统网络化运营；西安地铁 14 号线 AFC 线路中央计算机系统可接入机场城际 AFC 线路中央计算机系统。AFC 系统采用计程、计时基本票价制，并采用封闭式的票务管理模式。

5.5.3.4 车辆基地

西安地铁 14 号线（贺韶村—北客站）与机场城际贯通运营后，全线共设艺术中心车辆段 1 座，骏马村停车场 1 座，车辆大架修任务由西安地铁 10 号线高陵车辆基地完成。

场段功能及规模按西安地铁 14 号线与机场城际贯通运营需求建设。

5.5.3.5 车辆

1. 贯通前车辆选型

机场城际原车辆设计初、近期均为 B 型车 3 动 1 拖 4 辆编组，远期为 4 动 2 拖

6 辆编组；西安地铁 14 号线初、近、远期列车采用 6 辆（4 动 2 拖）编组。

2. 贯通运营后机场城际车辆选型调整

由于贯通运营后，机场城际初、近期 4 辆编组不能满足全线客流要求，需将机场城际 3 动 1 拖 4 辆编组调整为 4 动 2 拖 6 辆编组，调整后机场城际与西安地铁 14 号线双方车辆编组标准一致。

3. 车辆配属

机场城际原设计：车辆采用 4 辆编组，初期高峰小时行车量 8 对 /h，运行交路北客站至机场 28.54 km，经计算的运用车数为 10 列，检修备用 3 列，其中检修 2 列，备用 1 列，共计 13 列。为适应客流的灵活变化，再增加 2 列备用车，车辆总配属 15 列（60 辆）。

因贯通运营需求，双方车辆选型需一致，机场城际与西安地铁 14 号线均采用 B 型车，四动两拖 6 辆编组。机场城际投入 19 列车，西安地铁 14 号线投入 12 列车，贯通运营后，线路共投入车辆 31 列。

5.5.3.6 控制中心及场段方案

机场城际控制中心、艺术中心车辆段、贺韶村停车场均按贯通运营后规模建设。

控制中心：机场城际控制中心位于尚稷路旁规划用地内，包括调度指挥大厅、各系统用房及管理用房。各相关系统、设备用房及调度指挥大厅满足西安地铁 14 号线接入条件。

西安地铁 14 号线，可不另设控制中心，主要机电系统设备可直接接入机场城际控制中心，通过对机场城际各相关系统设备扩容改造，实现贯通运营后全线的调度指挥、应急指挥。西安地铁 14 号线接入时控制中心调度指挥大厅工艺布置根据接入条件进行布置。

艺术中心车辆段：位于西咸新区空港新城，段址沿规划新城南大道设置。

为满足西安地铁 14 号线接入机场城际贯通运营的需求，机场城际艺术中心车辆段对原设计方案进行扩容，主要扩容内容如下：

（1）取消段内预留的大架修设施，其车辆大架修任务改由西安地铁 10 号线车辆段承担。

（2）在车辆段内增加定修列位 1 个，共计 2 个。

（3）将远期预留的 15 个停车列检列位改为近期一次建成，形成停车列检 30 列位的规模，并增加机场城际向西延伸时停车列检的预留条件。

（4）近期增加双周三月检列位 1 个，共计 4 个。

（5）将停车列检库、定临修库、双周三月检库库长由 4 辆编组改为 6 辆编组。

艺术中心车辆段规模对比见表 5-12。

表 5–12 艺术中心车辆段规模对比

项　　目	原设计规模	改扩建后设计规模
大架修（列位）	预留 1 列位	取消
定修（列位）	1（4 辆编组）	2（6 辆编组）
临修（列位）	1（4 辆编组）	1（6 辆编组）
周月检（列位）	3（4 辆编组）	4（6 辆编组）
停车列检（列位）	近期 15 列位（4 辆编组）、远期 30 列位（6 辆编组）	近远期均为 30 列位（6 辆编组）并预留机场城际向西延伸时增加停车列检列位条件

5.5.3.7　运营管理及组织

贯通运营后双方对各自建设的线路进行独立运营管理，在双方接轨站进行调度权交接。运营指挥方案包括两种情况，一是双方共用机场城际控制中心统一进行调度指挥管理；二是双方各自建设控制中心独立进行各自线路调度指挥管理。因后者在行车组织、应急处置等方面管理难度大，故推荐第一种。

机场城际与西安地铁 14 号线贯通运营后，初期运营期间采用机场西（T1、T2、T3）站至贺韶村站单一大交路运行，列车在机场西（T1、T2、T3）站折返线、贺韶村站返线均采用站后折返，由艺术中心车辆段、贺韶村停车场出入段。北客站（北广场）至机场西站行车由机场城际管理，北客站（北广场）至贺韶村行车由西安轨道集团管理。运营时间初定为 6：00~23：00，共计 17 h，峰期为平峰。

在协同运输的情况下，应执行以下原则：

①双方应建立应急指挥机制，统一指挥、协调配合。电话闭塞法组织行车时，应急指挥负责人发布指令，经值班主任同意，调度总台行调发布采用或取消电话闭塞法行车的调度命令。

②双方应按照属地化管理原则，属地方采用电话闭塞法组织行车及应急处置。

③机场城际北客站（北广场）与西安地铁 14 号线尚贤路站采用与其他站相同方式进行联系。

④增加西安地铁 14 号线车站、贺韶村停车场编号，其中，车站编号在北客站（北广场）站编号基础上依序排列。

⑤闭塞区间、行车凭证、发车凭证、列车限速标准、人工办理进路流程、关键程序需经双方协商一致。

5.5.3.8　运营维护管理

建立统一的维护标准及规程，划分设备界面，应急情况下，按照先通后复的原则由属地管理方就近响应。施工管理参照设备维护原则执行。

5.6 温州地区应用实践

5.6.1 温州地区轨道交通基本情况

按照国家战略及落实城市总体规划的发展要求，以打造全国性综合交通枢纽城市，促进温州市中心城区“双轴双心四片”的建设等为目标，《温州市综合交通体系规划（2016—2030 年）》提出构建“S+M”的城市轨道交通线网架构，促进土地利用与交通协调发展，支撑城市空间结构扩展和优化。远景线网由 3 条市域铁路 S 线和 4 条大运量轨道交通 M 线组成，线网总规模达 382.35 km。

市域铁路“S”层次包含 S1、S2、S3 三条线路。串联区域内各主要组团，构建中心城区与外部组团间的联系通道，最终形成辐射都市区各组团核心的 1 h 市域铁路交通圈，承担城镇密集地区中长距离快速客运需求。

大运量轨道交通“M”层次包含 M1、M2、M3、M4 四条线路。主要服务主城、龙湾、瑞安三个主要核心城区，形成环大罗山的客运走廊，实现城市组团间的半小时通行圈，有效缓解中心城区交通压力。

在规划的远景城市轨道交通线网中，将建成可实现“S+M”跨制式轨道交通换乘的节点 26 个，其中 S 线和 M 线之间大型换乘站 6 处、S 线和 M 线之间一般换乘站 13 处，S 线之间或 M 线之间换乘站 7 处。拟设两个线网控制中心，互为备用。其中 S1 线已经建成的温州站控制中心具备 S1 线、S2 线、S3 线、M1 线、M2 线 5 条线路的接入条件。M1 线丽岙车辆段与 S3 线停车场共址建设，并设置渡线联络线实现 S、M 线网络的互联互通，部分工程车、限界检测车、钢轨打磨车，隧道冲洗车等资源可以实现网络共享。

综上所述，温州区域轨道交通属于第二级区域轨道交通多制式协同等级——“信息互通”，即不同制式的轨道交通不仅在物理设施上互联，同时还进行运营组织和客流信息的共享。

5.6.2 “S+M”协同运输与服务模式研究

区域轨道交通协同运输与服务存在 3 个维度的需求，分别是阶段性、需求主体、层次性。各层次下包括乘客出行综合服务需求、复合网络运输组织需求、协同安全保障需求及政府宏观协同需求。结合温州市区域轨道交通协同运输发展现状与规划，对“S+M”协同运输与服务模式开展研究。

5.6.2.1 乘客出行综合服务

从线网功能来看，温州市“S+M”轨道交通网可满足市域内乘客、中心城区乘客的出行需求。市域内乘客以通勤、通学、商旅为主要目的，中心城区乘客以通勤、通学、生活服务为主要目的。

其中，市域铁路 S 线只是重点解决了外部组团之间以及外部组团与中心城区之间快速联系问题，尚未形成一张快慢结合、满足城区居民日常出行的大运量轨道交通骨干网络。在 S 线网基础上建设 M 线，可解决中心城区居民交通出行问题，并与 S 线换乘形成“S+M”网络。

1. 共性需求

通过对乘客全过程出行链进行识别，分析总结认为两种行为类型的乘客均具有以下共同需求：便捷舒适的乘车服务需求，智能化的信息服务需求，可达性、安全、经济等基础需求。

2. 差异化需求

从出行服务阶段性出发，不同类型的乘客对于规划、建设、既有建成线路的差异化需求包括：对于规划中市域铁路 S3、轨道交通 M 线以及建设中的市域铁路 S2 线，乘客的出行服务需求比较简单，只包含对于线路可达性的需求；对于既有建成的市域铁路 S1 线，乘客的出行需求还包括统筹协调需求和一体化发展需求，包括经济性、便捷性和服务性以及出行智慧化、无感化需求。

5.6.2.2 协同运输组织研究

作为都市圈轨道交通运营管理“一张网”中的市域铁路 S 线与轨道交通 M 线都能为城市的客流运输提供便捷服务，S 线主要服务中心城区联系周边组团的客流，M 线主要服务中心城区内的客流，这两类客流交换在需求上是客观存在的，能够实现跨线运营即可提供更加方便的乘坐体验，满足交换客流的需要。

但两大系统各具特色，比如温州 S 线采用 27.5 kV 交流接触网牵引供电、CBTC（S1 线为点式 ATC）的信号系统、车辆为市域 D 型车等；而 M 线通常采用 1 500 V 直流供电、ATC 信号系统、车辆一般为 A/B 型车等。目前，温州开展系列研究，实现跨线运营性价比不高，协同运输采取管理资源共享，客流同站换乘方式进行，以实现“S+M”的互通。

1. 行车调度指挥

城市轨道交通同过控制中心实现对线路的调度指挥工作，线网调度指挥模式通常分为集中式、区域式与分散式。在 S 与 M 两种不同线路制式的前提下，调度指挥、应急处置、施工管理等运营组织工作，存在较大差异。因此在日常运营管理中，S 与 M 不同制式线路之间的互联互通、人员设备操作及调度、行车指挥等作业须建立专项的运营调度规程；同时，对于各自线路设备、接触网、行车界限等接口部分，必须重点分清界面，形成统一的运营调度指挥体系。完成各类调度组织基础工作后，形成统一的运营调度控制中心。

协同调度指挥下，市域铁路 S 线与地铁 M 线同样采用城市轨道交通公交化的高密度运营模式，最小行车间隔可达到 2 min，全网运营时间协调统一，列车运营时间为 5：00~23：00，全日运营 18 h，其余时间用于系统检修。

S 线与 M 线通过各自的控制中心独立调度指挥，并在各线路之上，以线网控制中心统一指挥的形式，调度所有线路运作。

在线网条件下，S 与 M 线路制式不同，列车运行速度不同，从而导致行车组织存在差异，在运营一体化的条件下，互联互通的调度组织相对难度较大。可尽可能减少设备差异，实现设备共用，有效平衡及利用设备资源。

应急处理情况下，由于 S 与 M 线路制式不同，设备特性不同，调度的应急处理应充分考虑不同之处，由线网控制中心进行统一协调。在设立线网指挥中心的同时，需成立轨道交通级别的灾控中心，直线调度线网控制中心及各线路控制中心，同时公司管理层直接接管灾控中心，同时与政府多部门直线汇报。

2. 换乘模式

根据温州市城市轨道线网规划，“S+M”区域轨道交通协同存在三种换乘模式：S 线之间换乘、M 线之间换乘、S 与 M 线之间换乘。对于枢纽换乘车站，包含非付费区换乘和付费区换乘两种。

站台—站台换乘、站台—站厅—站台换乘、站台—通道—站台换乘等几种方式；非付费区换乘方式，实际上是没有专用换乘设施的换乘方式，乘客增加一次进、出站手续，一般不予推荐。

对于相交的两条线路，换乘类型主要有 T 形、十字形、L 形等；对于平行的两条线路，换乘类型主要有“上下式”“夹心式”“同层平行式”。车站的总体布局及换乘关系需结合线路工程实施条件，重点考虑换乘客流功能需求。

目前 S1 线已经通车运营，S2 线在建过程中，S3 线及 M 线处于设计阶段。

M 线与 S 线车站换乘的基本原则如下：

（1）车站换乘的设计应优先考虑站台至站台的换乘，其次为站厅内的付费区换乘，最后为通道换乘优。应尽量缩短换乘距离，做到流线明确、简捷、方便乘客；尽量减少换乘高差，避免高度损失；换乘客流宜与进、出站客流分开，避免交叉干扰。

（2）尽量整合换乘车站机电系统资源，节约空间、设备资源，统一乘客导向规范及组织体制。

（3）尽量减少对已经建成的 S 线车站的改造。

（4）对于尚未建设的 S 线车站，尽量优化换乘条件。

3. 车站组织

车站是轨道交通系统进行运营服务的基层单位，其管理工作包括行车组织、客运服务和车站设备的监控。车站管理有站长负责制和中心站长负责制两种形式。

截至 2020 年 2 月，S 线车站实行站长负责制，由本站站长负责所管辖车站全面的生产和行政管理工作，该管理模式下，各站设站长、值班站长、行车值班员、客运值班员、站务员（站台岗、厅巡岗、客服岗）等岗位。

后期S和M线车站拟采用中心站长责任制：即将一条线路上连续的若干个自然站划分为一个站区，一个站区设一名中心站长及两名中心站助，中心站长全面负责本站区各站生产及行政管理工作，站区助理以协助区域站长完成各模块任务为主，不直接对车站进行管理，该管理模式下，站区内各站设值班站长、行车值班员、客运值班员、站务员（站台岗、厅巡岗、客服岗）等岗位。

从管理模式上来讲，S、M线在人员岗位划分上基本一致，两种管理模式相比，采用中心站长责任制有助于优化站务中心岗位配置，在减少站长岗位需求的同时，亦能加强各站模块作业标准化管理，为现今行业发展趋势。

除管理模式外，因自身技术设计、建筑结构的差别，S线以高架站为主，站间距长，行车速度快，采用左侧行车。M线以地下站为主，站间距短，采用右侧行车。地下站点其消防安全、乘客服务等技术要求更为复杂，两者在突发情况下的应急处置作业流程均有所差异。

4. 票务组织

温州轨道交通AFC系统根据线网规模较小的特性，在国内首创四层架构，即ACC清分中心系统—SC车站计算机系统—SLE车站终端设备—车票。有别于AFC传统五层架构，温州轨道交通AFC系统将LCC线路中央计算机系统功能整合到ACC清分中心系统中，减少了线路中心设备采购、维护保养的费用及线路中心设备用房、电源及相应的软硬件维护人员资源的投入，减少了AFC系统LC层业务接口，提高AFC系统数据传输效率，更好地发挥客流数据的实时性，同时使整个AFC系统对各类事件的处理及响应速度得到了提高，最大程度保障了后续线路车站的无缝接入，降低实施难度。

温州轨道交通AFC系统由ACC统筹全线网票务运作。目前ACC系统包含了3条S线，后续M线接入需要对ACC系统进行扩容。线网级票务组织主要包括票卡管理、收益管理、清分管理、数据分析及ACC维护管理等业务模块，所有业务模块不作S线、M线区分。

此外，随着电子科技的不断发展，支付手段也趋向多样化。目前S1线支持的购票支付渠道，主要有四种：一是通过“温州轨道”APP直接扫二维码过闸，“温州轨道”APP也支持扫码乘坐上海、杭州、宁波、合肥等城市的轨道交通；二是刷市民卡直接过闸，享受9折优惠；三是刷带有“闪付”标识的银联IC卡或承载银联IC卡信息的手机PAY直接过闸；四是通过自动售票机购单程票，自动售票机除传统现金购票外，还仅支持支付宝、微信等APP扫码购票，也支持带有“闪付”标识的银联IC卡或承载银联IC卡信息的手机PAY闪付购票。后续随着移动支付的不断创新，还将考虑其他更为便捷的支付渠道，以提高乘客满意度。

5.6.2.3 协同安全保障

安全是乘客出行最基本的需求，也是轨道交通运营单位日常工作管理的重要组成部分。对于多制式区域轨道交通协同运输模式，其安全保障方面涉及到更多的部门与机制需要协调，相较于单一制式的轨道交通来说更为复杂。

从人—设施设备—生产环境—管理机制 4 个维度对区域轨道交通协同运输安全风险进行分析，并建立相应的风险防控制度。利用先进的信息网络技术与设施设备，实现对区域轨道交通运营安全的监控与保障。同时建立完善的对外联系机制与应急预案，实现对事故的有效控制与救援。

1. 建立“纵向到底、横向到边”的安全管理体系

温州市铁路与轨道交通投资集团始终高度重视安全生产工作，坚持“安全第一，预防为主，综合治理”的方针，牢固树立安全生产红线意识，全面落实安全生产工作，有效防控安全生产风险，逐步建立健全一套覆盖“S+M”运营安全管理体系，推动安全管理水平进一步提升，为运营安全提供有效保障。在公司安全生产委员会的统一领导下，建立从公司到部门、车站 / 班组的三级安全管理网络架构，设置安全生产管理机构，职责涵盖运营安全监察、维保质量管理、应急管控、风险分级管控、安保管理、消防管理、票务稽查、档案管理等，形成各层级纵向到底、横向到边的安全生产管理组织体系，并逐级签订安全生产和消防安全目标责任书，确保各项安全管控制度及措施有效落实。

2. 狠抓安全制度建设

注重建章立制，先后出台综合管理类、安全类、行车类、客服类、操作类、维护类、应急处置类等 7 大类共计 289 篇规章，其中，应急处置类 58 篇，包括《运营应急信息发布规则》等 5 篇管理制度,《车站突发治安事件现场处置方案》等 32 篇现场处置方案，以及按照综合预案、自然灾害、突发事件、公共卫生、社会安全等五大类制定的 21 篇应急预案，同时细化制定设备设施的作业指导书、操作规程、应急处理等文本，发布维保类规章 147 篇，形成一整套质量安全管理制度体系，逐步完善检查、整改、培训、例会、奖惩、考核、应急等工作机制，为“S+M”运营管理模式提供制度保障，有效保障安全管理各项工作有序推进，促进安全生产规范化、系统化。

3. 强化安全风险分级管控

严格执行交通运输部关于《城市轨道交通运营安全风险分级管控和隐患排查治理管理办法》（交运规〔2019〕7 号）等规范文件要求，坚持目标导向、全面覆盖、科学施策、闭环管理的原则，公司从管理制度上建立《危险源识别、评价、控制管理办法》和《隐患排查与治理管理办法》，对公司安全风险分级管控和隐患排查治理双重预防工作实施监督管理，并逐级分解风险分级管控责任，确保责任落实到各部门和岗位，强化公司运营安全风险可控。在初期运营阶段组织开展全线安全风险辨识，对辨识出的

安全风险进行分类梳理，对不同类别的安全风险，采用相应的风险评估方法确定安全风险等级，建立 R1、R2、R3、R4 类四个等级的危险源数据库，对安全风险实行分级、分层、分类、分专业管理，逐一落实管控责任，确保安全风险始终处于受控范围，为保障运营安全有序开展设立了安全防控屏障。

4. 完善应急处置机制，确保处置快速有效

根据交通运输部关于《城市轨道交通运营突发事件应急演练管理办法》（交运规〔2019〕9 号）等规范文件要求，公司运营突发事件应急演练遵循全面覆盖、总专结合、协同联动、有效融合的原则，对所有运营区域内突发事件应急演练组织实施和监督管理。通过建立应急救援抢险指挥部，分层级建立应急救援队伍，定期开展应急演练并进行评估，明确预警和响应机制，构建高效顺畅、协作运转的应急救援体系。制度方面，通过逐步建立和完善“S+M”的三级应急预案并组织实施常态化演练，发布应急处置类规章 53 篇，包含综合、专项预案和现场处置方案，并通过制定全年演练计划开展应急演练，各维保单位同步建立应急演练计划，确保与运营分公司的应急管理做到协同联动、快速响应。通过演练提高各部门、各专业间的应急处置能力，极大提升运营安全的应急处置保障。

5. 创新安全管理手段

结合运营安全管理特点，充分运用“互联网 +”技术，发挥网络信息平台优势，构建运营安全管理信息系统平台，将风险分级管控、事故隐患排查和治理、第三方施工监管、维保单位监管、应急演练、事故事件等各方信息通过网上监督管理，为安全风险管理提供重要的管理工具和监管平台，使整个运营安全风险管理体系得到串联，并确保实施过程完整而流畅。

5.6.3 温州市“S+M”实践工程方案

温州城市轨道交通建设起步较晚，目前除 S1 线已开通运营，S2 线正在全面开工建设阶段，S3 与 M 线则尚处于前期工作报批报建阶段。

在 S1 线建设过程中，温州市铁投集团联合多家参建单位、科研院校对市域铁路设计、建设、验收等标准规范进行研究，先后参与完成《市域铁路设计规范（T/CRS C0101—2017）》、《市域快速轨道交通设计规范（DB33/T 1160—2018）》等编制工作，为建立市域铁路与地铁互联互通相关技术标准打下基础。

S1 线的运营调度指挥通过温州站的控制中心实现，该控制中心同时具备协同指挥 M 线的功能条件。同时与杭州、宁波、上海、温州、合肥、南京等长三角城市开展轨道 APP 通用相关工作，实现区域轨道交通乘车二维码互联互通。图 5-33 为温州轨道交通控制中心。

图 5-33　温州轨道交通控制中心

除了以上工作以外，要实现区域轨道交通在运营阶段的互联互通，还应在线路规划阶段整合多层次、多制式轨道交通的顶层规划资源，并建立协同运输服务标准与机制。线路建设阶段统一技术标准建设，预留线路、设备接口等的协同运输条件，以实现多制式轨道交通的运营协同指挥、换乘便捷化、票务互联互通以及运营管理一体化。

通过工程实施，达到如下预期成果：

（1）通过枢纽节点换乘和运营衔接，实现付费区换乘，促进多种轨道交通系统的融合；

（2）通过控制中心进行多制式轨道交通的协同调度指挥工作，实现跨制式运营模式下的运行计划的编制、运行调度、运营监控、信息收集和发布；

（3）形成一套得到工程验证的，具备可操作性、国际领先的区域交通系统总体解决方案和建设标准规范的技术体系；

（4）实现跨制式协同运输组织及全局综合安全保障，覆盖完整出行链的乘客一站式信息服务的产业化系统装备。

5.6.3.1　综合协同运输及应急联合指挥中心

控制中心应考虑采用相对集中的控制中心布局模式，目前 S1 线已经建成的温州站控制中心用地面积 10 784 m^2，总建筑面积 62 999 m^2，具备 S1 线、S2 线、S3 线、M1 线、M2 线 5 条线路的接入条件，可协同“S+M”线网的运营调度指挥工作。此外，针对远期 M3 线及后续加密线路将新建第二控制中心。

5.6.3.2　多制式轨道交通场段共建

M1 线丽岙车辆段（见图 5-34）与 S3 线停车场共址建设，并设置渡线联络线实现

S、M 线网络的互联互通，部分工程车、限界检测车、钢轨打磨车，隧道冲洗车等资源可以实现网络共享。

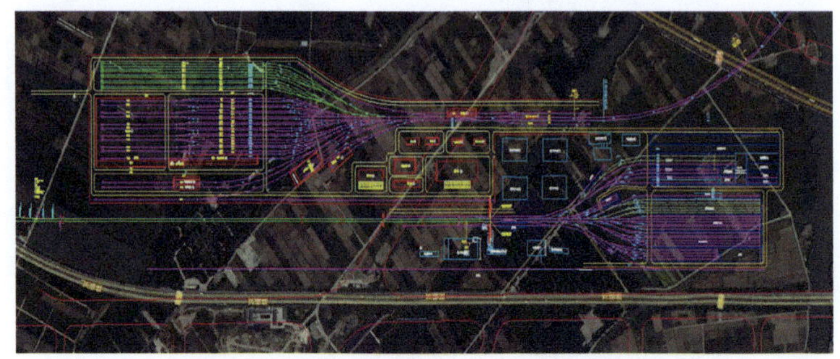

图 5-34 温州轨道交通丽岙车辆段

5.6.3.3 轨道交通换乘枢纽车站建设

温州区域轨道交通系统线网中，S 线与 M 线两线甚至多线换乘车站，轨道交通单一车站的机电系统涉及供电、通风空调、给排水及消防、FAS、BAS、AFC、通信等多个专业，设备种类多、数量大，占用较多空间。如果按单线单站进行设计，不仅会造成设备和管理用房的增多，提高了工程投资，也会增加运营管理部门的工作量。因此，在保证分线运营功能的前提下，对换乘车站进行互联互通设计，整合机电资源，实现系统共享、空间共享、设备共享、管理共享，达到合理利用电力、设备、空间资源目的。

建立统一的票务体系和 AFC 系统，解决清分数据对账的问题，以实现付费区换乘，减少乘客走行距离，提高换乘效率。同时在换乘车站提供智能化的信息服务平台，对站内乘客进行高效组织和诱导。图 5-35 为区域轨道交通 M1 线与 S3 线上蔡站换乘平面图。

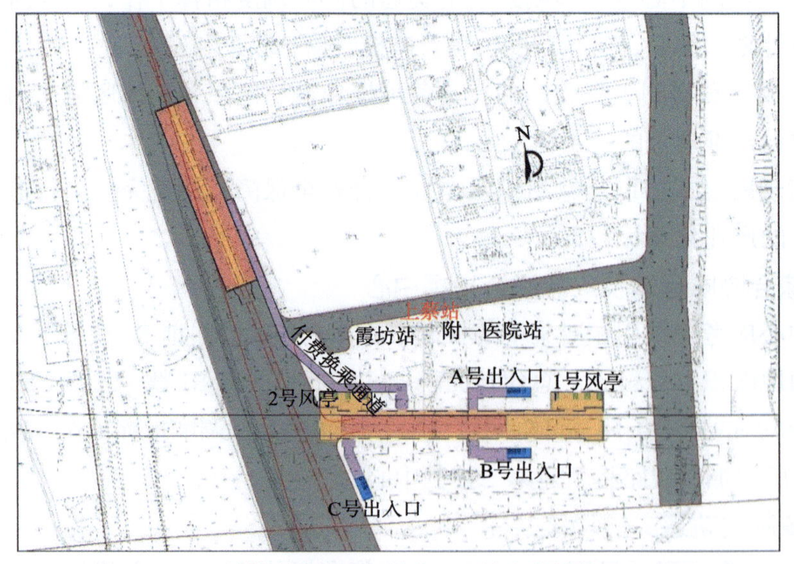

图 5-35 区域轨道交通 M1 线与 S3 线上蔡站换乘平面图

5.6.3.4 跨地区的轨道交通智能信息服务

构建三层网络（见图 5-36），市域轨道构建的物理网，打通信息壁垒形成的物联网，经由无线网络连接的服务网，三层网络实现了自动化服务的闭环流转，提升服务的智能化水平。

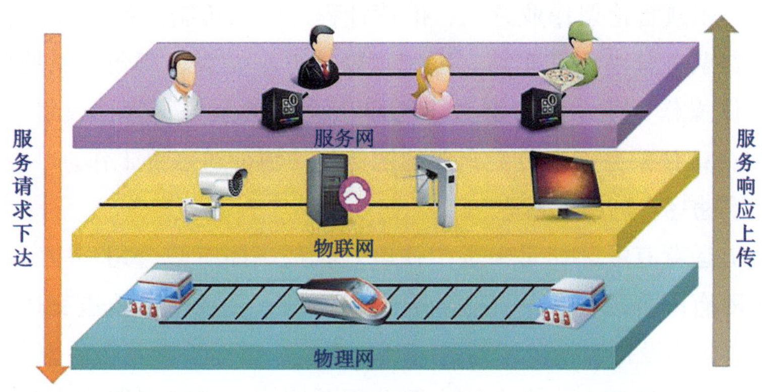

图 5-36　三层网络图

应用设计层面共划分为四个板块：基础服务、商圈服务、支撑服务、智慧城市服务，如图 5-37 所示。

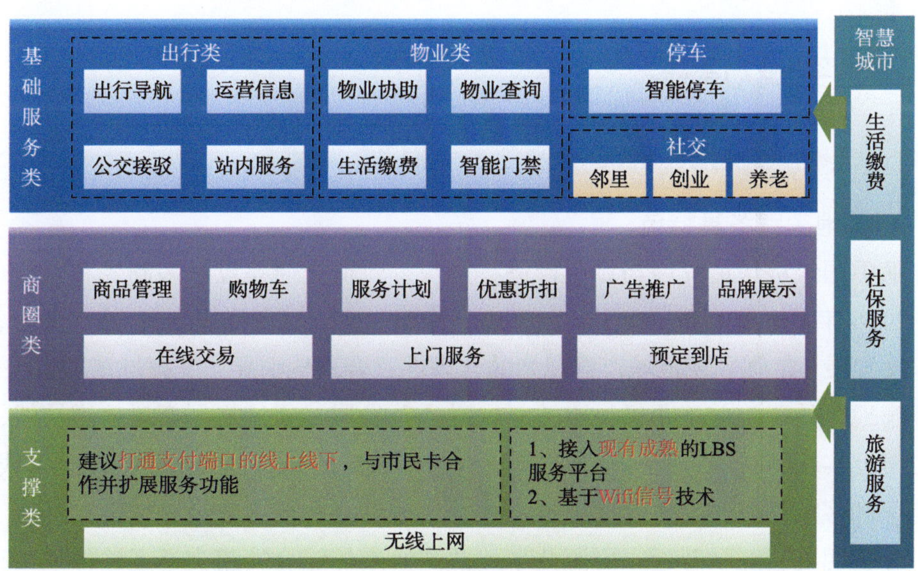

图 5-37　应用版块内容

温州正在开展杭州、宁波、上海、温州、合肥、南京等长三角城市轨道 APP 通用相关工作。

5.6.3.5 运营服务管理

目前 S1 线实行站长负责制，每个车站设站长、值班站长、行车值班员、客运值班员、站务员（站台岗、厅巡岗、客服岗）等岗位；M线建成运营后，车站实行中心站长负责制，由中心站长全面负责本站区各站生产及行政管理工作，中心站助协助完成各模块工作，各车站设值班站长、行车值班员、客运值班员、站务员（站台岗、厅巡岗、客服岗）等岗位。

各线采用封闭式售检票作业方式，推荐计程计时票价制。各线票务管理采用ACC票务中心和线路票务分中心和车站三级管理模式。车站级负责各车站的票务管理，以面对乘客的具体操作为主；线路票务中心负责全线的票务管理，收集、统计、分析、查询运营数据；ACC票务中心负责车票的初始化、清分对账等工作。

5.6.3.6　运营维护资源共用管理

中铁通轨道运营有限公司是中国中铁电气化局集团有限公司、中国铁路通信信号上海工程局集团有限公司两家中央企业合资设立的，主要承担轨道交通设备设施的维修、保养，轨道交通设备设施及配件的安装、销售、试验检测及售后服务。

同时，与中车青岛四方机车车辆有限公司共同出资组建了温州中车四方轨道车辆有限公司，主要承担轨道交通车辆的组装（车体组装和总装）及检修服务业务；高速动车组的检修服务业务；轨道交通项目总包、机电总包业务；轨道交通装备相关的其他产业等。由此实现S线与M线车辆检修、运营维护人员共用。

5.7　综合实践方案

5.7.1　各地协同运输实践综述

5.7.1.1　各地实践各具特色

伴随中国经济快速发展与城市群进程加快，轨道交通建设呈多制式和网络化发展趋势。2016年国家发改委发布了《关于进一步编制实施城市群规划》，旨在加快各地城市群建设发展，加强和规范城市群规划的合理性，合理地引导、支撑城市群发展。

成渝地区处于目前正积极推进“三铁融合”发展；通过规划新增轨道快线，轨道快线之间可实现同制式跨线运营，轨道快线与市域铁路之间可实现不同制式跨线运营，运营组织和客流信息共享，构建国铁干线、市域铁路和城市轨道交通相互融合、功能互补、分工明确、互联互通、资源共享、便捷换乘的综合轨道交通运输体系，重点研究铁路公交化运营改造和城市轨道交通与国铁枢纽共享和互联互通。

陕西关中城市群已被列入我国十大城市群之一，规划时就和铁路客运专线、干线铁路、高速公路、城市轨道交通以及关中骨干公路有机结合。陕西城际在2008年开始规划，至2014年批复，前后历时6年。总体方案为“辐射＋环”状线网架构，线网规模1 400多公里，在协同运输方面主要考虑与国铁网、地铁网在大型枢纽节点引入和场站布设的便捷换乘，同时考虑并行通道各交通制式间的结构优化配置。机场线在引入西安北站时考虑与地铁 4 号线的同站台换乘（同制式换乘），达到协同运输目的，同时机场线和 14 号线将同制式跨线运输。西安东站引入的西延城际、西康城际考虑与地铁 5 号线的协同运输。

温州地区市域铁路 S1 线工程正式列入“国家战略新兴产业示范线工程”，通过国铁规格建设城市轨道交通，采用城市轨道交通公交化、高密度运营。S 线重点解决了外部组团之间以及外部组团与中心城区之间快速联系问题，在 S 线网基础上建设 M 线，解决中心城区居民交通出行问题，并与 S 线换乘形成“S+M”网络，形成一张快慢结合、满足城区居民日常出行的大运量轨道交通骨干网络，因两种制式的线路供电制式不同无法进行跨线运行，只能通过研究同站枢纽换乘，以实现“S+M”的互联互通。

广州地铁现状线网运营里程持续增长，客流需求旺盛，急需总结经验，弥补短板，提升整体线网服务水平及运输效率。广州粤港澳地区同城化网络，广州与佛山、东莞、珠海等区域将建成珠三角世界级城市群核心区和全国同城化发展示范区。同时需提升广州轨道交通与铁路枢纽的规划与衔接水平，尝试研究并开展城际线与城市轨道交通协同开展公交化运营。

5.7.1.2 各地协同运输需求共性突出

1. 国内轨道交通协同运输共性问题分析

在协同管理体制方面，我国区域轨道交通实现了部分层级之间规划建设、运营管理、应急保障的一体化运作，针对整体区域轨道交通系统尚未实现监督管理主体的统一，也缺乏权威性较强和约束力较大的政策保障措施以及协同管理机制。

在协同运输组织方面，我国区域内城市轨道交通与其他制式系统间普遍未实现运输计划的协同编制，运营调度指挥独立进行，跨制式系统间缺乏运输组织信息的共享以及应急运输协调组织，乘客跨制式换乘已体现有协同运输组织理念但管理水平仍需提高，快慢车运输组织、直通运输组织等尚处于起步阶段。

在信息共享与安全保障方面，我国区域轨道交通系统跨制式间的智能化信息服务正在开展，也已经初步建立了安全保障和应急响应的相关流程，但尚未建立起综合性的多制式轨道交通信息共享平台，也缺乏统一完善的应急管理联动机制，应急响应中心仅在部分大型综合枢纽内设立，响应效率有待提升。

在乘客出行服务方面，我国区域轨道交通的票制日益多样化，乘客进站方式智能化，且新增多项人性化服务，换乘标识清晰多样，枢纽车站、轨道交通车辆内部环境干净明亮，乘客乘车舒适度大幅提升。但乘客出行全过程中信息获取较为分散，缺乏智能化的行程规划与引导，跨制式出行环节重复度高，换乘时间较长，跨制式乘客协同运输服务仍处于初级水平。

2. 国内轨道交通协同运输共性需求分析

通过协同运输的共性问题分析，以保障区域轨道交通系统安全运营、提高系统的总体效能和综合服务水平为出发点，从协同运输服务、综合安全保障、智能服务三方面，进一步阐述协同运输的主要共性需求。

针对协同运输服务的需求主要包括以下几点：

（1）基于出行链和大数据的客流预测及灵敏度分析；

（2）多制式轨道交通复合系统有效承载力评估；

（3）区域路网优化布局与运力资源协同配置；

（4）多制式运输计划协同编制；

（5）多制式协同组织指挥。

针对综合安全保障的需求主要包括以下几点：

（1）系统整体风险评估和风险瓶颈分析；

（2）风险瓶颈的动态监测和及时有效的风险预警；

（3）基于协同优化的风险控制和应急处置；

（4）基于协同优化的维护维修资源全局优化配置；

（5）基于状态修的轨道交通关键设备智能维护技术；

（6）方案验证需求。

针对智能服务的需求主要包括以下几点：

（1）便捷舒适的乘车服务；

（2）智能化的信息服务。

5.7.1.3 区域协同运输应用前景广阔

区域轨道交通协同运输与服务涉及多种轨道交通制式和多个专业领域，系统的设计、研发与集成存在一定的复杂性和难度，应用实践不仅有助于提升相关领域的技术水平，同时也可带动多专业复合型人才的培养，形成一批具有综合创新能力的研发人才。实现区域轨道交通高效运输组织、综合安全保障与智能信息服务，引领区域轨道交通未来发展方向，支撑城市群快速建设发展，区域轨道交通综合应用实践的落地实施，可为其他区域的交通发展带来样板效应，不仅可推动我国跨制式轨道交通的运输服务一体化进程，同时也能促进相关产业的形成和发展。通过在区域城市群支撑构建安全、高效、经济、绿色、便捷的多制式轨道交通体系，着力提升区域总体运能和运输服务质量，解决人民在区域轨道交通方面日益增长的美好生活需要和不平衡不充分的发展之间的矛盾。

分析总结各地协同运输需求和实践做法，提炼出共性实践方案，对各地多制式轨道交通协同运输与服务具有借鉴和参考意义；同时各地结合自身特点进行个性化实践，发挥自身优势，可以更好的发挥协同潜力，进而提高区域总体运输能力和服务质量。

5.7.2 综合实践方案概况

5.7.2.1 协同运营组织架构及职责

考虑到多制式轨道交通网络化协同运营特点，本系统在运营组织结构和对应职责上提出要求，达到统一指挥、协调配合、简练高效的组织关系。

1. 运营组织架构

城市轨道交通多由地方政府组建的轨道交通公司建设和运营管理，行车指挥可交由协同运输指挥中心完成。国铁干线由国家铁路总公司建设，具备由铁路局的调度所转变为协同运输指挥中心完成行车调度指挥的可操作性。考虑增加协同信息中心，实现各种轨道交通制式信息整合共享。

（1）组织架构

运营总部下设网络客运公司、专业中心、职能部门等单位，各单位分工协作，全面承担各线路的运营管理工作。其主要组织机构如图 5-38 所示。

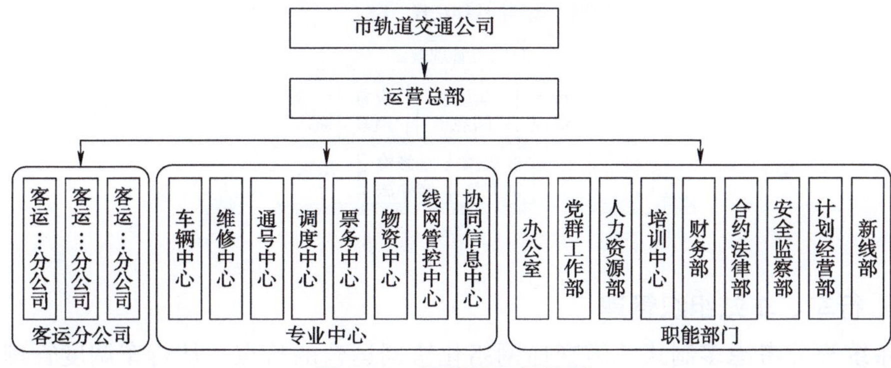

图 5-38 运营组织机构图

（2）人员配备及职责

①客运分公司

按每个客运分公司承担 3~4 条线的运营规模成立若干个客运分公司，主要负责线路运营服务和所属范围内常规运营设备的巡检和维护职责。

②专业中心职责

车辆中心：负责车辆及相关设备的维护和维修工作。

维修中心：负责供电、轨道、信号、通信、PIS、安防等设备的维护和维修工作。

调度中心：负责地铁运营调度、指挥、监控、协调、应急调度处理工作。

票务中心：负责票务清分、票务管理、收益管理、票务系统维护等工作。

物资中心：负责物资的计划、采购、仓储、定额、分发配等物资管理工作。

线网管控中心：负责收集、统计、分析轨道交通网的客流、行车组织等工作。

协同信息中心：负责各种轨道交通制式的客流信息、列车开行信息、列车运行调整信息、维保资源等数据统一规格化存储，同时向协同运输指挥中心、各调度台共享数据信息。

③职能部门

职能部门旨在为运营总部提供技术、法律、后勤服务等方面支持，并履行监督和管理职能。

2. 协同发展机制

区域多制式轨道交通协同涉及多个主体，宜从“宏观—中观—微观”维度构建制度规范，明确协同流程。协同制度框架如图 5-39 所示。协同制度是一个不断完善优化的过程。首先从多制式信息接口与共享、跨制式协同计划编制、区域应急联动预案等关键点形成制度或要求，然后再结合实际情况按照轻重缓急的要求逐步增加。

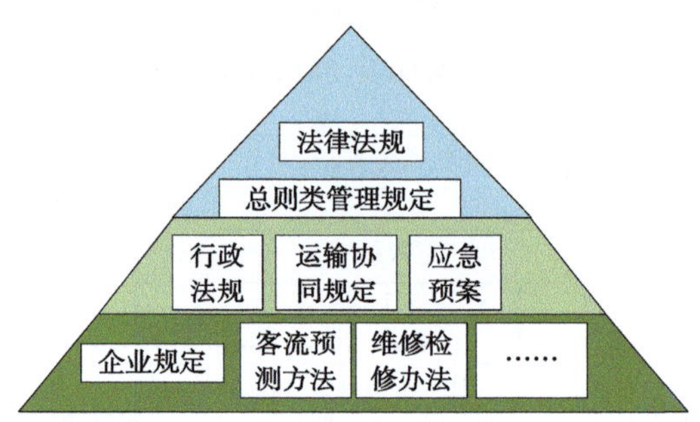

图 5-39　协同制度框架

5.7.2.2　行车、车站组织管理

本系统充分考虑多制式轨道交通网络化协同运营的特点，从行车调度管理和车站管理上说明对轨道交通运营组织的新要求。

1. 完善区域轨道交通跨制式行车调度管理制度

（1）行车调度控制

轨道交通系统基本行车调度控制方式主要有调度集中和行车指挥自动化两种。区域多以行车指挥自动化为主，部分铁路区段采用调度集中的方式。行车调度控制时重点关注跨制式、跨线列车，尤其行驶到不同制式路段时需制定明确清晰的流程。

（2）列车运行调整

在列车运行晚点时，行车调度员应根据列车运行的实际情况，按照一定的规则顺序进行调整。区域轨道交通网络化运营中，列车运行调整影响范围大、时间长。需针对不同原因引起的列车晚点、不同时刻表、不同种类列车等多种情况制定详细完善的调整规则。

（3）行车事故及处理

根据行车事故对运营环境的影响界定事故类型及等级，结合事故产生原因、影响范围等多种因素制定完备的处理流程。

2. 完善区域轨道交通跨制式车站管理制度

（1）车站行车组织管理

在行车设备正常的情况下，车站的行车组织工作以监视为主，制定应对突发行车事件的预案。根据突发事件类型及等级，调用预案快速处置事件。

车站行车组织的另一重要任务是接发列车，正常情况列车进路由信号系统自动排列，若需临时调整则需要人工介入排进路。人工介入排进路时调整措施需与区域运营实际情况充分结合。

（2）车站客运组织管理

车站客运组织主要是通过采取合理的客运组织来完成大容量的客运任务，区域内综合枢纽客运组织管理需权衡多方管理主体关系。另外，综合枢纽客运组织的一个重要环节是换乘，根据区域运营特征简化、协调换乘环节，根据每个综合枢纽的特征将多种复杂换乘关系组织重点加入相关管理文件，并组织员工培训，保证综合枢纽客运组织的高效。

5.7.2.3 票务清分管理

为实现区域多种制式轨道交通的无缝衔接，方便旅客换乘，在工程应用时需明确票务清分规则，构建针对复合路网的票务清分系统以及票务清分管理制度。

1. 明确区域内旅客多制式轨道出行的清分规则

保证区域轨道交通系统一体化运营的同时，公平、公正地维持各运营商的运营，制定契合多制式出行特征的清分规则。清分规则需综合考虑不同制式轨道交通建设成本、车站数量、线路里程、换乘方式、服务时间、票务政策等。

2. 构建区域轨道交通一体化运营的票务清分系统

针对区域内复杂的网络运营环境，尤其存在不同制式的冗余路径时，需提升旅客出行路径判断的精确度。综合考虑复杂的网络化运营环境因素，构建适应区域轨道交通一体化运营的票务清分系统。

3. 制定区域轨道交通票务清分管理制度

区域轨道交通票务清分管理制度需包括多制式、多运营主体职责，并制定行政管理、车站组织等一系列与票务清分相关的管理制度，管理制度中需包括正常工作流程、异常处理流程、特殊处理流程等多方面的内容。

5.7.2.4 安全联动应急指挥管理

多制式复合交通系统面临着跨制式、跨专业综合安全风险。在风险管理时，应建立健全区域轨道交通应急联动机制，建立安全信息管理系统，确保各部门之间及时、准确的信息传递。

1. 建立健全区域轨道交通安全联动应急机制

区域轨道交通应急联动机制指多制式轨道交通应对突发事件过程中，所涉及的各种制度化、程序化的应急管理方法和措施，具体如图 5-40 所示。

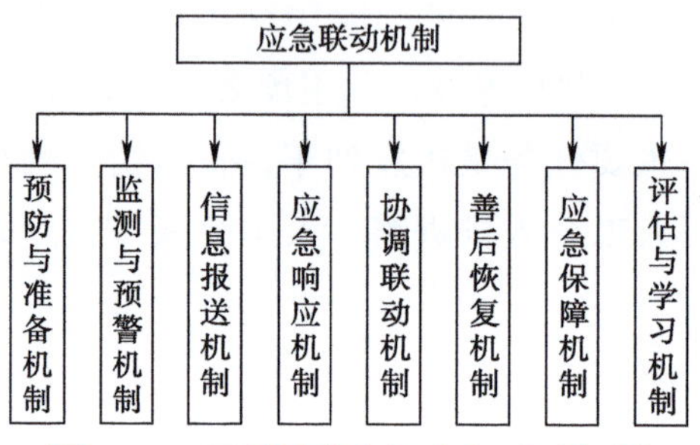

图 5-40　区域轨道交通应急联动机制

2. 加强安全风险管理信息化建设

信息互联互通是区域轨道交通安全应急事件管理工作开展的重要基础。区域轨道交通有关部门要认真研究风险事件的特点和规律，整合融合海量多源异构状态监测数据，建立健全安全生产管理信息平台，逐步建成集“人—机—环—管”全方位信息监测、实时反馈、精准执行、应急处置于一体的区域轨道交通安全预防预警体系，如图 5-41 所示。

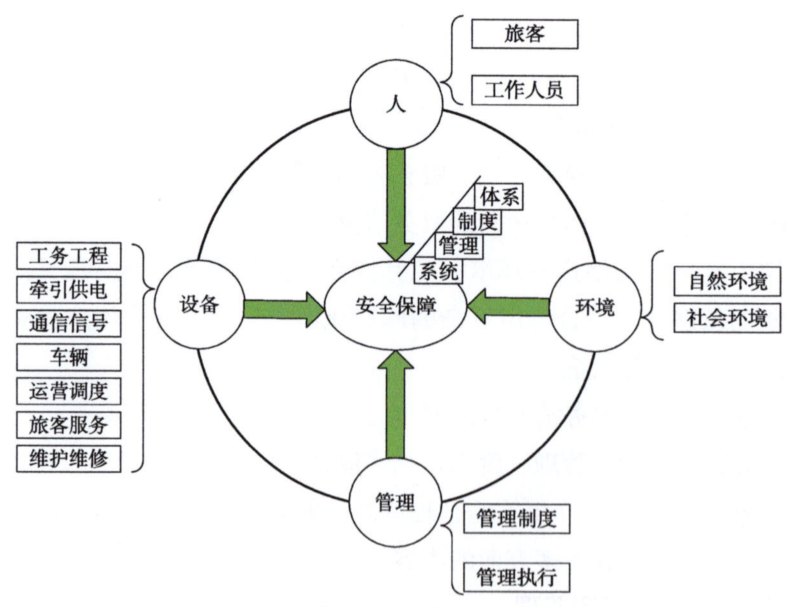

图 5-41　“人—机—环—管”全方位信息监测

3. 提高轨道交通运营的安全文化建设

推行安全风险管理的前提是增强安全风险意识，为了保障轨道交通安全管理理念能够准确地传达到所有相关人员，必须要积极开展安全文化建设，加强安全管理理念的宣传，培养职工的安全责任意识。

5.7.2.5 区域协同运输与应急指挥中心

各地结合城市轨道交通路网规划及建设情况，建立区域轨道交通协同运输与服务中心，面向多制式轨道交通，以多源交通大数据共享与联动为基础，提供多制式复合路网协同运输、综合安全保障与智能信息服务一体化功能，提升区域综合交通总体运能、安全水平和服务质量。

随着中心的应用深化，系统与其他交通制式衔接，逐步向综合交通拓展。

1. 中心定位

区域协同运输与应急指挥中心面向基础线网、列车流和旅客流，着眼于打通多运营主体、跨交通制式信息壁垒，通过构建一体化服务，提供安全、高效、智能的协同运输服务。

中心围绕数据及应用服务，建立外部数据接口、提供内部运营管理。通过接口获取外部信息，同时感知内部人、机、物状态与态势，依托数据 / 大数据基础服务，将多制式综合交通的协同运输组织、综合安全保障、智能信息服务进行业务协同，实现包括宏观运输态势监控、跨制式运输组织调度、多工种应急响应维护的“监督—管理—维护”三层次管控。图 5-42 为中心逻辑结构关系图。

图 5-42 中心逻辑结构关系图

此外，借助中心积累的丰富的静态基础数据、历史运行记录和实时运行状态，运用仿真建模、数字孪生（Digital Twin）等方法、技术构建实物 / 半实物仿真系统，直观展示系统运行状态，为复杂路网规划、运输系统态势推演、运营性能指标评估等提供平台和手段。

2. 中心功能

多制式复合网络综合交通协同运输与服务中心以多制式协同运输组织为核心、以综合安全保障为支撑、以智能信息服务为手段，构建区域多制式轨道交通大数据中心，形成多制式多业务协同一体化平台，实现态势感知、协同分析、动态响应、协同处理。

基于大数据中心的一体化平台，主要包含运算综合承载、综合数据接入、数据存储承载、人机交互承载和通信综合承载。平台具备常规结构化数据和时空大数据的处理能力，通过标准接口连接既有轨道交通业务处理、监测和维护系统，以及其他交通系统、外部环境等数据。

（1）区域协同运输核心功能

区域协同运输涉及的核心功能主要有出行需求分析功能、运输资源分析功能、运输组织匹配和综合运输计划生成调整功能。

（2）综合安全保障核心功能

针对多制式区域轨道交通复合网络系统的系统级全局综合安全保障问题，基于区域轨道交通系统全局安全性、可靠性、可用性、可维修性和互操作性（RAMSI）分析评估理论与方法，建立全局安全风险库。通过复合交通网络的动态安全行为和失效机理模型，研究集信息感知、数据融合、故障预警与诊断、风险动态和协同处置于一体的区域轨道交通重点环节在线安全保障关键技术，提供包括全局安全分析、行为安全分析、应急预案、应急处置方案、应急响应、故障智能诊断、综合维护功能。

（3）智能信息服务核心功能

智能信息服务以旅客出行链为主线，将旅客出行同轨道交通的有效衔接，基于深度学习的大数据融合和挖掘技术，构建一站式出行智能信息服务。中心提供跨制式行程规划、票务及清分、视频态势感知、公共信息服务、在途信息服务、人员定位跟踪管理的后台服务及接口功能，由现场终端展示具体服务功能。

5.7.2.6 全出行链智慧旅客服务

以旅客出行链为主线，将旅客出行同轨道交通有效衔接，基于深度学习的大数据融合和挖掘技术，构建一站式出行智能信息服务。通过增强现实的智能行程规划、出行引导、“互联网+”信息交互与定向推送，实现信息精准性、即时性和服务途径多元化。系统主要提供跨制式行程规划、票务及清分、视频态势感知、公共信息服务、便捷登程、在途信息服务、人员定位跟踪管理等功能。

1. 跨制式行程规划

针对乘客出行的不同需求，为旅客提供合理的、可操作的出行方案；并能基于旅客位置、交通网络客流信息等，智能调整行程方案。

利用交通工具自动将乘客选定的目的地与客流预测关联起来，编制行程表，让出行变得轻松简单。行程表始终与乘客实际行踪保持一致，同时行程表可随时根据客流情况自动调整，以充分适度地利用运输资源和服务资源，提升出行体验。

2. 一站式票务管理

为乘客提供一键式购票和跨制式一票制，支持旅客在同一系统中完成所需的多制式交通工具票务的购买，支持旅客通过统一的客票信息跨制式出行。

为乘客提供便捷登程（如人脸、虹膜等生物识别方式）服务，缩短乘客进出站时间，支持正常方式登乘及“信用登乘”。

3. 室内定位及立体导航

为乘客提供室内精准定位和面向复杂枢纽的立体导航，方便乘客快速寻找到目的地。

4. 视频态势感知

提供通过视频识别感知车厢满载率、站厅 / 站台人员密度、出入口及换乘通道客流态势、特殊地点乘客异常行为等，为乘客安全舒适出行提供自动指引。

5. 智慧信息发布

通过手机 APP、广播、旅客信息服务屏幕等多种渠道向乘客提供包括列车时刻、乘坐舒适度、突发事件提醒等，为乘客提供换乘接驳提醒、备选出行建议等。

6. 智慧帮助服务

支持基于自然语言交互的智能化用户服务，通过手机或服务终端实现交互式帮助，包括设施使用帮助、多制式运输信息查询功能、紧急求助快速响应等帮助服务。智能帮助服务：基于手机 APP 提供人工及智能求助业务，协助解决各项服务和指导。乘客通过手机可直观地获得各种帮助，包括急救、服务设施操作方法、景点介绍、动植物识别等等，必要时可自动转人工帮助。

5.7.3 建议与评价

5.7.3.1 实践总体建议

1. 规划层面

强化轨道交通规划与城市总体规划、土地利用规划等多规合一，优化资源配置，根据实际情况合理规划站间距，采用站城一体化促进轨道交通与城市功能融合发展，引领城市发展格局。

2. 机制体制层面

针对区域轨道交通多主体的实际情况，从管理组织方面建立适宜的协同层级，明确各层级的职责定位，形成有效的协同机制，是实现区域轨道交通协同的管理关键。

3. 建设层面

不同城市应采用满足本区域轨道交通发展且合理的协同运输和服务模式：

（1）区域轨道交通网络中相似性线路之间要实现互联互通，车辆具有联网运营条件；

（2）区域轨道交通线网中差异较大的线路之间应尽可能预留过轨条件；

（3）区域快线与地铁网络之间在付费区内实现换乘；

（4）市郊铁路与城际铁路之间具有互联互通、过轨的条件。

4. 运输组织方面

采取灵活多变的运输组织模式，合理设计配线支持多种运营组织方案，在有需求且运能富余条件下实施跨制式直通运输，提高区域轨道交通网络化运营水平。

合理分配和使用运力资源，采用快慢车、快慢线等运输组织模式，优化首末车在枢纽的跨制式匹配时间，提升运营组织水平。

5. 乘客服务方面

提升乘客运营服务标准，细化乘客服务手段，增加人性化设施。在各地区各制式独立发码的基础上实现多卡互通、多码合一、信息清分，满足乘客个性化需求。面向区域多制式综合枢纽，采用同站或同台换乘，提高乘客出行换乘便捷性。实施安检互信，实现跨制式“零距离”，缩短乘客中转时间。加强乘客全出行链信息覆盖，提升站内信息发布的丰富度和实效性、提高车站服务内容和智能程度。

6. 运营维护方面

统筹规划布局运维资源，提高车辆段 / 停车场、以及车辆、工器具、运维技术人员等跨制式共享互用度，建立统一的维护标准及规程，应急情况下按照先通后复的原则由属地管理方就近响应。

7. 其他

此外，各典型城市在实践中技术先进性不足，如 LTE、再生能量反馈、全自动运行、云控制中心等应用，建议运用新技术保证互联互通。

5.7.3.2 实践评价

区域轨道交通协同运输与服务系统技术复杂，实现自主化需在核心技术、关键设备、系统设计与集成、标准规范等方面持续攻关并取得实质性突破。目前，我国正处于城市轨道交通的大规模建设期，需要抓住时机，加大相关研究、实践投入，推动自主化装备的技术进步和产业升级，达到国际先进水平。

重庆、西安、陕西属于多制式轨道交通新兴区域，成都、广州属于多制式轨道交通发展成熟区域，每个区域需要根据各自区域轨道交通发展规划、线网结构布局和乘客人群的多样化属性，制定符合本区域轨道交通发展的应用实践方案，以在更大范围内发挥区域轨道交通复合网络优势，充分挖掘运能和服务提升空间，支撑以人为核心的城市群建设。

按照区域轨道交通跨线及跨制式运输与服务应用实践主册加分册方案，组织实施重庆、西安、成都、温州、广州区域轨道交通同制式跨线和跨制式实践应用，可为其他城市地区典型“区域轨道交通协同运输与服务系统”规划、建设、运营提供参考借鉴。

5.7.3.3 各地实践具体建议

1. 重庆

重庆市侧重于“三铁融合”线网规划研究及双流制课题示范工程。其协同技术应用建议如下：

（1）规划和在建阶段统筹考虑线路规划协同、设施设备协同和感知与信息协同机理；在运营阶段统筹考虑运营管理协同和业务决策协同机理，实现轨道交通发展与城市整体发展相统一。

（2）重庆“三铁融合”模式宜采用市域铁路独立成网并与地铁、铁路互联互通的模式。通过铁路开行公交化列车，市域快轨与铁路直通运行，城市轨道与市域快轨、铁路多点无缝换乘等举措，实现“三铁”功能、设施、管理有机融合。

2. 广州

广州市侧重于多制式成熟网络协同运输与综合枢纽衔接协同服务。其协同技术应用建议如下：

（1）构建贯穿轨道交通规划建设、跨制式运营与管理协调等阶段的适应协同发展的体制机制，加大政府宏观层面对区域轨道交通协同发展的调控力度；

（2）充分利用协同技术在运输组织、安全保障、信息服务等方面实现协同，以提升系统整体效能；

（3）提升换乘衔接设计水平，优化线网和设施设备资源配置，满足旅客多样化的出行需求。

3. 成都

成都市侧重于同制式跨线与大型综合枢纽衔接协同服务。其协同技术应用建议如下：

（1）规划阶段的线路应满足线路规划协同机理；在建线路如 17 号线、18 号线、19 号线应统筹考虑设施设备协同和感知与信息协同机理，为远期向跨制式运营发展预留一定的条件。

（2）成都国铁干线、市域铁路与城市轨道交通三种制式相互独立，存在诸多技术和管理壁垒问题。可通过实施铁路公交化运营改造方案、城市轨道交通与国铁枢纽共享和互联互通方案、城市轨道交通与国铁廊道整合方案打破壁垒，实现不同制式轨道交通的深度融合。

4. 西安

西安市侧重于同制式跨线调度指挥。其协同技术应用建议如下：

（1）机场城际与 14 号线运营主体不同。建议双方签订行车指挥、应急联动、资金清算等协议，共用机场城际控制中心进行调度指挥管理。

（2）目前机场城际线路已开通运营，地铁 14 号线仍在建设过程中，建议两者采用相同的技术标准，规划好设计接口。

5. 温州

温州市侧重于市域铁路 S 线 + 地铁 M 线协同运输。其协同技术应用建议如下：

（1）在 S2、S3 与 M 线建设阶段应统一技术标准建设，预留线路、设备接口等协同运输条件；

（2）明确多制式轨道交通建设运营主体责权利关系，建立信息共享机制，以实现运营协同指挥。

附录　区域轨道交通协同运输与服务技术导则

1　总述

为助推区域轨道交通协同运输与服务体系快速发展编制本导则，以指导我国区域轨道交通运输与服务有序、规范发展，使研究成果尽快转化为生产力。本导则规定了区域轨道交通协同运输与服务系统的相关内容，包括区域轨道交通规划、系统方案、系统接口、系统指标要求等。

本导则适用于区域轨道交通协同运输与服务系统的工程建设、产品研发等。

2　术语定义和缩略语

2.1　术语及定义

2.1.1

城际铁路　intercity railway

专门服务于相邻城市间或城市群，旅客列车设计速度 200 km/h 及以下的快速、便捷、高密度客运专线铁路。

2.1.2

市域（郊）铁路　suburban railway

市域（郊）铁路是服务于距区域中心城市 100 km 半径范围内，实现与周边新城、城镇地区及组团城市各城镇地区间 1 h 交通圈。为市域范围内通勤、通学、通商等规律性客流服务的公共交通方式。

2.1.3

城市轨道交通　metro（underground railway、subway）

在城市中修建的快速、大运量、用电力牵引的轨道交通。列车在全封闭的线路上运行，位于中心城区的线路基本设在地下隧道内，中心城区以外的线路一般设在高架桥或地面上。

2.1.4

自动售检票系统　automatic fare collection system（AFC）

基于计算机、通信网络、自动控制、自动识别、精密机械和传动等技术，实现城市轨道交通售票、检票、计费、收费、统计、清分、管理等全过程的机电一体化、自动化和信息化系统。

2.2 缩略语

AFC　Automatic Fare Collection System　自动售检票系统

BAS　Building Automation System　环境与设备监控系统

CTC　Centralized Traffic Control　调度集中

FAS　Fire Alarm System　火灾自动报警系统

GE　Gigabit Ethernet　千兆以太网

RBC　Radio Block Center　无线闭塞中心

TSRS　Temporary Speed Restriction Server　临时限速服务器

3 指导思想及目标

3.1　区域轨道交通协同运输与服务体系应统一规划、系统设计，以安全可靠、先进成熟、快捷舒适、经济适用为指导思想，科学合理地实现协同运输与服务。

3.2　区域轨道交通系统适应国家智慧城市、都市区区域经济一体化、交通强国等战略的需要，指导我国城轨交通网络化有序、规范发展，在改善跨制式匹配性、提升区域整体运能、缩短应急响应时间、增强运维预测能力、提高信息服务智能化程度、向政府、企业、公众提供安全、高效、便捷的服务。

4 区域轨道交通规划

4.1 线网层次结构

4.1.1　区域轨道交通根据不同制式的轨道交通空间层级、满足的交通需求和服务水平的不同而划分为铁路干线、城际铁路、市域（郊）铁路、城市轨道交通四个层次。

4.1.2　铁路干线主要承担跨区域、城市与城市之间的中长距离的旅客运输。

4.1.3　城际铁路主要承担较大范围的区域之内、城市与城市之间、城市与中心城镇及组团的区域内中短途客运需求。

4.1.4　市域（郊）铁路主要承担都市圈外围组团与中心城区之间的客运需求，主要服务于城市郊区和周边新城（镇）与中心城区联系，及通勤客流。

4.1.5 城市轨道交通主要承担城市中心区市民出行需求，主要服务于中心城区内部居民日常生活出行，同时为其他轨道交通提供客流集散服务。

4.1.6 各层级轨道交通服务范围可依次向下兼容。

4.2 线路布局规划

4.2.1 区域轨道交通线网布局与区域人口城镇布局、产业资源分布、国土空间开发、城市空间结构、客运交通走廊分布相契合，统筹衔接其他交通方式，构建综合交通体系。

4.2.2 各层次区域轨道交通线网布局方案应符合下列规定：

1）铁路干线线网服从国家重大发展战略，符合国家中长期铁路网规划，线路沿区域内城镇与产业发展轴带布设，以城市为连接点，加强区域内主要城市之间联系；

2）城际铁路线网符合区域国土空间规划、国家中长期铁路网规划和地区铁路网规划，与沿线城市总体规划和综合交通规划相协调，布局方案基于区域城市群或都市圈空间结构、产业分布、人口城镇布局等内容，线路行经区域主要城市、重点城镇；

3）市域（郊）铁路线网符合城市总体规划、国土空间规划和综合交通规划，布局方案结合市域城镇空间结构形态、主要公共服务中心布局、市域客流走廊分布，线路应沿市域城镇主要客流走廊布设；

4）城市轨道交通线网符合城市总体规划、国土空间规划和综合交通规划，布局方案基于城市空间结构、用地布局、客运交通走廊分布、重要客运枢纽和大型客流集散点分布等内容，线路应沿城区主要客流走廊布设，衔接主要公共服务设施和地区；

5）线网布局相互衔接，下位规划宜服从上位规划。

4.2.3 区域轨道交通线网规划应满足互联互通或换乘功能，统筹规划区域轨道交通间及与其他交通方式的换乘衔接关系，轨道交通间可采用枢纽换乘和互联互通两种方式，有效控制换乘衔接空间，并应提出换乘设施的规划控制条件。线网规划应研究线网联络线设置方案，满足车辆基地、控制中心、换乘车站资源共享以及运营组织等需要。并满足车辆过轨条件。

4.2.4 线网规划应根据区域城市与交通发展进程提出分期建设时序。

4.3 多制式协同等级划分

4.3.1 根据区域轨道交通在运输组织、安全保障、信息交互等方面的协同程度，可以将多制式轨道交通协同分为四个等级：独立运营、信息共享、互联互通、智能联动，见附表 1。

附表 1　区域轨道交通多制式协同等级特征

等级	点（枢纽 / 车站）	线（线路）	网（网络）
4 级（智能联动）	枢纽资源共享、时刻表衔接、运维、换乘组织及乘客服务实时联动	跨线路实时资源调配、运输、安全与信息服务协同决策与智能调整	复合网络级别实时资源调配、运输组织、安全与信息服务智能控制
3 级（互联互通）	枢纽资源共享、时刻表衔接、运维、换乘组织及乘客服务决策支撑	跨线路资源调配、协同运输方案、安全保障与信息发布决策建议	跨制式资源调配、协同运输方案、安全保障与信息发布决策建议
2 级（信息共享）	不同线路站台换乘客流与运输组织信息共享	跨线路资源、运维、运输及乘客服务等信息实现共享	跨制式复合网络资源、运维、运输及乘客服务等信息实现共享
1 级（独立运营）	换乘枢纽通过简单物理设施相通	—	—

4.3.2　第一级协同为独立运营：固定和移动设备的使用均为各制式轨道交通独有，各制式轨道交通的运营相互之间独立，客流协同运输表现在乘客换乘环节。其协同的关键仅在换乘站的客运组织。

4.3.3　第二级协同为信息共享：固定和移动设备的使用均为各制式轨道交通独有，各制式轨道交通的运营相互之间独立，不同制式轨道交通间客流换乘信息交互与共享、互通，列车到发等正晚点信息的交互与共享、互通。

4.3.4　第三级协同为互联互通：不同制式间固定设备共享，不同制式间移动设备共享，应急救援设备共享，跨制式互通运营列车运行信息的无缝传输，不同制式轨道交通信息共享，初步形成不同制式在运输计划、安全保障和信息服务三个方面的协同决策方案建议。

4.3.5　第四级协同为智能联动：不同制式间固定设备智能化共享，不同制式间移动设备智能化共享，应急救援设备智能化共享，救援组织过程的智能化多制式联动，多制式轨道交通应急救援的智能化决策；多制式轨道交通调度指挥、组织指挥决策智能化；不同制式轨道交通信息智能化共享，信息自动传输、分析与共享。

4.4　运营方式

4.4.1　铁路干线线网和城际铁路线网运营组织模式应以中长途交通需求特征为依据，在符合全国路网性运营组织要求的前提下，与市域（郊）铁路线网之间可设置过轨条件，组织实现多种速度标准、多种交路及停站方案以适应多元化乘客需求，铁路干线采用车次运输模式，城际铁路可采用车次运输模式或交路运输模式。

4.4.2　市域（郊）铁路线网运营组织应以区域内部跨组团交通需求特征为依据，各线之间宜设置过轨条件，与铁路干线线网、城际铁路线网及城市轨道交通线网之间可设置过轨条件，根据功能定位、客流特征、建设模式、工程条件等因素，采用铁路或城轨技术标准。市域（郊）铁路线路与铁路干线、城际铁路之间可采用换乘或跨线运营模式，并采用多种交路及停站方案以适应多元化乘客需求。

4.4.3 城市轨道交通线网运营组织应以区域内部通勤需求特征为依据，各线之间宜设置互联互通运营条件，与市域（郊）铁路线网之间可设置互联互通运营条件。组织高频率、大小交路以适应通勤为主的乘客需求。

4.5 服务水平

4.5.1 不同规模、不同形态的区域城市群或都市圈，应结合不同空间层次交通需求特征要求，结合区域空间层次和系统制式，研究确定与本区域经济发展水平相适应的线网的时效性、便捷性和舒适性等服务水平和技术指标。

4.5.2 区域轨道交通网规划应保障区域城市轨道交通出行效率，区域中心城市、主要功能区之间轨道交通系统内部出行时间应结合区域相关上位规划，制定满足区域经济发展需要的出行时间标准，并控制在超大城市、特大城市内通勤出行总时间宜在45 min以内，在大城市宜在30 min以内。采用高效轨道交通换乘方式，控制同层级两线步行换乘时间小于3 min，不同层次换乘时间小于5 min。

4.5.3 区域轨道交通需提供相应的协同运输、智能服务措施，从规划、建设、运营各层面提升乘客舒适度和区域轨道交通一体化出行服务水平。建议采用以下措施：

1）不同层次网络间的统筹规划和协同运营组织联动机制。

2）便捷、快速的换乘方式和安检互信机制。

3）尽可能减少换乘的运输组织方案。

4）合理的票制及对应的清分方式。

5 系统方案

5.1 系统架构

5.1.1 建立区域轨道交通协同运输与服务中心及信息收集和服务发布平台，以轨道交通为核心、辐射公共交通，以多源交通大数据共享与联动为基础，提供多制式复合路网协同运输、综合安全保障与智能信息服务一体化功能，提升区域轨道交通总体运能、安全水平和服务质量。附图1为系统逻辑架构图。

5.1.2 区域轨道交通协同运输与服务系统应由基础平台层、应用数据层、应用支撑层、系统应用层、系统接入层、安全保障体系、技术标准体系、运营管理体系组成。其中，安全保障体系应包括全局安全分析、行为安全分析、应急预案、应急处置方案、应急响应、故障智能诊断、综合维护等内容；技术标准体系应包括基础标准、设计标准、建设标准、运营管理标准、数据及接口标准、产品和工艺标准、测量、检验和试验标准、交付和验收标准、安全和环境标准等内容，形成统一完备的技术标准体系；运营管理体系应包括运营基础要求、运营服务、安全支持保障、应急处置、法律责任等内容。

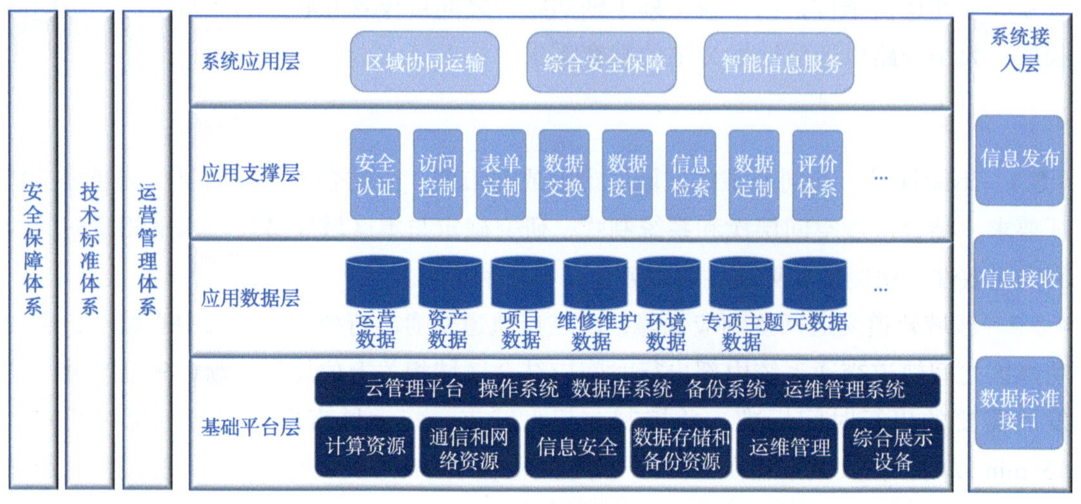

附图 1 系统逻辑架构图

5.1.3 区域轨道交通协同运输与服务系统功能应包括协同运输组织、综合安全保障、智能信息服务。具体功能点详见附图 2。

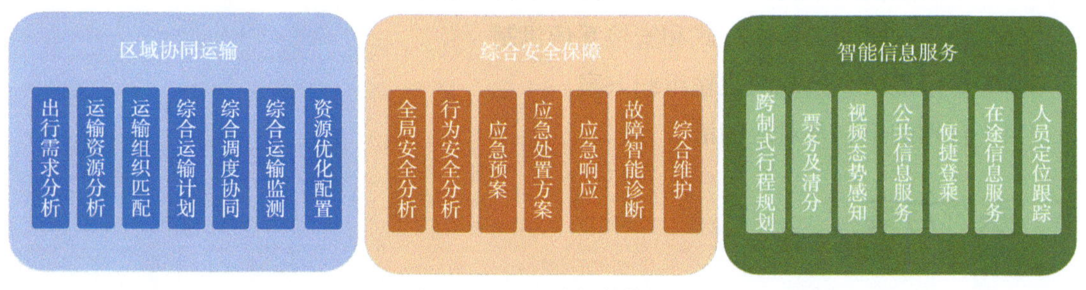

附图 2 系统功能架构图

5.2 数据服务

区域轨道交通协同运输与服务系统提供各类数据接口，上层应用、第三方系统通过接口访问数据。数据接口应基于应用数据层所存储的数据种类，提供多类型、多功能、高性能的数据服务接口；宜基于数据服务总线技术，应支持基于标准 SQL 的结构化数据库，并通过配置工具配置服务接口。

5.3 系统配置方案

5.3.1 轨道交通协同运输与服务系统应采用中心一级架构，宜设置数据库服务器，协同运输、综合安全保障、智能信息服务等应用服务器，接口服务器，工作站，存储系统及网络等设备；各类服务器宜采用云平台部署方式，且各类服务器之间建立 10GE 的局域网接入。

5.3.2 计算资源要求：数据库服务器宜采用双机冗余的物理服务器的部署方式；协同运输、综合安全保障、智能信息服务应用服务器及接口服务器宜采用双机冗余的虚拟机部署方式，不同虚拟机宜部署在不同物理机上。存储资源要求：系统可采用集中式或分布式存储方式。

5.3.3 云桌面要求：工作站宜采用云桌面方式部署。

5.3.4 系统应符合信息安全等级保护三级要求，采用本地及异地数据备份方式，备份数据时间长度不宜少于 5 年。根据管理需求，系统可设置灾备系统，并推荐采用应用级灾备方案。

6 系统接口

6.1 内部接口

6.1.1 协同运输组织系统、综合安全保障系统及智能信息服务系统均设置接口服务器、网络设备和网络安全设备，通过内部网络进行信息交换。

6.1.2 协同运输组织系统向综合安全保障系统和智能信息服务系统传送的数据应包括基本运行图，调整运行图，出行需求等。综合安全保障系统向协同运输组织系统传送的数据应包括安全分析告警，应急处置方案，故障诊断信息，维修维护信息等；向智能信息服务系统传送的数据应包括安全分析告警，应急处置方案等。智能信息服务系统向协同运输组织系统传送的数据应包括公共服务信息，态势感知信息，票务及清分信息等；向综合安全保障系统传送的数据应包括公共服务信息，态势感知信息等。

6.2 外部接口

6.2.1 与国铁系统接口（见附图 3）

1）为了实现区域轨道交通协同运输系统与国铁信息系统的互联互通，通过核心数据库服务器进行信息的整合与处理，区域轨道交通协同运输系统数据中心利用有线传输系统与铁路局信息中心互联，交互的信息包括：高铁运行图、列车到发时间、货运信息等。

2）TDCS/CTC 系统和区域轨道交通协同运输与服务系统均应设置专用接口服务器、网络设备、网络安全隔离设备及防病毒软硬件。通过专用网络通道交互相邻车站的站场表示信息、车次号信息、阶段计划、报点和调度命令等信息。

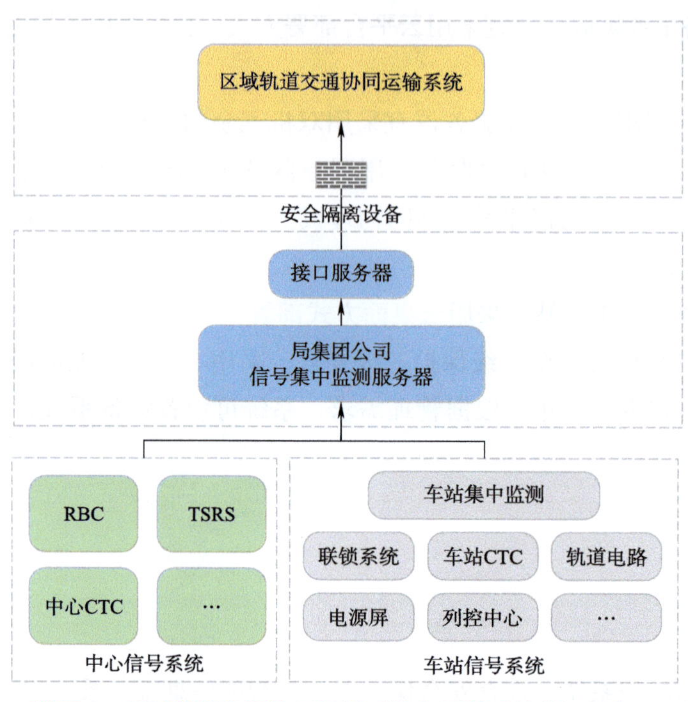

附图 3　区域轨道交通协同运输系统与国铁系统接口示意图

6.2.2　与城市轨道交通接口

1）区域轨道交通协同运输系统与城市轨道交通的互联互通需利用优势连接客流集中点并逐步形成网络。城市轨道交通系统在中心级需增加数据库服务器、中央级服务器、数据网络交换机，除中心级连接外，区域轨道交通协同运输系统与 COCC 系统、FAS 系统、BAS 系统、AFC 系统、CCTV 系统互联互通，在双方接口侧应增设网络安全隔离设备，保证数据安全。

2）系统与中心交换的信息包括：线路信息、大客流集中站、突发事件信息等，与 COCC 系统交互的信息包括列车运行情况、列车到站、发车情况、突发事件、调度计划等相关信息，与 BAS、FAS 系统交互的信息应包括设备故障信息、车站设备状态信息、火灾报警信息、灾害恢复信息、报表信息、相关查询信息等，与自动售检票 AFC 系统交互的信息有应包括车站日客流情况、设备状态信息、各站发卡统计、高峰期客流统计、查询、购票等相关信息，与 CCTV 系统交互的信息有应包括客流监测、入侵监测、人脸比对、可疑人筛查等相关信息。

6.2.3　与其他交通系统接口（见附图 4、附图 5）

1）通过对数字化市政交通信息的整合、综合管理与服务应用，通过建设交通综合信息平台，统一接入区域轨道相应信息系统。

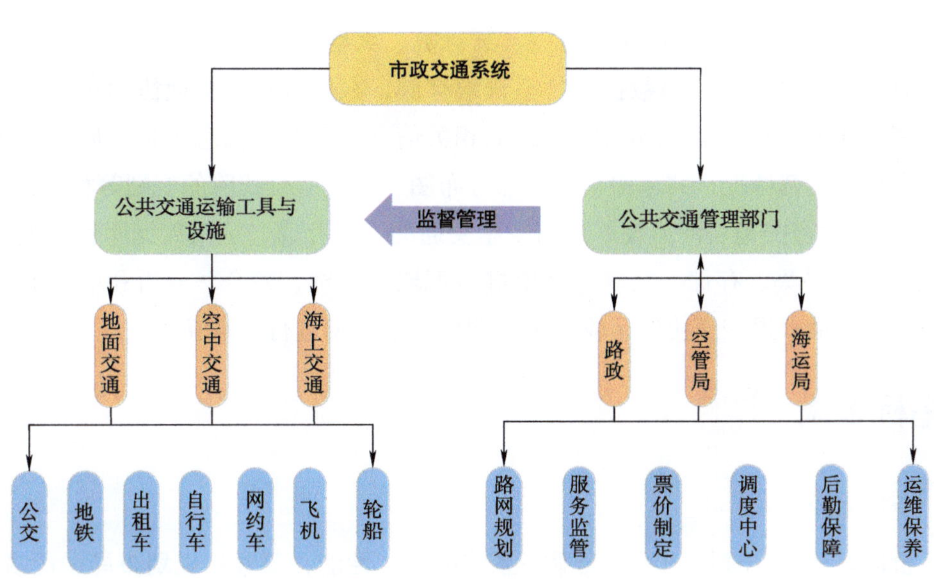

附图 4　市政交通系统接口示意图

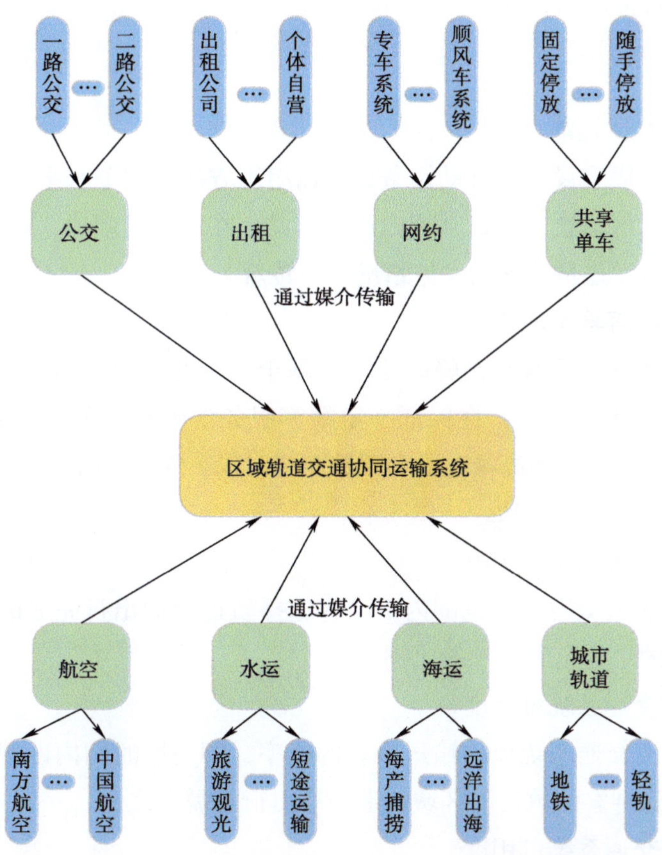

附图 5　区域轨道交通协同运输系统与各交通方式接口示意图

2）地面交通指挥中心利用物联网、云计算、大数据、人工智能等现代技术手段，进行信息的采集与处理，将数据上传至云端存储，在区域轨道交通协同运输系统与地面交通指挥中心互联，实现实时调用地面相关信息。交互的信息包括：城市交通拥堵情况、出租车运营情况、共享单车存放点分布图、公交运行线路的规划等相关信息。

3）区域轨道交通协同运输系统与空中交通的互联互通，运用数据库管理服务器对航空数据信息采集、存储、共享有必要进行汇聚、梳理、整合、分析和应用上传至云端数据库，区域轨道交通协同运输系统可调用云端数据进行互联互通。

7 指标要求

7.1 指标总体要求

评价区域轨道交通协同运输与服务系统的整体性能，要紧扣规划布局、运输组织、安全保障、信息服务核心功能点，从系统总体效能和服务质量两方面，通过以下技术指标考核其整体性能。

7.2 技术指标

7.2.1 区域路网总体运能

考核在一定的固定设备、移动设备、运输组织方法、服务水平和客流需求结构下，受线路能力制约的区域轨道交通系统内所有车站，在一定时间内［小时（h），天（d）］所能够完成的乘客发送量（含始发进站量和中转量）总和。

7.2.2 高峰时段乘客输送能力

考核区域轨道交通系统在高峰时段内，基于一定的线网结构、依靠一定程度的基础设施设备、运输组织方法，在保证一定乘客服务水平和满足一定客流需求结构下，在高峰时段（城市轨道交通高峰时段和国铁高峰时段）内所能够完成的乘客发送量（含始发进站量和中转量）的总和。

7.2.3 区域路网乘客周转分担率

考核在区域轨道交通服务范围内，乘客选择轨道交通出行完成的客运周转量占全部出行方式完成的总客运周转量的比例。

7.2.4 区域轨道交通系统可靠度

考核区域轨道交通系统成功输送乘客的概率，即一段时间内区域轨道交通系统的所有车站成功输送乘客的数目与区域轨道交通出行总需求之比。

7.2.5 区域轨道交通系统可用度

考核区域轨道交通系统在规定运营时段内，保持正常工作状态（全局不失效且服务水平处于规定标准以上）的时长占规定的总运营时长的比例。

7.2.6 平均能力恢复时间

考核一定时间内区域轨道交通系统在发生全局失效后，通过实施特殊运输组织和应急维修处置，使系统运输能力恢复到预定水平所耗费的平均时间。

7.2.7 平均服务水平恢复时间

考核一定时间内，区域轨道交通在发生全局失效后，通过实施特殊运输组织和应急维修处置后，使系统服务水平恢复到预定等级所耗费的平均时间。

7.2.8 应急响应与运维效率

考核区域轨道交通系统在发生安全事故或不可容忍的安全风险时，进行应急响应和与之相关的系统应急维护的作业时间效率，可用系统单位时间内能够处理的安全事故或不可容忍的安全风险次数来衡量。

7.2.9 运营安全事故率

考核区域轨道交通系统多制式间在运输组织和安全保障等方面存在跨制式不协调的技术问题，所导致的运营安全事故发生频率。具体通过以下两种方式来衡量：

（1）单位时间内，由于在运输组织和安全保障等方面存在跨制式不协调的技术问题，而导致的系统安全事故发生次数。

（2）单位运营里程下，由于在运输组织和安全保障等方面存在跨制式不协调的技术问题，而导致的系统安全事故发生次数。

其中，区域轨道交通系统的运营安全事故是指系统运营过程中所发生的伤害人身安全和健康、严重损坏设施设备、造成直接经济损失、出现 5 min 以上（包含）的停运事件、OD 不可达或系统服务水平降低至特定标准以下的事件。

7.2.10 跨制式信息交换效率

考核区域轨道交通系统单位时间内能够传递的运行计划信息、列车实时定位信息、运力资源信息、客流状态信息和调度命令信息等各类信息的传递量。

7.2.11 区域轨道交通正点率

考核一定时间内，区域轨道交通复合网络中正点列车数占复合网络实际总开行列车数的比例。

7.2.12 乘客跨方式出行时间

考核在包含多方式（城市轨道交通、市域 / 城际铁路、高铁 / 普速铁路等）的区域轨道交通系统中，一定出行结构的乘客乘坐一种以上交通右式出行，从进始发站点至出目的站点所耗费的平均时间。

7.2.13 乘客跨方式平均换乘时间

考核乘客在跨方式换乘过程中经历进出站、购票、安检等环节的走行和乘务办理时间，以及换乘时等待接续列车的时间，可通过一段时间内区域轨道交通跨方式出行乘客的总换乘时间与总人数的比值进行衡量。其中，乘客离开前续轨道交通制式列车的时刻为换入时刻、到达后续轨道交通制式列车的时刻为换出时刻。

7.2.14 乘客平均换乘次数

考核一段时间区域轨道交通系统内的乘客总换乘次数与总出行量的比值。

7.2.15 跨制式列车开行比例

考核能够减少区域轨道交通乘客换乘次数和换乘作业的跨制式列车开行的数量占全部开行列车数量的比例。

7.2.16 车站拥挤度

考核区域轨道交通系统包含的铁路或城市轨道交通车站内部，乘客的平均占用面积与标准占用面积的比值。其中，标准占用面积可参考轨道交通设施建设规范中规定的每人平均占用面积标准或关于拥挤度评级的其他权威性规范。

7.2.17 列车拥挤度与上座率

1. 城市轨道交通网络列车拥挤度

考核城市轨道交通线路高峰小时平均断面客运量与线路实际运输能力的比值，以此来衡量单条线路的列车拥挤度，并通过所有线路列车拥挤度的平均值反映城市轨道交通网络整体的列车拥挤度。

2. 市域（郊）铁路、国铁线路上座率

考核一天内区域轨道交通系统市域（郊）铁路、国铁线路的客运里程数与座位里程数之间的关系，以此来衡量乘客在出行过程中的可用空间即拥挤程度。

7.2.18 主要节点平均出行时间

考核区域轨道交通系统服务范围内，乘客通过区域轨道交通前往主要出行节点所需花费的平均出行时间。

7.2.19 主要节点出行目标时间兑现率

考核区域轨道交通系统服务范围内，乘客通过区域轨道交通前往主要节点的所有出行中，实际耗费的时间不超出预定目标时间的兑现情况。

7.2.20 即时信息旅程覆盖率

考核区域轨道交通系统中，针对区域轨道交通乘客出行的即时信息服务，对乘客出行链中的不同类型旅程环节覆盖程度。

7.2.21 信息服务智能终端覆盖率

考核区域轨道交通系统中，为乘客所提供的信息服务，对乘客出行过程中的不同类型信息服务终端的支持程度。

8 运营管理

8.1 运营组织架构及职责分工

区域轨道交通系统的运营组织架构，应整合各单一制式运营组织架构，形成“1+*N*”模式：集中式＋分布式相结合的组织架构，使之具备综合管控、统一指挥、协同执行、联合发布等功能。各运营单位建立日常联络机制，在现有基础上，新增或调整相应组织架构、部门职责分工，确保系统整体联动。

8.2 运营服务管理

8.2.1 各运营单位应根据区域内乘客跨制式出行需求与特点，结合路网客流结构特征，适时采用灵活运用快慢车开行、跨线或直通运营等协同运输组织手段，优化各线路的首末班车开行及跨制式换乘接续，满足乘客多样化出行需求。

8.2.2 各运营单位、各制式轨道交通之间，实现运输计划的一体化协同编制、运行图的协同调整、协同调度指挥及应急处置、列车运行状态实时共享等，提升路网总体运能。

8.2.3 运营单位基于枢纽内衔接的各轨道交通制式特点以及换乘客流特性，精细化管理换乘服务，优化枢纽资源配置。可采用联合安检互信的措施，通过构造便捷安检条件、完善跨制式出行安检互信管理方法等，简化出行环节。

8.2.4 综合开发区域轨道交通车站、枢纽的生活功能和公共服务功能，优化客流引导与客流转换设计、优化利用交通和商业资源的。

8.2.5 运营单位应促进和推行区域轨道交通票制一体化，采用多样化的客票类型、支付方式及优惠政策，实现跨制式系统间的高效换乘与联程联运。

8.2.6 为满足乘客出行指引与引导的精细化需求，运营单位应加强对乘客的导乘信息服务，优化站内及车内标识。另外具备应对突发事件的相关预案及措施。

8.2.7 系统应为乘客提供个性化的出行径路规划、便捷的出行路径信息查询、适时的出行提醒等信息服务，以提高出行质量。

8.3 运营维护管理

8.3.1 针对区域轨道交通系统，运营公司应建立协同的维护标准及规程。应急情况下，按照先通后复原则，由属地管理方就近响应。

8.3.2 应充分利用智能监控、智能诊断等信息技术，推进故障维修智能化，实现车辆、供电等设备运营状态的全面监控，有效提升设备故障的准确度和诊断效率，同时分析、优化现有故障维修流程，提高故障维修的效率。

8.3.3 针对区域轨道交通系统，建立综合运维平台，确保各部门、各专业、各工种之间高效信息传递，能全面掌握各类设施设备的状态，便于及时进行巡检和维修。

8.3.4 规范存储运营维护管理数据，为系统运维情况分析和运维信息共享夯实基础，优化运维作业流程和管理制度。

8.4 运营安全管理

8.4.1 区域轨道交通安全管控需要从人、设备、环境、管理等多方面，做好风险预防、风险监测、风险评估预警、风险控制和应急处置等全链条工作，以有效提升安全保障水平。

8.4.2 构建根据突发事件的性质、严重程度、影响范围和可控性等因素，突发事件分级的应急预案数据库，提高应急处置效率，为系统安全运营提供保障。

8.4.3 应充分利用大数据、云平台等信息技术手段全面监控突发状况与应急处置过程，推动运营指挥、执行和信息发布、应急响应等过程的信息共享，及时反馈现场情况和工作进度供管控层和指挥层进行监控，以辅助后续的应急管理决策。

8.4.4 区域轨道交通系统突发事件的应急处置涉及到多个运营公司不同部门以及公安、消防、医疗等部门，处置过程涵盖多种处置环节和流程，应建立系统级应急联动机制，加强各部门之间联动，优化应急联动的流程。

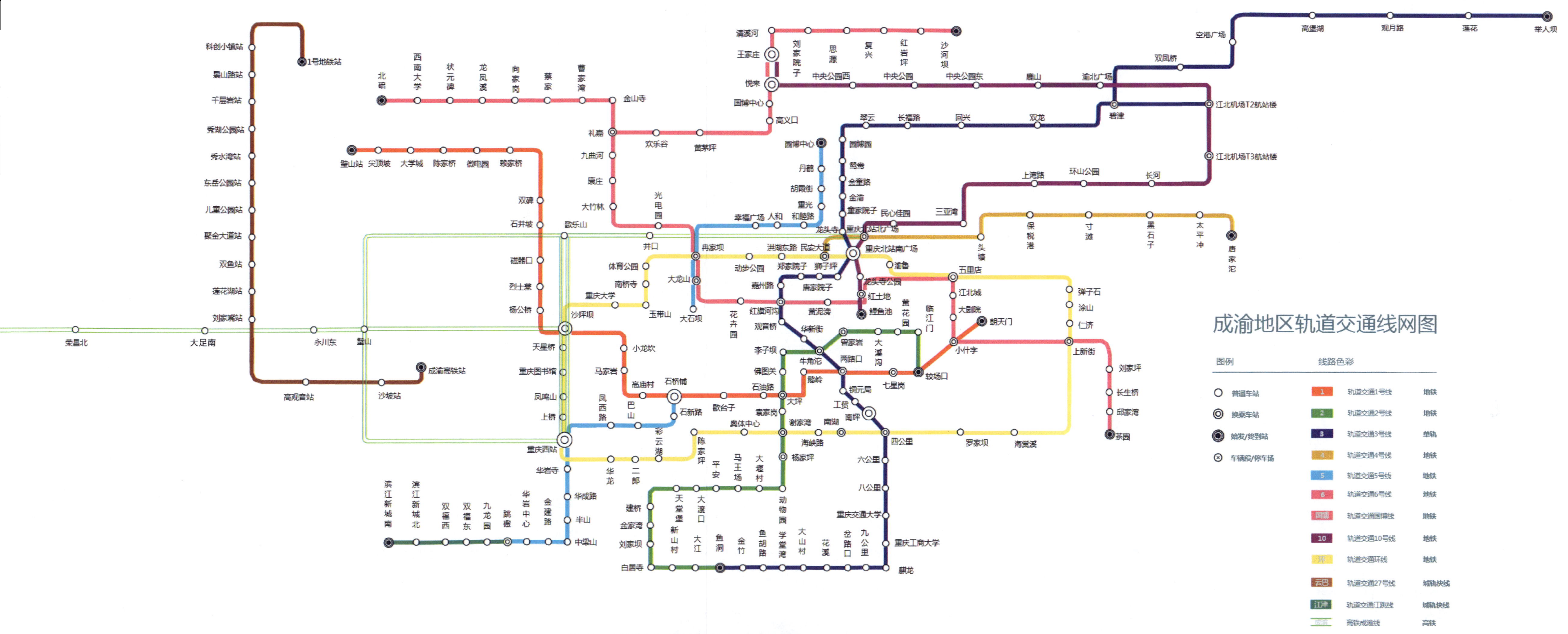

图3-10　成渝铁路和重庆城市轨道交通复合路网

参考文献

[1] 彭其渊，罗洁，文雯，等．区域多制式轨道交通运输组织协同模式研究 [J]. 交通运输工程与信息学报，2020，18（4）：1-10，22.

[2] 李得伟，李若怡，兰贞．巴黎 RER 线现状分析及对我国市域轨道交通发展的启示 [J]. 都市快轨交通，2017，30（5）：135-139.

[3] 江南．城市轨道交通一体化运营组织相关问题研究 [D]. 北京：北京交通大学，2012.

[4] 颜旭．区域多制式轨道交通复合系统可用性研究与评价 [D]. 成都：西南交通大学，2019.

[5] 王俊兵．基于出行链的公交乘客出行特征分析 [D]. 北京：北京交通大学，2017.

[6] 朱绪斐．基于出行链的多制式区域轨道交通旅客出行路径规划方法研究 [D]. 成都：西南交通大学，2019.

[7] 赵丽珍．发展新型市郊铁路完善城市群交通体系 [J]. 世界轨道交通，2015（1）：24-25.

[8] 王昊，吕红霞，赖文静，等．基于系统有序度的多制式区域轨道交通协同主次研究 [J]. 综合运输，2019，41（12）：67-73.

[9] 罗玥，黄豪，刘澜．区域轨道交通协同运输组织标准探讨 [J]. 铁道运输与经济，2019，41（10）：82-87.

[10] 刘岭，张波，韦伟，等．区域轨道交通的下一站：多制式协同运输与服务 [J]. 科技纵览，2020（1）：68-72.

[11] 高速铁路设计规范：TB 10621—2014[S]. 北京：中国铁道出版社，2014.

[12] 城际铁路设计规范：TB 10623—2014[S]. 北京：中国铁道出版社，2014.

[13] 地铁设计规范：GB 50157—2013[S]. 北京：中国建筑工业出版社，2014.

[14] 市域铁路设计规范：T/CRS C0101—2017[S]. 北京：中国铁道出版社，2017.

[15] 市域快轨交通技术规范：T/CAMET 01001—2019[S]. 北京：中国铁道出版社有限公司，2019.

[16] 张贤淼．多制式区域轨道交通突发事件协同应急决策方法研究 [D]. 成都：西南交通大学，2019.

[17] 贾利民．高速铁路安全保障技术 [M]. 北京：中国铁道出版社，2010.

[18] 李擎，刘岭，张晚秋，等．一种区域轨道交通线网安全水平评价方法及系统 [P]. 中国：202010815385.2020.

[19] 施仲衡 . 努力开创都市圈轨道交通协同创新发展新局面 [J]. 都市快轨交通，2021，34（1）：1-4.
[20] 李登辉，彭其渊，文超 . 区域多制式轨道交通复合系统调度指挥模式研究 [J]. 铁道运输与经济，2020，42（11）：97-103.
[21] 中国城市轨道交通协会 . 中国城市轨道交通智慧城轨发展纲要 [J]. 城市轨道交通，2020（4）：8-23.